和谐信息生态环境构建

以中国古代文献信息生态观为视角

傅荣贤 韩雷 著

知识产权出版社

图书在版编目（CIP）数据

和谐信息生态环境构建：以中国古代文献信息生态观为视角 / 傅荣贤，韩雷著. -- 北京：知识产权出版社，2015.8

ISBN 978-7-5130-3723-5

Ⅰ.①和… Ⅱ.①傅… ②韩… Ⅲ.①古籍 - 文献信息 - 研究 - 中国 Ⅳ.①G256.1

中国版本图书馆CIP数据核字（2015）第197716号

内容提要

在简介信息生态相关概念与分析现有研究得失的基础上，本书提出了构建和谐信息生态环境的一般理论、方法和原则。认为信息生态既是人遭遇的物理性空间，也是由人参与建构的人文性环境，信息生态学研究需要同时遵守物的尺度和人的尺度。西方"主客二分"思维持守物的尺度，重视针对信息对象的技术发展以及针对他者信息主体的社会策略知识的生成。中国古代"天人合一"思维信奉人的尺度，强调信息的人文性，重视道德伦理、美学表达等与人相关的因素在文献信息生态中的主体地位。和谐信息生态环境的构建需要实然的事实知识和应然的价值知识的双重呵护，圆融中西智慧应成为构建和谐信息生态环境的基本路径，这也与"和谐"本身就是一个多元统一的范畴相鼓桴。本书对图书馆、情报和档案界的研究者和从业人员以及对政府部门和企事业单位的广大信息工作者都具有一定的价值。

责任编辑：许波

和谐信息生态环境构建——以中国古代文献信息生态观为视角
HEXIE XINXISHENGTAI HUANJING GOUJIAN
YI ZHONGGUO GUDAI WENXIAN XINXISHENGTAIGUAN WEI SHIJIAO

傅荣贤 韩雷 著

出版发行：	知识产权出版社有限责任公司	网　址：	http://www.ipph.cn
电　话：	010-82004826		http://www.laichushu.com
社　址：	北京市海淀区马甸南村1号	邮　编：	100088
责编电话：	010-82000860转8380	责编邮箱：	xbsun@163.com
发行电话：	010-82000860转8101 / 8029	发行传真：	010-82000893 / 82003279
印　刷：	北京中献拓方科技发展有限公司	经　销：	各大网上书店、新华书店及相关专业书店
开　本：	720mm×1000mm　1/16	印　张：	13.25
版　次：	2015年8月第1版	印　次：	2015年8月第1次印刷
字　数：	200千字	定　价：	48.00元

ISBN 978-7-5130-3723-5

出版权专有　侵权必究
如有印装质量问题，本社负责调换。

自 序

美国学者托马斯·达文波特（Thomas Davenport）于1997年提出的信息生态学概念，首次从信息、信息人与信息环境相统一的高度来研究信息问题，标志着主体人及其价值选择进入了思考的范围，从而也突破了技术以及由技术驱动的信息发展的"唯技术论"或"唯发展论"的单向度追求。"人"成为一种信息化存在，信息生态环境与其说是物理环境，不如说是人文环境，对它的研究可以概括为或换算为对"人"的研究，因而涉及从物化中心到人性中心等一系列观念的根本性转变。既通过对现实世界与人的考察来认识信息，又借助于对信息的分析来认识世界和人，已经成为一种被广泛认可的学术取向。信息生态学不再是关于信息的技术与发展的问题，而是世界与人的生存问题，信息生态学因而也成为一门和世界与人相终始的学科。而信息生态环境和谐则不仅是社会和谐的重要内容，也是实现"天下有道"之理想境界的基本依凭。

本书是黑龙江大学信息资源管理研究中心傅荣贤教授主持的2008年度黑龙江省哲学社会科学研究规划一般项目《和谐信息生态环境构建研究——基于中国古代文献信息生态观的理性思考》的最终结题成果，项目批准号：08B035；起止时间：2008.12—2010.12；鉴定等级：优秀；结项证书号：2012009；结项时间：2012年10月8日。因各种原因，易名为《和谐信息生态环境构建——以中国古代文献信息生态观为视角》的专著并没有增益新材料和新思想，这也成为本书的最大缺憾。然而，尽管今天的"信息"正在以深度精进或广度拓展的名义而存在被"知识"或"数据"的概念所取代之虞，但"信息"依然是当今时代重要的关键词，基于生态视角的对人的因素的重视也依然是数据、信息或知识研究中无可回避的核心要素。就此而言，告成于2012年的本书的基本思路与相关认知或许仍有时代价值。

全书共分八章，主要包括四大方面的内容。一是对和谐信息生态环境研究的相关背景和基础知识的介绍，主要反映在第一章和第二章中。二是关于和谐信息生态环境的构建原则和方法的讨论，主要体现在第三章中。三是系统分析中国古代文献信息和谐思想的基本内容,并从信息本体论、文献信息之间的和谐、文献信息生态中个人身心的和谐、文献信息生态中人与人的社会关系(群己和谐)以及天人和谐等方面系统分析了中国古代和谐理念的信息生态学价值,这部分内容主要反映在第四至第七章中。四是在比较中西异同的基础上,分析彼此的得失醇驳,并最终得出结论:中西互补是当代和谐信息生态环境构建的必由之路,这部分内容主要体现在第八章《结论》中。

其中,第一章《和谐信息生态环境研究概述》、第二章《信息生态和信息生态失衡》和第三章《和谐信息生态环境的构建》由韩雷执笔撰写;第四章《中西方不同的信息本体论》、第五章《古代书目中文献与文献之间的和谐》、第六章《古代文献信息生态中的个人身心和谐与人际和谐》、第七章《古代文献信息生态中的社会和谐与天人和谐》和第八章《结论》由傅荣贤执笔撰写。全书由傅荣贤负责统稿。

傅荣贤

2015年7月30日于黑龙江大学社科楼312室

目 录

第一章　和谐信息生态环境研究概述 ·· 1
　　第一节　构建和谐信息生态环境的理论背景 ····································· 1
　　第二节　国内外信息生态学研究的现状及其评价 ······························ 8
第二章　信息生态和信息生态失衡 ··· 20
　　第一节　自然生态相关概念 ·· 20
　　第二节　信息生态学的相关概念 ··· 24
　　第三节　信息生态失衡的表现和危害 ·· 38
　　第四节　信息生态失衡的成因 ·· 45
第三章　和谐信息生态环境的构建 ··· 52
　　第一节　和谐信息生态环境的现有构建路径 ···································· 52
　　第二节　现有构建路径存在的主要问题 ·· 55
　　第三节　和谐信息生态环境的构建原则和构建方法 ························· 70
第四章　中西方不同的信息本体论 ··· 82
　　第一节　中西方对信息本质的不同认识 ·· 82
　　第二节　中国古代文献信息内涵的双重存在 ···································· 85
　　第三节　中国古代文献信息之双重存在的现代价值 ························· 90
第五章　古代书目中文献与文献之间的和谐 ·· 104
　　第一节　以本原文献为始点的文献结构次序 ···································· 104
　　第二节　古代文献的时空结构关系 ·· 114
　　第三节　文献互补与文献网络思想 ·· 122
第六章　古代文献信息生态中的个人身心和谐与人际和谐 ···················· 132
　　第一节　文献信息生态环境中的个人身心和谐 ································· 132
　　第二节　文献信息生态环境中人与人的和谐 ···································· 143

第七章 古代文献信息生态中的社会和谐与天人和谐 ……158
 第一节 文献信息生态中的社会和谐 ……158
 第二节 文献信息生态中的天人和谐及其哲学意蕴 ……171

第八章 结 论 ……182
 第一节 古代和谐理念的信息生态学价值 ……182
 第二节 圆融中西的和谐信息生态环境之构建 ……189

参考文献 ……199

第一章 和谐信息生态环境研究概述

和谐信息生态环境是人们对信息生态环境构建的一种理想追求。当信息生态趋于和谐时，就能够满足人们的信息需求，并进一步促进社会、政治、经济、文化的进步及人际心理的健康发展。而当信息生态趋于失衡时，它就会导致社会和人际心理的不和谐，甚至导致两者的对抗，引起社会信息环境的紊乱、失序。"目前信息管理实践领域面临的最大问题和困惑是信息供需失衡及信息污染问题。各信息群落的信息供需不平衡主要表现是信息冗余、虚假信息、信息安全存在隐患、信息垄断等问题；信息污染的主要表现是虚假信息、不道德信息、计算机病毒等问题。对于信息管理领域来说，要从信息生态理论出发，构建和谐的信息生态系统以解决上述问题……新思维带动新进步，信息管理研究领域的学者应将信息科学方法、生态学方法和系统科学方法结合起来，发展信息生态理论，使信息相关学科得到融合，推动全社会的信息化建设，促进人类的可持续发展"[1]。可以肯定，信息生态学研究既是对传统信息管理研究的深化与发展从而能够助推信息学本身的进步；更为重要的是，信息生态学的研究成果还能够襄助整个社会和谐环境的构建，从而具有超越学科自身的价值。

第一节 构建和谐信息生态环境的理论背景

和谐信息生态环境是社会和谐的重要组成部分和基本保障，对它的诉求既取决于信息学自身（内部）发展的内在逻辑，也跟对社会和谐（外部）的认识有关。

一、从信息管理到信息生态的学科逻辑变化

和谐信息生态环境诉求的内部逻辑是从信息管理到信息生态的变化。

---

[1] 靖继鹏.信息生态理论研究发展前瞻[J].图书情报工作,2009(4):5-7.

和谐信息生态环境构建——以中国古代文献信息生态观为视角

20世纪60、70年代以来,随着全球范围内的信息化进程的不断加快,尤其是计算机技术、信息技术和互联网技术的发展,人类进入了信息时代,信息资源已经成为与物质和能量鼎足而立的、直接关乎人类可持续发展的三大重要因素之一。然而,信息的发展又表现出明显的"俱分进化"(章太炎语)的特点,它一方面给人类带来了福音,直接导致了知识经济和信息社会的到来;另一方面,也给社会带来了前所未有的众多新问题,诸如信息爆炸、信息超载、信息垄断、信息侵犯、信息霸权、信息污染、信息焦虑、信息强迫等,不一而足。这些问题"直接导致了对人类社会文化信息可持续协调发展的新的挑战"[1]。

由此,引发了人们对于人类自身、信息环境和社会组织乃至天人关系等各种"关系"——信息生态——的"宏大"思考。作为一种"生态",信息生态强调从系统论和整体观的高度来分析、解决信息生态环境可持续发展中所面临的问题。在此基础上形成的信息生态学,实为信息科学与生态学相结合而生成的、与传统信息管理研究同中有异的研究范式。

诚然,信息学的最初形态是信息管理学,信息生态学是以信息管理学为基础、充分借鉴生态学的一般理论、方法和原则而发展起来的交叉学科。自20世纪70年代以来,现代信息学研究大致经历了一个从信息管理到信息生态的变化过程。具体而言,这个变化过程又可划分为四个阶段。"20世纪70年代,信息管理取代数据处理,成为提高生产力和组织运作效率的一门学科和实践行为。20世纪80年代中期,信息管理又被知识管理所取代,到20世纪90年代中期,信息生态研究取代了前三者,开始受到人们的普遍关注,它除了包含数据处理、信息管理和知识管理的部分研究内容外,又吸取了其他许多相关学科的精华,为研究人员提供了新的研究内容、研究视角和研究方法"[2]。

总体而言,信息管理学与信息生态学两者之间既有联系也有区别。

(一)信息管理学与信息生态学之间的联系

信息管理学与信息生态学之间存在着从前者发展到后者的承继和交叉关系。信息管理为组织存贮并提供结构化的信息资源,这些信息资源通过为组织提供信息价值从而助推组织的良性运作。信息生态学则为组织的信息管理

---

[1] 路甬祥.共享信息资源缩小数字鸿沟[J].现代信息技术,2001(7):4-7.
[2] 张福学.信息生态学的初步研究[J].情报科学,2002(1):31-34.

理念和行为提供目的论意义上价值理性。换言之，信息管理是要为组织积累和补充有效信息，而信息生态学则是要生成具有指导意义的远景规划和理想目标。显见，信息管理将信息作为一个客观的事物予以"管理"；信息生态学则认为信息并不是独立的客体存在，而是与人相互联系和相互影响，因而不是一个纯粹的客体对象。相反，它是一个应时变化、与世偕行的发展过程。

信息生态学在理念上的这一"突破"，无疑正是以信息管理学的相关成就为前提和背景的。

(二)信息管理学与信息生态学之间的区别

信息生态是对信息管理的超越，它是指"存在于一个特定区域环境中的人、实践、价值和技术所组成的一个系统，是整体系统中的知识存在"[1]。显然，信息生态不再像信息管理那样仅仅聚焦于信息之个别、孤立和单一的特征。

就信息生态对信息管理的超越而言，张福学具体分析了信息生态和信息管理之间的区别[2]，见下表：

	信息管理	信息生态
目的	为人们利用信息、认清机遇和将这些信息与机遇转化成为知识与行动增添必要的背景、协同和信心	为人们提供可资利用的信息和机遇
研究重点	研究的重点是文化、信息培育、软系统、模式认知、建立模型以及信息的产生和应用	研究的重点是信息对象、知识产权保护、信息结构、检查和改进信息流程、各种规则条例等
作用框架	以社区(community)为导向，使我们能够发现社区发展和维持联系网络所必须采取的措施，以及有效行为的信息能力是从何处产生的	以底线(bottom line)为导向，使我们能够发现自己在信息的评估、组织、描述和从信息中获益诸方面所面临的机遇和挑战

---

[1] 张福学.信息生态学的初步研究[J].情报科学,2002(1):31-34.
[2] 张福学.信息生态学的初步研究[J].情报科学,2002(1):31-34.

续表

	信息管理	信息生态
兼容与合作	重点在于对有关政策的交流,这些政策能够确保所有员工对信息的解释达成共识,并对信息的内容含义有一个共同的理解,提倡合作,不进行硬性控制	重点在于知识的分布和存取政策,以及保证它们之间能够相互兼容的各种措施
本质特性	与智力能量有关,具有"波"的特性:信任、信息创造、信息、对话、意见、创新、创造性、含义诠释	与智力物质有关,具有"粒子"特性:各种规则、信息传递工程、优秀实践、专利、文献建设、常见问题(FAQs)、计量学等

其中有两点值得特别强调:

第一,在信息生态学研究中,信息技术虽然依旧是追求的目标,但已不再具有唯一性,而是更多地考虑到技术与人的价值的有机整合。其核心是要强调,没有离开人而独立发挥作用的技术。"在一个信息生态中,最引人注意的并不是技术,而是利用技术的人类行为,引进信息生态这一概念的目的就是要跳出技术框架,将研究的中心放到工具、人及其实践活动之间的联系上"[1]。

第二,效益不是唯一维度。信息管理意义上的研究是西方现代科学理性思维的产物,重视客观规律,强调信息技术的作用,追求信息资源生产与消费配置的效益;信息生态意义上的研究是西方后现代人本哲学的产物,重视主观价值,强调社会、经济、文化乃至心理等非技术因素的作用,追求信息资源生产与消费配置的公平。总体上,信息管理和信息生态分别回应有关信息的"是非"和"应否"问题,是迄今人类关于信息的两大主要认识成果。毕竟,对于人类的知性而言,存有(sein)和应当(sollen)之间的界限不可逾越。由于信息管理重视客观规律,否定人的价值,因而遭到了信息生态研究的颠覆[2]。

二、整个社会从效益原则向和谐追求的变化

和谐信息生态环境诉求的外部助力是整个社会从效益原则向和谐追求的

---

[1] 张福学.信息生态学的初步研究[J].情报科学,2002(1):31-34.
[2] 傅荣贤.论信息生态研究的方法和原则[J].国家图书馆学刊,2010(1):48-53.

变化。

和谐社会是指社会系统中的各组成因素的内部以及各组成因素之间处于一种彼此依存、相互协调和彼此促进的理想状态。中华民族传统文化的精髓是强调和合,也就是今天讲的"和谐"。无疑,这一理念在今天仍然具有举足轻重的现实价值。正如胡锦涛同志指出:"根据新世纪新阶段我国经济社会发展的新要求和我国社会出现的新趋势新特点,我们所要建设的社会主义和谐社会,应该是民主法治、公平正义、诚信友爱、充满活力、安定有序、人与自然和谐相处的社会。"❶胡锦涛同志又说:"实现社会和谐,建设美好社会,始终是人类孜孜以求的一个社会理想,也是包括中国共产党在内的马克思主义政党不懈追求的一个社会理想。"❷

可以认为,构建和谐社会长期以来一直是中华民族的追求目标,也是当今特定语境下中华民族走向伟大复兴的实践。

(一)和谐是世界多元文化发展的必由之路

放眼世界,经济全球化和文化多元化业已成为不可逆转的大趋势。然而,影响世界和平与社会和谐发展的因素仍然存在。如何反对文化霸权主义、维护世界文明的多样性,正成为世界大多数国家共同关心的核心问题之一。正如俄罗斯学者阿列克谢·马拉申科指出:"人们不愿看到冲突的存在,可世界总是处于冲突之中,而且冲突多半是在不同文明之间发生的。……如今,文明的两极化已经成为一种主流发展趋势。随着全球化的深入,这种趋势不仅不会消失,而且还会加强。"❸

可以肯定,和谐世界与和谐社会的理念是和谐文化的有机构成部分,它适应并支持了当今世界的发展现状,对于我国而言,这也是积极应对外来文化侵蚀、防范文化冲突的一种崭新的思维。"当前,世界政治多极化、经济一体化、文化多元化趋势日渐显现,和平、发展、合作成为不可逆转的时代潮流"❹。因此,构建多元文明的共生、共存就显得格外迫在眉睫。正是在这一背景下,2005年

---

❶ 胡锦涛.在省部级主要领导干部提高构建社会主义和谐社会能力专题研讨班开班式上的讲话[N].人民日报,2005-02-20.

❷ 胡锦涛.提高构建社会主义和谐社会的能力.2006-09-12.http://www.ce.cn/xwzx/gnsz/gdxw/200609/12/t20060912_8521640_5.shtml.

❸ 马拉申科.文明的冲突已成全球"主流趋势"[N].参考消息,2008-01-16.

❹ 中共中央关于构建社会主义和谐社会若干重大问题的决定[J].求是杂志,2006(20).

9月,胡锦涛同志在联合国成立60周年首脑会议上,提出了和谐世界的理念,倡议世界各国努力构建一个持久和平、共同繁荣的和谐世界,受到了世界各国人民的积极响应与广泛好评。

(二)和谐是当今社会发展的必由之路

从国内来看,我国目前正处于、并将长期处于社会主义的初级阶段。尽管在总体上,人民安居乐业,社会环境日趋和谐,但不容否认的是,仍存在着许多不和谐的因素。为此,2002年党的十六大报告提出:"我们要全面建设惠及十三亿人口的小康社会,使经济更加发展,民主更加健全,科教更加进步,文化更加繁荣,社会更加和谐,人民生活更加殷实。"❶报告中,第一次把"社会更加和谐"与经济、政治、文化、科教、人民生活等五项指标并列,作为全面建设小康社会的六大目标之一。2006年10月,党的十六届六中全会进一步做出了《中共中央关于构建社会主义和谐社会若干重大问题的决定》,明确指出:"经过长期努力,我们拥有了构建社会主义和谐社会的各种有利条件。"《决定》还指出:"社会和谐是中国特色社会主义的本质属性。"党的十七大报告又进一步指示:"构建社会主义和谐社会是贯穿中国特色社会主义事业全过程的长期历史任务,是在发展的基础上正确处理各种社会矛盾的历史过程和社会结果。"❷党的十八大也把"和谐"列为24字社会主义核心价值观的重要内容之一。显见,社会和谐的理想诉求,一方面是科学社会主义的精髓所在;另一方面,也是对于有中国特色的社会主义的理性回归和认识深化。

众所周知,人类是在与多种环境要素综合作用的互动关系中生存的,提高人类的生存质量,不仅要达到人与自然的和谐相处,而且要达到人与信息环境及社会环境之间的和谐共生。只有构建和谐的信息生态环境才能实现信息生态系统的协调和平衡,促进人、信息环境乃至人类社会的和谐相处,进而使整个信息生态系统向有利于人类发展的方向健康和可持续地发展。构建和谐信息生态环境,就是要构建一个健康有序、可持续发展的信息生态系统;就是要改变现实中的信息生态系统的失衡及社会信息生态环境的不和谐的现状。诚然,"信息生态系统的发展战略强调人的全面发展是整个发展问题的核心,强

---

❶ 胡锦涛.中国共产党第十六次全国代表大会报告[R].2002年10月.
❷ 胡锦涛.中国共产党第十七次全国代表大会报告[R].2007年10月24日.

调人与自然的协调,人与人(社会)的协调,最终实现信息生态的可持续健康发展"❶。

综上,随着时代的发展,那种以冲突为导向及以效益为导向的国内外大环境,正在以反思的面貌发生翻天覆地的变化,"和谐"诉求正成为人类需要严肃面对的重要问题。

(三)和谐信息生态环境是构建和谐社会的重要基石

和谐信息生态环境的构建既是社会和谐的必要组成,更是社会和谐的基本保障。只有包括信息生态环境和谐在内的全面和谐,才谈得上社会的真正和谐与进步,人民才能真正享受到社会发展带来的福祉。正是在这一意义上,构建和谐信息生态环境也是党和国家对和谐社会的诉求的题中应有之意。"信息环境是社会环境的一部分,是在自然环境基础上,一定程度上受人类支配的生态环境,它体现了自然、社会、科学技术间的交互作用。信息技术的进步使得信息环境发生了深刻的变化,社会对信息的需求不断增强,由此也引发了一系列的政治、经济、文化上的冲突和矛盾。这就强调了信息技术的不合理利用对信息环境的不利影响,指出了信息社会的主要特征,突出了信息人在信息社会中的主体作用。可见,信息社会是一个更加人性化的社会,它强调和突出人的主体价值。由此看来,从效益社会向和谐社会的转变是人们的共识和普遍追求。信息人是信息生态系统的主体,人通过对信息的获取、加工、利用能动地改变着自己,改变着信息环境乃至整个社会。现代信息社会以信息的收集、开发、传播、利用为主要特征,它在社会政治、经济等各种领域和日常生活中发挥着越来越重要的作用"❷。

目前,国际、国内的诸多不和谐因素既有社会、政治、经济、文化等方面的原因,也有信息生态方面的症结。例如,在当今信息社会,许多经济差距在某种程度上都直接导源于信息差异。因此,构建和谐的信息生态环境,有助于缩小信息鸿沟,从而成为解决经济差距的重要路径。再如,"信息生态平衡决定和谐政治的取向,有助于政治结构合理化、政府能力高效化、政治文化民主化。信息生态与和谐政治相互依赖、相互制衡。信息生态越不平衡,政治也越

---

❶ 肖文海.信息化与经济社会协调发展的战略选择[M].北京:经济管理出版社,2004:124.
❷ 张军.网络信息生态失衡的层次特征透析[J].图书馆学研究,2008(7):6-10.

不和谐;信息生态越接近平衡状态,政治也越接近和谐状态。在信息生态最失衡和政治最不和谐点,也就是政治最混乱阶段,信息生态系统具有自我调节机制,它可以通过系统内的反馈机制、抵抗力和恢复力等来调节系统自身的状态,并在政治的推动作用下不断更新、发展,反过来促进政治的和谐化;在信息生态平衡点和政治同时达到和谐点的时候,信息生态作为和谐政治发展的外在动因已经失去作用力。而和谐政治是一个充满矛盾的动态发展的过程,旧的矛盾解决了,新的矛盾又产生了,这种矛盾的不断产生和不断解决是和谐政治发展的内在动力。信息生态与和谐政治相互依赖、相互制衡,是一种共生关系,共同推动人类社会持续、有序、健康地向前发展"[1]。

显见,当前社会、政治、经济和文化方面的挑战都与信息生态环境具有这样那样"剪不断、理还乱"的关系。面对如此复杂的形势,要确保全面建设小康社会目标的实现,就需要加强和谐社会的建设。"社会生态环境是由社会信息生态环境和社会物理生态环境共同构成的,信息生态环境是社会生态环境的重要组成部分。信息生态的平衡就是信息人与信息生态环境高度适应,其本质就是社会活动主体与社会信息环境的和谐,是和谐社会中人与环境和谐相处的重要内容"[2]。没有信息生态环境的和谐,和谐社会的建设也将失去其基本根基。

综上,和谐信息生态的研究既取决于信息学内部发展的逻辑,也与整个社会高度发展、人民迫切期待社会环境和谐的外部驱动有关。

第二节 国内外信息生态学研究的现状及其评价

信息生态学是在信息管理研究的基础上发展起来的。它起步于20世纪60年代的美国,而在我国则迟至20世纪90年代才有学者明确将信息学生态学纳入研究的视野。屈指而数,从世界角度上说,信息生态学至今只有50年的历程,而中国的信息生态学研究则只有20个春秋。尽管如此,国内外的信息生态学研究仍然取得了一些令人瞩目的成就。

---

[1] 段尧清,汪银霞,谭爽.信息生态与和谐政治的关系[J].情报科学,2007(4):522-525.
[2] 王伟赞,张寒生.和谐社会的信息生态构建研究[J].情报理论与实践,2007(6):728-730.

第一章 和谐信息生态环境研究概述

一、国内外信息生态学的研究现状

(一)国外研究现状

信息生态学在国外的50年发展历程中,大致经历了两个大阶段[1]。

首先,从20世纪50年代到80年代末期,这是信息生态学研究的起步阶段,堪称步履蹒跚,集中表现在:截至80年代晚期,信息生态学还没有在学科建设意义上形成独立的理论模式和理论框架。相反,从生态学、传播学、社会学、伦理学乃至文化哲学等学科借鉴思想资源以生成信息生态学的灵感成为学者们从事研究的不二法门。甚至,从事信息生态学研究的学者直接源自上述学科的阵营,这其中,又以来自传播学的学者对媒介生态问题的研究成就相对突出。基本上,这一阶段尚没有出现"信息生态学"学家或学者,而只有其他学科学者基于各自学科视野的信息生态问题的研究。

其次,从20世纪80年代末期至今,形成信息生态学研究的第二阶段,也就是信息生态学的发展阶段。其主要特点是在其他学科学者对信息生态问题研究所取得的丰硕成果的基础上,出现了独立和专门从信息生态学研究的专业学者,从而也直接推动了信息生态学作为一门独立的学科的诞生。其中有三大方面的内容值得一提:

1. 对信息生态学的本体认知

在这方面,T.H.Davenport 和 L.Prusak 在 1997 年出版的专著 *Information Ecology: Mastering the Information and Knowledge Environment*,具有里程碑意义。该书对信息生态学的学科概念作出了影响深远的定义:"信息生态学是指对组织内部信息利用方式产生影响的各个复杂问题采取整体的观点,显示在许多不同现象的相互作用时必须利用系统观来分析问题。"[2]这一定义从内容主体和方法论原则两方面,对信息生态学作出了首次明确的界定,为于兹而还的后续研究指出了方向。尽管,这一定义强调"组织内部"的视野限定,导致在此后很长一段时间内,限制了研究者从"社会"这一更为宏大的文本来思考信息生态学的本质。

---

[1] 周庆山,等.信息生态学的研究概况及术语界定[J].图书与情报,2006(6):24-29.

[2] Thomas H.Davenport/Laurance Prusak.Information Ecology: Mastering the Information and Knowledge Environment[M].USA:Oxford University Press,1997:6-26.

而 B.A.Nardi 和 O'Day 在其合作的专著 Information ecologies: Usingtechnology with heart 中似乎意识到上述定义的视野局限,并将信息生态学的研究范围扩大为:"是有关人及其周围环境关系的研究,重点考察局部环境中信息技术与人之间的诸种复杂关系。"[1]诚所谓"高度决定视野"！在这一定义的规训下,信息生态学的研究范围也日益扩大了自己的学科地盘,而学科地盘的扩大,则直接导致了研究取向和思想聚焦的相应性改变。

2. 关于信息生态系统的失调问题

Rafael Capurro 等人系统分析了信息生态平衡的重要意义,进而分析现实中信息生态失衡的具体表现、成因及其控制路径[2]。我们相信,Rafael Capurro 等人的成就是信息生态学研究的重大路径转向,也为此后的研究指明了层面和范围。基本上,讨论信息生态系统的失调问题,以及在此基础分析信息生态系统的失调的原因,并寻找相应性的解决的对策,成为我国学者的研究重点,甚至,几乎所有的信息生态学研究都离不开信息生态的失衡现象——原因分析——对策建议,似可戏称为"三部曲"式的研究模式。

3. 关于信息生态系统结构模型的建构问题

美国学者 Karen S.Baker[3]指出,信息生态学研究可以完全在数理科学思维的规范下进行。信息生态学的一些主要的基本概念及其框架都能够而且必须以数据的形式存现,从而,全部概念系统可以结构为以"创造知识和信息流"为一般内容的层次有别而又密切相关的自足系统。

Joseph Martin[4]秉承了达文波特(Thomas H.Davenport)等人的认识成果,提出通过国际信息系统审计标准(COBIT)技术,生成一个具有循环和调节功能因而也具有监控机制的信息生态系统,而国际信息系统审计标准将能够帮助人们观察到信息组织中各个变量的实时的细微变化,从而为人为干预系统、避

---

[1] Nardi,B.A.&O'Day,V.L.Information ecologies: Usingtechnology with heart[M].Cambridge,MA:MIT Press, 1999:55-82.

[2] Rafael Capurro.TOWARDS AN INFORMATION ECOLOGY.Contribution to the NORDINFO International seminar"Information and Quality"[J].Royal School of Librarianship,Copenhagen,1989(8):23-25.

[3] Karen S.Baker.Information Ecology: Open System Environment for Data, Memories, and Knowing[J]..JIIS Journalof Intelligent Information Systems,2007(29):127-144.

[4] Joseph Martin.COBIT: A Tool To Manage Information Ecology[J].C F,CISA,CPIM2003(3):5-15.

免导致信息生态的失衡提供技术支持。美国女性研究者Danah Boyd[1]在Joseph Martin成果的基础上,提出从信息网络的中立性、数字版权的合理管理及移动通信WAP业务三个方面,对以互联网为代表的社会传媒进行干预,并分析干预的必要性及其可能路径。这既是对Joseph Martin观点的深化,也在现实操作的层面上,讨论了维持信息生态系统平衡的可行方案,具有重要的现实意义,同时亦不乏理论价值。

综上所述,以美国学者为代表的国外学者对于信息生态学的研究,其最大贡献是确立了"信息生态系统"这一核心概念的内涵和外延,在此基础上,进一步分析了信息生态学(以信息生态系统为核心)的一些基本概念、概念模型、基于相关概念之间关系的体系框架,并进而分析了信息生态学的宏观理论体系、研究方法、研究目标和旨趣。由此可以看出,西方信息生态学研究的本质,是西方"科学"思维从下定义、给范畴,从而进行逻辑推导并最终建立理论体系的研究模式在信息生态学研究中的具体运用和具体落实。此外,以上述Danah Boyd等人的研究成果为代表,外国学者还习惯于在"实证"的水平上,就信息生态学的某个(某些)具体而微的个别问题,展开具有现实操作价值的个案分析。总之,国外的研究,其全部思路和学理建构取向无不带有十分明显的"西方性"。

(二)国内研究现状

中国学者对信息生态学的研究,起步于对"信息圈"概念的考察。信息之"圈",本质上就是要从系统的角度研究信息问题,从这一意义上说,我国学者无疑一开始就抓住了信息生态学研究的根本命脉,从而也为以后的研究奠定了坚实、可靠的基础。

1. 国内信息生态学研究简史

"信息圈"的概念是美国学者托夫勒于1980年提出的。无独有偶,我国著名科学家钱学森先生在1983年前后,也提到了"信息圈"的概念。可以说,这一概念的提出,表明我国学者迈出了对信息生态学作理性思考的关键性一步,堪称启迪来哲而导夫先路。嗣后,生态学家张新时院士在"信息圈"概念的基础上,最早提出"信息生态学"的概念并讨论了它的内涵。张院士指出:"信息生

---

[1] Danah Boyd.Social Media Changing our Information Ecology[J].ITI Bloggers,2008(22):112-130.

态学不仅具有信息科学的高科技与信息理论的优势,而且继承和发展了生态学的传统理论,强调对人类、生态系统及生物圈生存有关的问题的综合分析研究、模拟与预测,并着眼于未来的发展与反馈作用。"[1]这一认识表明,张院士更为强调和重视信息技术及综合分析问题的生态学方法。从信息技术的角度说,他更为看重技术对于自然生态系统的模型建构功能;从综合分析问题的生态学方法来说,他则更为看重从系统和全面的角度(而不是微观分析的角度)看待问题。后者本质上隐含着对西方原子主义分析方法的质疑和不满。应该说,他以生态系统为对象的致思路径切中信息生态学研究的要害,显示了他深厚的学养。但是,他的生态学研究主要局限于自然或社会的生态系统和领域,基本没有涉及"信息"的生态问题。

然而,鉴于生态学的一般理论、方法和原则在社会学、经济学乃至人类学研究中所取得的有目共睹的成就,借用生态学方法来研究人与信息环境之间的互动关系问题也日益引起了学者的重视,在此背景下,"信息生态学"的诞生也就成了水到渠成之势。

陈曙于20世纪90年代中叶发表了《信息生态的失调与平衡》[2]《信息生态失调的剖析》[3]《信息生态研究》[4]三篇论文,是我国国内学者有意从"信息生态学"的视角讨论信息、人与信息生态环境之间关系的先响,也标志着此前的"生态圈""自然生态"等概念的探讨,最终落实到了信息生态领域。值得一提的是,陈曙的研究主要包括三大面向:首先,是对信息生态失衡现象的分析,主要包括信息超载、信息垄断、信息侵犯、信息污染和信息综合准等诸多方面;其次,分析了失衡的根本原因所在;最后,针对原因提出了相应的解决对策。而这三大方面,也就是上文指出的"三部曲"式的研究,从中也可看到国外学者的相关研究成果对我国学者的影响。

可以认为,陈曙是我国信息生态学研究的先行者,后人对信息生态的研究大多以他的相关论述为准式。截至2015年7月23日,在CNKI"中国期刊全文数据库"中可检索到589篇题名中明确包含"信息生态"字样的论文。而由陈曙

---

[1] 卢剑波,杨京平.信息生态学[M].北京:化学工业出版社,2005:25-26.
[2] 陈曙.信息生态的失调与平衡[J].情报资料工作,1995(4):11-13.
[3] 陈曙.信息生态失调的剖析[J].山东图书馆季刊,1995(4):4-7.
[4] 陈曙.信息生态研究[J].图书与情报,1996(2):12-19.

开创的分析信息生态失衡的现象、探讨失衡的具体原因,并最终提出解决之道的三部曲式的研究模式,也在很大程度规定了我国自此厥后的信息生态学研究路向。

从著作来看,卢剑波、杨京平的《信息生态学》[1]系统阐述了信息生态学的一般理论、方法和原则。而早在1996年岳剑波出版的专著《信息环境论》[2]和2003年蒋录全出版的专著《信息生态与社会可持续发展》[3]也都做着同样的努力。事实上,蒋著也是迄今国内唯一一部较系统阐述企业信息生态问题的著作。

2. 国内信息生态学的研究内容和研究方法

国内学者对信息生态学的研究,除了可以从发生、发展的历程的角度予以说明,也可以从研究内容和研究方法两大方面予以总结。

(1)就研究内容而言,学者们关注的焦点主要集中在:

第一,信息生态的概念、内涵、信息生态系统的要素、信息生态系统的功能、信息生态的组成成分,因子之间的相互作用、信息流和能量流的传递及信息生态系统结构模型的建构、信息生态演化模型的建构及其各要素之间复杂的联系和信息生态演化的内在动力。

第二,有关信息生态环境的研究,诸如,网络生态环境危机的表现、危害、成因及其应对策略,企业信息生态环境中信息噪音的过滤框架,世界范围内信息资源拥有量贫富差距产生的信息生态环境问题,等等。其中,又以有关信息生态系统的失调问题最受到学术界的广泛关注,成为人们讨论的热点。据统计[4],近十几年来,仅信息污染这一问题的文献就有219篇之多。

第三,具体行业信息生态系统构建,诸如,构建和谐的图书馆生态系统、构建我国教育信息化发展的生态理论模型、网络信息生态系统的构成以及信息构建和网络信息生态的关系、构建良好的移动信息生态环境、构建良性广告信息生态问题、构建信息生态环境下企业竞争情报系统的生态模式、大众传播生态等,其实质是将和谐信息生态环境的理念具体而微地落实到一个个现实的

---

[1] 卢剑波,杨京平.信息生态学[M].北京:化学工业出版社,2005.
[2] 岳剑波.信息环境论[M].北京:书目文献出版社,北京:书目文献出版社,1996.
[3] 蒋录全.信息生态与社会可持续发展[M].北京:北京图书馆出版社,2003.
[4] 褚芹芹.近十年来我国信息污染研究论文统计分析[J].图书馆学研究,2007(12):82—86.

行业领域。

第四,有关信息生态链问题的研究,内容主要包括,信息生态链的概念、本质、类型和特征,信息生态链的形成与重构机制,信息生态链中信息流转的方式、模型和效率等问题。此外,还致力于信息生态链的理论框架的建构,信息链节点触发信息生态失衡,信息生态链管理的目标和方法,降低牛鞭效应的信息生态链管理的概念模式、动力模式和环境模式等。

(2)再就研究方法而言,学者们的路径选择主要包括以下内容。

根据靖继鹏[1]的研究,国内有关信息生态环境的研究方法主要有:

第一,在宏观层面上,合理借鉴和运用系统论、信息论、耗散结构理论、协同论等系统科学的理论和方法,以分析信息生态系统的构成要素及其相互作用关系。事实上,系统科学的基本理论和方法也是指导信息生态学研究的具有哲学本体意味的视野原则。

第二,在中观层面上,运用系统观、平衡观、人本观和互动观这四大信息生态理论的基本观念来指导研究工作。这一思路可视为上述系统科学方法的具体化。

第三,在微观层面上,往往运用情报科学和信息经济学的基本原理和方法,以研究信息生态系统的具体的应用问题。靖继鹏等学者强调,灵活利用系统动力学模型、生态仿真模型、模糊评价模型等手段,强化实证研究方法,是避免出现脱离实际的抽象而空洞的概念演绎的必由进路。

上述三大方法事实上构成了信息生态学研究中既有本体论依归又有存在论色彩的,因而也是相对全面、丰富的研究框架。然而,它仍然存在对数理科学的高度依赖的问题。当然,人文主义的研究方法在信息生态学研究中的作用也日益突出。

二、对国内外研究现状的评价

综上所述,国内外对信息生态学的研究堪称如火如荼,中方西方殊途并骛,共同推动着信息生态学的发展。尤其值得一提的是,我国学者能够结合中国的特有语境探讨相关问题。特别是党中央提出构建和谐社会的理念之后,

---

[1] 靖继鹏.信息生态理论研究发展前瞻[J].图书情报工作,2009(4):5–7.

第一章 和谐信息生态环境研究概述

我国学者确信信息生态平衡是和谐社会的重要内容,也是和谐社会的重要保障,从而在专业学术的层次上迎合了国际范围内的由生态危机引起的政治生态化潮流。这些内容无疑也是本课题后续研究的基础。

然而,现有研究存在的不足也是显而易见的,其荦荦大者概有三端:

1. 将信息生态与自然生态作简单比附

这种比附存在两大基本路向。一是从信息的角度出发,研究生态学中的各种信息流;另一种是从生态学角度出发,利用生态学中的观点分析信息与周围环境之间及信息内部之间的联系,解决信息问题,建立和谐的信息生态系统。其基本操作往往是,从类似《生态学概论》的著作中引进一些生态学概念并从信息生态的角度进行比附,然后再从类似《信息管理概论》的著作中寻找一些老生常谈的话题并将关键词由"信息"替换为"信息生态",不免给人新瓶盛旧酒之嫌。尤其值得强调的是,迄今为止的信息生态学研究,其方法论的核心仍是利用生态学的观点和方法,研究信息生态系统构建问题。

应该说,借鉴生态学方法,既是信息生态学作为一门学科的安身立命之基,也是其发展壮大的依据。相应地,如何合理借鉴生态学的一般理论、方法和原则,而不是简单地移植或"拿来",引起了抱实事求是态度的学者们的高度关注。肖峰《信息生态的哲学维度》[1]一文详细分析信息生态与自然生态的区别与联系。他认为,信息生态和自然生态的最大不同在于,信息生态是非自然性和非物质性的,因而既不是自然现象,也不是物质现象,而是人为的或人工的"客观精神"现象,或者说是人的精神生活的一种精神氛围和人文环境。相应地,关于信息生态的研究,既要考虑它与自然生态的同一性从而抱持生态学视野,也要充分认识到信息生态因其具有的人文性质而与单纯的自然生态存在区别。靖继鹏先生也指出:"在研究信息生态理论时,要避免与自然生态简单和机械的类比。自然生态虽然也受到人类越来越多的人为干预,但自我调节能力仍是主要方面,而信息生态系统是人为的系统,人的行为是主要方面。因而对自然生态系统思维方法、规律、观点的运用必须立足于'信息'这一领域。信息生态系统由信息、人、信息环境组成,是具有一定的自我调节能力的人工系统。信息环境的范畴比较广泛,既包括与人类信息活动有关的一切自

---

[1] 肖峰.信息生态的哲学维度[J].河北学刊,2005(1):49-54.

然环境,也包括社会环境。信息基础设施、信息资源、信息技术和信息政策与法规等是信息环境的显性构成部分,特定历史环境下人们的知识结构、风俗习惯、道德观念、生产经验等是信息环境的隐性构成部分。"[1]

2. 基于形而上学矛盾观的信息生态学研究

信息生态学研究要求从"生态"的高度来审度人类的信息活动,追求信息、人、信息环境多种因素的协同发展和动态平衡,从而"突破"了传统信息管理研究的单纯技术维度和效益诉求。信息生态学研究的最终目标就是为构建以和谐为取向的信息生态环境提供理论支持。然而,在现有有关信息生态的研究中,普遍存在着一种简单化的研究取向:将信息生态失衡(如信息污染、信息异化、信息鸿沟等)与信息生态平衡完全对立起来,从揭示信息失衡的现象并进一步分析信息失衡的原因,希望通过控制甚至消灭不和谐因素而实现信息生态的和谐。这一认识的哲学基础是形而上学的矛盾观。不可否认,形而上学矛盾观与马克思主义辩证法有实质性的区别。

3. 基于抽象人道主义的信息生态学研究

从抽象人道主义的基本立场出发研究信息生态问题,是现有信息生态学研究存在的另一个主要不足。秉持抽象人道主义,相信公平能够引领和谐,而信息权利是信息公平的制度保障。由此,把对信息权利和信息公平的追求当作构建信息生态和谐的必由路径,其基本思路有二:首先,认为以"数字鸿沟"为核心内容的信息生态失衡,是信息不公平的主要表征。其次,信息公平是信息生态和谐的基本特征,也是构建和谐信息生态的关键环节,因而成为"信息生态均衡发展的重要因素"[2]。换言之,以"数字鸿沟"为主要特征的信息不公平问题,直接关系到社会和谐尤其是社会信息生态环境的和谐。

这里,强调和重视公平,表明在对信息生态相关问题的认识中,增加了对信息活动中有关人的终极价值的反思,效率和发展不再是唯一的致思取向。然而,公平只是人自身的一种道德选择,和谐信息生态环境的构建仅仅通过道德力量的内在提升是难以获得的。

4. 没有能够运用中国古代思想资源,确立学术研究中的"中国身份"

---

[1] 靖继鹏.信息生态理论研究发展前瞻[J].图书情报工作,2009(4):5-7.
[2] 邵培仁.信息公平论:追求建立世界信息传播新秩序[J].浙江传媒学院学报,2008(2):25-29.

事实上,至少就人文社会科学而言,我国学者无须总是让西方发现了原则,然后跟着去拜读。具体到本课题的研究而言,我们认为,应该充分吸纳中国传统文化精髓,以中国古代文献信息生态观为参照,努力消解信息生态研究中的"西方中心"以及由此而来的"他律化"取向。正如李约瑟指出:"在希腊人和印度人发展机械原子论的时候,中国人则发展了有机宇宙的哲学。"[1]而"有机宇宙的哲学"的核心恰恰是整体观与和谐观。相应的,中国古代文献信息活动也不是孤立、静止、片面的形而上学,而是力求从整体的演化上理解文化多样性的统一,从促进社会和谐的高度思考文献信息的生产、分布和传播,显示了天人合德的人文性。因此,挖掘中国古代思想智慧并致力于对它们的现代转化,必将得出原创性的、真正具有本土实践指导意义的信息生态学理论体系。

三、本课题的研究思路

针对现有研究现状的上述不足,本课题主要采取如下基本研究思路。

(一)扬弃将信息生态与自然生态作简单类比的研究方法

与自然生态相比,由于主体人的能动性的存在,信息生态的复杂程度远远高于自然生态。因此,信息生态只能借鉴自然生态的思维方法与逻辑而不能直接使用其具体观点。诚然,"信息生态研究的性质是由信息与生态相互统一的基本法则及其本质属性所决定的。信息生态与传统的信息论相区别的是,其中的信息不仅受技术、经济的影响,而且还受社会、生态等因素的制约。其中的生态信息与人文社会有关,它包括语义信息、语法信息和语用信息"[2]。

(二)扬弃形而上学矛盾观和抽象人道主义视野的信息生态学研究

诚然,目前有关信息生态学的研究存在两个基本路径:一是从分析信息失衡的现象、原因和解决对策入手,致力于和谐信息生态的反题研究,其哲学依据是形而上学的矛盾观;二是从信息权利入手,通过信息公平引领信息生态和谐,改变信息世界的物质力量只能寄望于从人类道德的储备中自然产

---

[1] 李约瑟.中国科学技术史:第三卷[M].北京:科学出版社,1978:337.
[2] 陈曙.信息生态研究[J].图书与情报 1996(2):12-19.

生,其哲学依据是抽象的人道主义。这两条研究路径,都缺乏对和谐信息生态的正面论述和本体建构,因而都不能使人类的信息实践活动步入健康和可持续的轨道。

(三)以马克思主义实践哲学为指导构建基于实践范式的信息生态研究路径

肇始于20世纪70年代的现代信息学研究,其发展演进大致经历了一个从信息管理到信息生态的变化过程。总体而言,信息管理意义上的研究是西方现代理性科学思维的产物,重视客观规律,强调信息技术的作用,追求信息资源生产与消费的配置效益;而信息生态意义上的研究是西方后现代人本哲学的产物,重视主观价值,强调社会、经济、文化乃至心理等非技术因素的作用,追求信息资源生产与消费的公平配置。信息管理和信息生态两大视角分别回应有关信息的"是非"和"应否"问题,是迄今人类关于信息的两大主要认识成果。我们认为,信息管理重视客观规律,否定人的价值,因而遭到了信息生态研究的颠覆。但信息生态研究否认规律,过分强调人的主体性,因而也不是完备的学术类型。马克思主义实践哲学"体现着对人的本质和生存方式的深刻把握,体现着对人类社会存在和发展规律的深刻把握"[1],既超越了作为信息管理研究背景的实证哲学,也超越了作为信息生态研究背景的价值哲学。只有立足于马克思主义实践哲学,才能突破观念文本的局限,在实践层面上实现和谐信息生态环境的构建。

(四)突出中国传统和谐观的时代特征实现研究方法上的"视野融合"

以"有机宇宙的哲学"为特征的中国古代思想代表了人类和谐思维的最高成就,其境界远在接受"原子分析"思维训练的西方式的认识之上。并且,作为人类迄今为止相对成熟的认识成果,马克思主义实践哲学与中国古代博大精深的传统思想文化往往交光互影、此包彼摄,不乏相互融通之处。因此,我们拟择取中国先贤的思想智慧,在具体研究中以中国古代的和谐理念与思维方式为出发点,并将中国当代信息实践和中国古代思想认识有机地结合起来。唯其如此,才能真正构建"去西方中心化"的、以传统文明血脉为支持而又兼顾当代中国本土实践的和谐信息生态环境,实现理论与实践的统一,达到系统、

---

[1] 夏文斌.马克思的实践哲学与科学发展观[J].中国特色社会主义研究,2007(4):79-83.

科学的根本要求。

事实上,构建信息生态环境的全部旨趣就是要以和谐为取向,强调平衡、协调、有序、互补在信息生态系统中的价值。因此,本课题的主要观点和创新之处集中在对"和谐"概念的创造性理解上。

一是古人"和实生物,同则不继"的命题强调"和"是系统"生"的基础和依据。"和"的本质是多样性的统一,只有多样并统一(而不是简单的"同")才能产生新质,创生新物。这就需要把不同信息本体和信息人的平衡与互补视为认识信息生态问题的基本原则和标准;

二是"和"以异质要素的存在为前提。差异和对立是"和"的前提,只有在差异和对立中,和谐才能得以存在与发展。因此,信息生态不是追求没有差别和矛盾,而是要把差异、对立、斗争、冲突作为和谐的内生要素来对待,应该在对立与差别中把握和谐;

三是序列与等级是和谐的常态,追求和谐并不等同于追求平等。任何事物的内部都存在阴阳对立的两面性,从而表现为某种等差与分层状态,这是事物有序和谐的基本结构特征。同样,人、信息、社会等这些信息生态系统中的每一个序列和因子,其内部也时刻分化为某种层级结构,它要求我们在构建和谐信息生态环境时,必须维持一个基于健全法制和伦理道德规范的等差序级结构,才能真正保持信息生态的和谐与稳定;

四是在动态的相对和谐中促进理想信息生态的构建。古人倡言"生生之谓易""不和不生",本质上是强调和谐既是一个"动"的过程,也是一个在"动"中达致的平衡状态,集中反映了平衡和不平衡的共轭特征和辩证关系。因而,在信息生态的研究中,要把和谐视为生生不息的相对和谐,并善于在不和谐中把握和谐,在动态的相对和谐中促进理想信息生态的构建。

第二章 信息生态和信息生态失衡

　　信息生态学是一门新兴的学科,在我国大约产生于20世纪90年代。对信息生态的研究和理解,由于研究者出发点的不同而产生一定的分歧。但不管基于何种角度,对信息生态的相关概念的理解实为所有研究的基本前提和基础。另一方面,众所周知,信息生态(Information Ecology)是一个通过类比而产生的概念。信息生态概念提出的目的在于吸取生态学的精华,为信息科学的研究提供新的研究视角和研究方法。因此,有必要首先对自然生态的相关概念作一番系统梳理。

第一节 自然生态相关概念

一、生态与生态学

　　(一)生态(Zoology)

　　"自然界中的生物,无论是动物、植物,还是微生物,无不在一定的环境中生活,并和环境形成一个不可分割的有机体,发生着各种联系和作用。我们把这种存在于生物和环境之间的各种因素相互联系和相互作用的关系,称为生态"[1]。显见,生态是指五大类生物(原核生物、原生生物、动物、真菌、植物)之间、以及生物与周围环境之间的相互作用和联系。生物之间以及生物与环境之间的关系是生态问题的本质,这种"关系","包括有机生物的生存条件、相互关系以及有机生物与无机环境之间的关系"[2]。

　　(二)生态学(Ecology)

　　生态学是以生态问题为研究对象的生物学分支学科,它以研究生物与环境、生物与生物之间的相互关系为职志。

---

[1] 钱俊生,余谋昌.生态哲学[M].北京:中共中央党校出版社,2004:2.
[2] 蒋录全.信息生态与社会可持续发展[M].北京:北京图书馆出版社,2003:18.

第二章　信息生态和信息生态失衡

首次提出"生态学"概念的是德国动物学家海克尔。1869年,他在其《动物学》中把生态学定义为:"研究动物对它的有机和无机环境的总称。特别是动物与其他生物之间的有益和有害关系。"❶海克尔作为动物学家的学科背景,决定了他的生态学概念主要聚焦于动物学,并以动物的生态环境为主要对象。随着时代的发展,人们发现人类面临的许多重大问题(如人口急增、食物短缺、环境污染等)与自然生态学问题具有很大的"家族相似性",完全可以借用生态学的一般理论、方法和原则来解决(至少是思考)类似的问题。于是,自20世纪60年代后,生态学受到了广泛的关注,成为许多学科竞相参酌的对象,并由此逐渐形成许多分支学科,"如景观生态学、恢复生态学、人类生态学、产业生态学、经济生态学以及信息生态学等"❷❸,生态学也由原初事实上的动物生态学走向了跨学科的发展趋势。

与此同时,自然生态学也日益发展,其重要标志之一是引入了有关生态系统的见解。生态系统要求将生物与其生存环境之间的关系归结为或简化为物质流动与能量交换问题,并被进一步分化整合为物质流、能量流及信息流。至此,生态学被理解为:"关于有机体与周围外部世界的关系的一般学科,外部世界是广义的生存条件"❹。在此背景下,生态学研究也获得了相对稳定的目标定位,亦即,从系统的角度出发,重视系统诸要素的互动关系,揭示生态系统中各个要素之间的彼此影响、相互作用及其制约与反制约的复杂的变化规律。无疑,"系统"和"生态系统"概念的提出,既丰富了生态学的内容,也成为我们理解生态学的基本切入点。

二、系统与生态系统

(一)系统(System)

所谓系统,"是由若干相互作用、相互依存的组成部分或成分或亚系统结合的、具有一定结构和特定功能的综合体"❺。每个系统都存在于一定的环境

---

❶ 金以圣.生态学基础[M].北京:中国人民大学出版社,1988:7-8.
❷ 李文华,赵景柱.生态学研究回顾与展望[M].北京:气象出版社,2004:
❸ 张金屯,李素清.应用生态学[M].北京:科学出版社,2003.
❹ 余谋昌.生态哲学[M].西安:陕西人民教育出版社,2000:17.
❺ 金以圣.生态学基础[M].北京:中国人民大学出版社,1988:9.

背景中,环境背景的功能在于为系统提供其执行功能和动力的相关信息输入,系统由信息输入而产生反应,反应的结果是向环境产生反向输出。系统具有自身独特的结构,系统内部彼此联系、密切相关的各组成部分(因子)总是按照一定的要求和严密的程序,有规律地结合在一起。

可以认为,系统论的核心特征就是否认各组成部分的孤立存在,而代之以密切相关、彼此联系的"关系"思考。因而,系统不是各组成成分的简单罗致或机械叠加,而是各要素之间相互依存、相互作用的背景性存在。在此意义上,由系统结构表现出来的整体结构功能要大于它的各部分之和。我们在运用系统的观点考察和分析问题时,必须重视系统的整体性和各组成成分之间的关联性,认真分析系统的各组成成分在整体中的地位和作用及它们之间的联系。

(二)生态系统(Ecosystem)

生态系统是一般意义上的抽象系统在生态领域中的具体落实,是系统的特殊形态,也是生态学赖以奠基的重要概念和主要研究对象。明确提出生态系统概念的是英国植物生态学家A.G.Tansley,他于1935年指出:"生物群落与生存环境之间,以及生物群落内的生物之间密切联系、相互作用,通过物质交换、能量转化和信息传递,成为占据一定空间、具有一定结构、执行一定功能的动态平衡整体。简而言之,在一定空间内生物群落与非生物环境相互联系、相互作用所构成的统一体,就是生态系统。"[1]

显见,生态系统是一定空间内生物和非生物通过物质的循环、能量的流动和信息的交换而相互作用、相互依存所构成的一个生态学功能单位。生态系统既强调循环性,也重视开放性。而循环不仅是在一种独立系统内部的小循环,同时也是参与整个背景环境的大循环。因而,与系统的开放性特点一样,指向此事物之个别与彼事物之众多之间的有机联系,具有一荣俱荣、一损俱损的特点。就此而言,生态系统中,不仅有机体与其环境之间存在着相互依存、互为因果的关系,而且各子系统之间以及子系统与母系统之间也同样存在着密切的联系,这种联系集中反映彼此之间不断进行着的物质、能量、信息的交流。可以说,生态系统的原理也就是联系的原理、共生的原理。它强调系统中

---

[1] 施维林,等.生态与环境[M].浙江:浙江大学出版社,2005:94.

各因子之间的相互关系、相互作用及功能上的统一。

同时,生态系统又是一个有边界、有范围、有层次的体系性存在。可将生态系统比喻成一部由许多零件组成的机器,这些零件之间靠能量的传递而相互联系为一部完整的机器,成为一个完整的生态功能单位。系统内各要素互相作用并受环境制约,从而使能量流动与物质循环较长时间保持相对稳定状态,这种状态就是生态平衡,它是动态的,不是静态的。生态系统内部成分的改变或外部因素的干扰都会对生态系统发生影响,引起系统的改变。生态系统本身有一种自我调节能力,一旦外界因素的干扰超过这种自我调节能力时,调节的功能即会丧失,生态平衡就会遭到破坏。

三、生态因子与环境

(一)生态因子(Ecological Factor)

生态因子又称环境因子,"是指环境中对生物个体或群体的生活或分布有着或直接或间接影响的环境要素"[1]。任何环境都包含着多种因素,每一种因素对生物都会起着或多或少、直接或间接的作用。并且,这种作用和影响随着时间和空间的变化和作用对象的变化而有所不同。实际上,在环境中,各种生态因子的作用并不是孤立的,而是相互联系的,他们共同对环境主体产生影响。他们共同活动的合力正是环境主体演变发展的动力。总体上,生态因子在整个生态环境中的作用具有以下几点特点:

一是综合性:环境中各种生态因子都不是孤立存在的,而是彼此联系、相互促进和相互制约的,它们在一定条件下可以相互转换。环境主体对某一个极限因子的耐受限度会因为其他因子的改变而改变,因而,生态因子对生物的作用不是单一的,而是综合的。

二是存在主导因子:在诸多环境因子中,有一个对环境主体起决定性作用的生态因子,称为主导因子。主导因子发生变化会引起其他因子跟着发生变化。

三是阶段性:由于环境主体在运动变化的不同阶段对生态因子的需求不同,因此,生态因子对环境主体的作用也具有阶段性。

---

[1] 施维林,等.生态与环境[M].浙江:浙江大学出版社,2005:62.

四是不可替代性:环境中的各种生态因子对环境主体的作用各有其重要性,任何一种因子,尤其是起主导作用的生态因子的缺少都会严重影响环境主体的正常生存和发展。

五是可补偿性:生态因子是不可代替的,但是,局部是可补偿的。生态因子的补偿作用只能在一定范围内作部分补偿,而不能以一个因子代替另一个因子。而且,因子之间的补偿作用也不是经常发生的。

在生物学中,所有的生态因子构成生物的生态环境,良好的生态环境是生物生存和发展的基础,生态环境不佳不仅制约生物的发展,而且影响生物的生存。

(二)环境(Environment)

生态学中的环境是指,"生物有机体周围一切的总和,它包括空间及其中可以直接或间接影响有机体生活和发展的各种因素"[1]。环境总是针对某一特定主体或中心而言的。由于隐含的主体或中心不同,环境所包含的范围和因素也不同。因此,环境是一个相对概念,随主体的改变而变化。从这个意义上说,离开主体的环境是没有内容的,也是没有意义的。

第二节 信息生态学的相关概念

所有的生态系统都可以根据其形成的动力以及影响力的不同,而划分为自然生态系统和人工生态系统两大基本类型[2]。金以圣指出:自然生态系统是指那种凡是没有受到人类的主体干预,而在一定时空范围内独自存在的、依靠生物和自然环境本身的自我调节能力来维持相对稳定的生态系统。相反,人工生态系统是指:按人类的需求建立起来,在时空存在上受到人类活动强烈干预的生态系统。这其中,自然生态系统又可称为"第一生态系统",相应地,由人与社会环境的参与而构成的生态系统则称为"第二生态系统"。就人工生态系统而言,它是以人类活动为中心,由自然环境、社会环境(也就是"外部世界")和人类(也就是"内部世界")三部分组成[3]。

---

[1] 陈天乙.生态学基础教程[M].天津:南开大学出版社,2004:44.
[2] 金以圣.生态学基础[M].北京:中国人民大学出版社,1988:17.
[3] 金以圣.生态学基础[M].北京:中国人民大学出版社,1988:17.

作为"天地新贵"的人类为了自身的生存,需要向自然界索取各种物质和能量,并按自己的合目的性的主观意愿,去干涉自然、改造自然,人类改造自然的过程也就是人工生态系统的形成过程。人工生态系统与自然生态系统不尽相同,集中表现在:它具有极强的"社会性",受到人类合目的性的强烈干预和影响;另外,它还具有"易变性",不像自然生态系统那样稳定,它的自我调节能力较差,很容易受到各种环境因素的影响,或随人类的活动而发生变化。而正是它的这些特点激发了人们对它进行研究的激情。

诚然,从学科起源上讲,生态学是从第一生态系统的研究起步的。然而,第二生态系统的研究已经并正在引起学者们的广泛关注,信息生态系统就属于第二生态系统,是第一生态系统的一种特殊类型。

作为"第二生态系统"的信息生态系统是指信息的生存状态。"信息生态系统由信息、人、信息环境三大因素构成。信息是信息生态系统的关键因素。现代社会以信息的收集、开发、传播、利用为主要特征,并在社会政治、经济等各种领域和生活中发挥着越来越重要的作用"[1]。和"第一生态系统"相比,它是个抽象的概念,但也可以借鉴"第一生态系统"的相关成果,从系统、因子与环境的角度予以分析。

一、信息生态因子

组成环境的因素称为环境因子,或称生态因子。信息生态因子是指"信息环境中对人类及社会组织的成长、行为、发展、流动和分布以及社会进化与发展有着直接或间接影响的环境要素"[2]。生态因子主要包括信息(资源)、信息人和信息环境三要素。这三部分的相互联系和相互作用构成了一个动态的信息生态系统,它们之间的个性特点及其相互关系则构成了信息生态学研究的主体内容。

(一)信息和信息资源

1. 信息

"信息是信息生态的客体,是信息生态系统的对象性要素"[3]。20世纪40年

---

[1] 田春虎.信息生态问题初探[J].情报杂志,2005(2):90-92.
[2] 蒋录全.信息生态与社会可持续发展[M].北京:北京图书馆出版社,2003:150-158.
[3] 陈曙.信息生态研究[J].图书与情报,1996(2):12-16.

代,美国学者申农率先提出信息论的概念,初步建构了信息论的学理结构和研究模式。考虑到信息论在研究内容和研究方法上的独特价值,于兹而还,人文社会科学的几乎所有领域,都努力引入信息论的观点,以期借用这一崭新的概念扩展和提升各自学科的研究领域和研究思路。

降及二十世纪五六十年代,"信息"的概念几乎为各个学科和领域所普及接受,从信息角度研究本科学或领域的一般问题,也成为一时之趋。相应地,得益于各学科领域研究的共同精进,也反哺着"信息"概念本身,促进了信息内涵向深化与泛化的两个维度上延伸。值得一提的是,从哲学的视角审度信息也成为人们的学术聚焦之一。人们普遍相信,信息和运动一样,都是物质(系统)的本质属性。"物质世界体现着信息本性,信息是系统的基本要素之一;信息及其进化是物质世界乃至宇宙的固有的自然本性"[1]。由此,作为事物运动基本属性和普遍规律的信息,不仅是人类生存所必须遭遇的根本性存在,也是人类生存发展所无法回避的客观对象。正是借助于信息,人们才有可能认知客观事物的异同,并消除主体认识上的不确定性。从这一意义上说,信息具有不以人们的主观意志为转移的客体属性。

时至今日,信息作为与物质、能量鼎足而立的资源,已经成为支配人类活动的重要要素。"信息,作为事物存在和运动状态、方式及关于这些状态和方式的广义知识,在当今的高度发展的信息技术的支持下,通过一系列的流通、加工、存储和转换过程,成为人类社会的重要资源"[2]。不仅如此,信息一词也是当今社会使用频率最高、范围最广的重要词汇之一。

2. 信息资源

信息资源是在信息的基础上发展起来的一个概念。它是由美国学者沃罗尔科于二十世纪六七十年代提出的。稍后的80年代中期,我国学者孟广均研究员最先将"信息资源"一词引进我国。嗣后,信息资源也以其自身的穿透力而进入到社会文化生活的各个层面,甚至达到了言必称"信息资源"的地步。

从概念上讲,信息资源有广义和狭义的分别。狭义上的信息资源是指,"经过选取、组织、有序化了的有用信息的集合。其内涵体现在以下几点:①信

---

[1] 朱永海.信息系统演进述评及其发展趋势——兼论信息生态论的内涵演变[J].情报理论与实践,2008(4):631-636.

[2] 马费成,赖茂生,等.信息资源管理[M].北京:高等教育出版社,2004:1.

息资源是信息的集合；②信息资源是人类选择、获取的有用的信息的集合；③必须经过人类组织、有序化的信息的集合"❶。广义的信息资源则包括，"信息内容、信息设备、信息人员、信息系统等共同组成的一个资源系统"，具有集合性、相关性、目的性及环境适应性等特点❷。

在本质意义上，信息资源即是指有效的信息。换言之，有效的信息具有资源价值，故称信息资源。因此，信息资源概念的提出，目的是要在大量无序的、无效的、甚至是有害的信息中，提取出有用的部分。它重点是要强调，不能一味地将信息视为系统的组成或要素，而需要对组成部分或要素的价值作进一步的深入考察。在当今信息社会，伴随着信息相对于物质和能量而言的价值增值，信息资源已经作为"软资本来开发和利用。如何发现、开发和整理并利用信息开展研究和工作，成为人们关注的重点。信息作为系统要素逐渐向资源演变"❸。当然，信息资源作为价值因子，它的价值潜在性如何转变为现实的价值实现，还要"取决于人类是否对其进行合理开发和充分利用，是否有一个良好的信息环境"❹。这一基本定位，是信息资源与信息生态环境联系的一个重要纽带。

(二)信息人

1. 信息人的概念

信息人是信息生态系统中的主体人，在现实的信息社会中，每一个个体、组织乃至民族国度，都在有意无意地生产信息，同时，又要从其生存环境中接受、整理、存储、传递、评价信息。因此，信息已经像空气一样，成为"无所逃于是"的客观存在，并构成信息环境之一。从这一意义上说，每一个生存个体或组织都是广义上的信息人。当然，在信息生态学中，信息人另有狭义上的定位，即"一名合格的信息人应该具备敏锐的信息意识，良好的信息能力，合理的知识结构"❺。这一定位，要求把信息人的范畴局限于那些具备一定的科学文化知识，且同时拥有一定的信息意识和信息能力的人。这里的"信息意识"主

---

❶ 岳剑波.信息管理基础[M].北京：清华大学出版社，2002：38-40.
❷ 张四新.基于生态系统的信息资源共享模式[J].情报科学，2004(11)：1349-1351.
❸ 朱永海.信息系统演进评及其发展趋势——兼论信息生态论的内涵演变[J].情报理论与实践，2008(4)：631-636.
❹ 李渊.浅谈信息环境的演变[J].河北科技图苑，2005(2)：74-76.
❺ 陈曙.信息生态研究[J].图书与情报，1996(2)：12-19.

要是从主体能动性的角度来限定的,而"信息能力"则主要是从物化的技术技能的角度来限定的。相应地,掌握一定的"信息意识"和"信息能力"的"信息人"是广义信息人中那些有更有效地从事信息生产、信息处理、信息传递和执行信息系统控制功能的人。

在信息生态系统各要素中,作为唯一主体性存在的信息人,是整个信息生态系统中占据主导地位的要素。考虑到信息人的无可回避的信息性,吴光伟指出:"现代人的本质不是单个人所固有的抽象物,而是所有信息关系的总和。"❶这一认识事实上是将"信息"当作了人的类本质,因而成为区别于动物的关键指标。

2. 信息人的类型

作为信息生态系统中的关键性的主导因素,信息人承担着信息的生产、开发、加工、处理、保存、获取、利用、评价等所有环节的工作。没有人,信息的客观存在将受到质疑。至少,客观存在的信息的价值性就会无从体现。信息人如此重要,以致决定着个体、组织乃至民族国度的基本素质。因此,从不同的类型对信息人进行分别研究,是探讨信息生态本质的必由路径。总体上,不同的分类标准将会导致不同的分类结果。目前,比较为学术界所公认的信息人的划分,主要是从其所承担的信息职能(职业分工)着眼的,由此,"信息生态系统中的信息人可分为信息生产者、信息传递者、信息消费者和信息分解者四种类型"❷。不可否认,除上述四大类型之外,还应包括信息监管者。兹分别作专门探讨如下:

(1) 信息生产者。信息生产者是从事生产和创造新信息的主体(包括个人、组织、民族国家)。信息生产是信息生态系统的前提和基础,在整个信息生态系统中充任重要角色。

总体上,信息生产者所生产的信息可以作好与坏的两类区分。然而,什么是好信息什么是坏信息,又是一个信息判断问题,因而会随着认识主体的不同而不同。此外,信息生产者虽然在理论上处于整个生态系统的源头地位,但是信息生产者如何生产及生产怎样的信息,又是在生产者主体充分接受、处理、

---

❶ 吴光伟.信息产业研究[M].上海:上海科学技术文献出版社,1995:335.
❷ 严丽.信息生态因子分析[J].情报杂志,2008(4):77-79.

消化已有信息的基础上起步的。因此,生产者主体的源头地位本质上既没有时间上的先在,也没有绝对逻辑上的先在。

(2)信息传递者。信息传递者承担着将生产者的劳动所得通过特定的传输路径运送到信息消费者手中的中介职能。目前,传统意义上的传递机构如新闻媒体、学校等,以及文献集散中心如图书馆、情报部门和信息咨询机构等,仍然是信息传递的主要角色承担者。而事实上,从最为广泛的意义上说,几乎每个个体也都是广义上的信息传递者。

信息传递过程中的真实性和时效性,是信息传递者价值实现的两大重要指标。相应地,选择那些能够充分保证信息真实性和时效性的机构也成为人们的优先选择。此外,应该强调,传递者在将"客观的"信息"客观地"传递给消费者的过程,并不是十分被动和默默无闻的。它会在传递过程中添加自己的主观因素,例如,传递这部分信息而不传递那部分信息等。这是在对信息传递者作深入考察时值得引起注意的。

(3)信息消费者。广义的信息消费者是指有偿或无偿使用信息的人。在狭义上,信息消费者是指那些具有特定的信息需求,并根据其拥有的实际信息能力,吸取并利用信息的主体。信息消费者的信息素质和信息能力是影响信息接收和消费质量的关键因素。当然,正像信息生产者是一个相对宽泛的概念一样,信息消费者也是一个指涉广泛的概念,可以针对个体、组织乃至民族国家。

表面上,信息消费者是整个信息生态系统的动态变化过程中的最后一个环节,所有信息的生产、加工、组织、保存等都是以信息消费者为最终指向的。没有信息消费者的消费,此前的生产、加工等所有劳作将最终归于无效。然而,从逻辑辩证的角度来看,信息消费者的消费诉求和消费动机也将反向影响信息产生者的信息产生和信息传递者的信息传递。套用一句广告词来说,"没有买卖就没有杀害",同样,没有需求就没有生产和传递。这一点,是在对信息消费者作研究时需要特别注意的。

(4)信息分解者。信息分解者是指那些对既成信息予以评价从而选择信息,并对选择的信息进行加工、整理使之从无序发展为有序的主体,包括个体(如网络管理人员)或机构(如信息咨询机构、图书情报中心等)。当然,信息分解者所从事的更为基础、但却往往被忽略的工作是区分有用信息和无用信息，从而汰除无用信息，降低整个系统的信息冗余。

值得一提的是，与信息传递者一样，信息分解者在分解信息的具体过程中，也会根据自己的价值预设，在看似"非常客观"的加工、整理和组织信息的过程中渗入个人主观意志，从而改变信息的纯粹客观性，使其成为打上分解者主观烙印的存在。简言之，经过分解渠道的信息已经改变（至少部分改变）了信息的原貌，因而直接影响到信息消费者对最终信息的接受和利用。

(5) 信息监管者。信息监管者是指那些对信息的产生、传递、消费等所有活动和环节肩负监督和管理职责的主体，包括个人或组织。在广义上，社会舆论实为最大的监管者。狭义上的信息监管者主要是指制定有关信息政策和信息法律法规，从事信息活动的行政管理的个体或组织。如果说，信息产生者、信息传递者、信息消费者等直接决定信息的优劣的话，那么，信息管理者则直接决定信息主体的良莠。基本上，信息监管者并不直接以信息本身为对象，而是通过对信息人的管理达到对信息的管理，从而净化信息，优化整个生态系统。尽管如此，信息监管者最终的目标指向依然是信息和信息生态系统，它只不过经过了一个对其他信息主体进行管理的管理之中间环节。

综上，在信息人的五大类划分中，信息传递者、信息分解者和信息监管者似乎更有专业背景，更多地被贴上了职业标签。而信息生产者和信息消费者的指涉范围则相对宽泛，既可以指专业人员也可以指一般凡有信息产生和消费实践的非专业人员。并且，这五大类别，表面上存在一个从信息生产、信息分解、信息传递和信息消费的大致顺序，而信息监管者则全程管控全部环节，从而完成信息生态系统的完整结构。但是，实际上的信息活动则要复杂得多，如信息有可能基于消费者的立场而刻意被生产出来，等等。这种复杂性，既是信息生态系统的重要特征，也是所有信息人作为能动性主体的价值呈现。这要求我们对信息人的认识不能满足于简单化的认识，仿佛信息生产必居首位，其次是信息的分解和传递，而信息的消费肯定是最终指向。

(三) 信息环境

信息环境是指信息生态系统的"宏大"背景和发生场所[1]，它主要由那些与

---

[1] 陈曙.信息生态研究[J].图书与情报,1996(2):12-19.

人类的一切信息活动有关的所有的自然因素和社会因素而组成。"信息生态环境是信息环境的一部分,是指对信息人的生存、生活和发展有直接或间接影响的信息因素的总和"❶。

信息环境也存在广义和狭义的不同。狭义上的信息环境,一方面指局部的微观信息背景和区域;另一方面也可以指称人们从事信息活动时赖以为据的具体场所。而从广义上讲,信息环境还包括诸如信息政策、信息法律法规、社会信息的安全保障、用于信息的资金投入、信息的技术要素和发展状况、信息社会的总体水平等指标。

研究信息生态学的最终目标,就是要实现总体信息环境的和谐,从而促使信息的生产、传播、加工、整理和利用等所有活动具有可持续发展的动力和能量。从这一意义上说,信息生态学的最终目标就是要构建和谐的信息生态环境。"良好的信息环境可以扩大人们的行为空间,延伸人们的感知时间长度,活跃人们的思维。提高人们创造思维的能力;良好的信息环境可以改造社会思维的惰性,克服社会思维的弊病,提高社会思维的质量"❷。

信息环境的最大特点是其与生俱来的广泛性、复杂性和综合性。一方面,环境因素构成复杂,各要素之间彼此依存、相互影响;另一方面,由于主体人的因素的介入,使信息环境不断地因人为因素而改变,同时环境又以其"无所逃于是"的巨大价值和能量,改变着人的存在,形成马克思所谓人与环境之间的双向的生产——环境为人所生产,人也为环境所生产,从而导致人或环境都因为加入了对方的因素而改变了原来的存在。

此外,在最为广泛的意义上,信息和信息人都是环境的一部分。然而,基于信息和信息人在整个信息生态环境中的重要地位,我们将信息和信息人独立出来,在上面的章节中作了专门分析和研讨。因此,这里将着重分析狭义上的包括信息技术、信息伦理、信息政策和信息文化等内容的信息环境的基本特征。

1. 信息技术

信息技术是信息环境系统中的工具性要素,从广义上来说,"凡是涉及信

---

❶ 娄策群,赵桂芹.信息生态平衡及其在构建和谐社会中的作用[J].情报科学,2006(11):1606-1610.
❷ 李学英.信息接受论[M].武汉:湖北教育出版社,1994:128.

息的产生、获取、检测、识别、变换、传递、处理、存储、显示、控制、利用和反馈等与信息活动有关的、以增强人类信息功能为目的的技术都可以称作信息技术"❶。

信息技术作为一种信息工具,其价值首先在于它有效地拓展了人类的信息能力。例如,计算机和互联网就是两种非常重要的信息技术,它们在信息的生产、处理、加工、存储、传递乃至利用的所有信息活动中都发挥了举足轻重的作用。"在信息资源价值逐渐凸显的同时,信息技术的地位和作用也得到了加强。信息资源的开发和利用,离不开信息技术的支撑和应用,在信息资源逐渐成为人们工作学习的必要条件时,信息技术的应用也成了一道门槛。因此,在信息技术门槛的掩盖下,人们往往忽略了信息资源在解决问题的关键性、实质性的作用,而只看到信息技术的重要性;人们越是离不开信息资源,也就预示着越依靠信息技术,从而使得'技术决定论'延伸至信息社会。需要注意的是,信息技术只是手段,而信息资源才是关键。当然,信息技术能够加强资源的效用,信息资源能够提升技术的地位,二者互相促进"❷。

当然,信息技术作为一种工具性的手段,永远只能提供工具理性而不能提供价值理性。所以,具有人文素养和精神诉求的学者们,对技术力量的限度应该持有比较清醒的认识。

2. 信息政策

信息政策是信息环境系统中充任规范和调节信息行为的政府性的政策因素。具体而言,信息政策是指,"国家用于调控信息业发展和信息活动行为规范的准则,它涉及信息产品的生产、分配、交换和消费等各个环节,以及信息业的发展规划、组织和管理等综合性的问题"❸。

信息政策作为制度层面上的干预性因素,它对信息系统的优化和信息环境的和谐起到了政策支持和行政保证的作用。政策水平的高低和相关政策制订的效率直接考验着政府的智慧。总体上,作为信息生态系统中的上层建筑,信息政策必须以现实的信息实践水平为基础。然而,策略性的适度超前,也是信

---

❶ 岳剑波.信息管理基础[M].北京:清华大学出版社,2002:38-40.
❷ 朱永海.信息系统演进述评及其发展趋势——兼论信息生态论的内涵演变[J].情报理论与实践,2008(4):631-636.
❸ 罗义成.和谐信息生态探析[J].情报科学,2006(7):1069-1072,1099.

息政策发挥反向能动作用的重要平台。如何以物质性的实际信息发展状态为依据而又能够发挥政策作为第二性存在的最大功能,是信息政策研究的最高旨趣。

3. 信息法规

信息法律和法规是信息政策的一个专门系统,但它具有更多的强制性;另一方面,信息法律和法规又可视为全部法律机器的一个专门类型,即那些专门用于调节和规范与人们的信息活动有关的、必须得到强制执行的条款和科目。换言之,它是法律机器之本质和目标在信息领域的具体运用和落实。

总体上,信息法规包括处理国际间的信息行为的宏观法规,也包括旨在调节国内信息行为的微观法规。与信息政策一样,信息法规也是上层建筑的一部分,信息法规如何以第二性的被决定者的身份主动适应社会信息实践,同时又能发挥其能动作用,也是衡量信息法规的最终依据。毕竟,被动适应和主动作为之间的创新性紧张,才是信息法规的存在理由。

4. 信息伦理

信息伦理亦称信息道德。它是作为信息法规的配套措施而存在的,"所谓信息伦理,是指涉及信息开发、信息传播、信息的管理和利用等方面的伦理要求、伦理准则、伦理规约,以及在此基础上形成的新型的伦理关系"[1]。

总体上,信息伦理与信息法规的关系,类同于社会伦理与整个法律大机器之间的关系。"与传统伦理相比较,信息伦理更为注重以'慎独'为特征的道德自律。在以信息技术为基础的现代信息社会中,由于以数字化的信息为介质,人与人之间的关系便凸现出间接性、匿名性,道德舆论的承受对象变得极为模糊,为此,对于道德自律的强调就显得尤为重要"[2]。

所谓"礼禁之于前,法惩之于后"。信息伦理问题的研究,首先要解决它与信息法规之间的"确切"关系。因此,信息伦理和信息法规之间的划界及其相互补充是评价信息伦理的重要因素。同时,对信息伦理的认识,更要与物质性的社会信息实践联系起来,既要确保信息伦理随着信息实践的变化而与时俱进,又要保持自身相对稳定的价值设定,防范信息实践像脱缰的野马迷失前进

---

[1] 李志昌.论社会信息生态问题[J].中共云南省委党校学报,2004(5):42-44.
[2] 罗义成.和谐信息生态探析[J].情报科学,2006(7):1069-1072,1099.

的方向。

5. 信息文化

在广义上,信息文化是指与信息有关或与信息活动有关的所有的人类实践的总和。它是"在以电脑为标志的信息技术、信息流通和信息产品不断发展的社会环境下,以及人类对信息环境的适应过程中所产生的文化现象,包括生产方式、生活方式、交往方式和思维方式等在内的种种人化现实。从狭义上说,则指数字化的传播、生存方式及其过程和结果。按照文化形态一般的分类法,文化的社会形态基本上分成三个层次:物质文化、精神文化和制度文化"[1]。因此,信息技术、信息政策、信息法规、信息伦理等所有"人为"的建制都是信息文化的一部分。在此意义上,强调信息文化的狭义特征才会显示其价值。

狭义的信息文化是人们在信息活动中的行为选择和观念动机。例如,上网习惯、检索内容和检索方式等就是文化因素在信息生态系统中的具体表现。又如,赛伯空间提供的"虚拟"世界改变人们的生活面貌和思维方式,而改变的路径及其样态也是文化的显性表征。

研究信息文化的要义在于,如何最终营造或者主张一种或多种行为模式和思维习惯,从而更好地保证人们的信息实践回归真、善、美,从而以"软件"的力量,促进和谐信息生态环境的生成。

二、信息生态三要素之间的关系

前面已经提到,组成信息生态系统的因素称为生态因素,亦称环境因子。信息(资源)、信息人和信息环境,是信息生态系统中最大的因素,而作为上位概念,它们又可以划分为不同层次和类型的其他因子。"在信息生态各要素中,任何要素都不是静态的排列,而是动态的组合。信息生态系统各要素之间是相互影响、相互制约、相互联系的关系,它们之间存在着多种多样的相互作用"[2][3]。

信息生态系统三要素的提出,有助于我们在具体而微的水平上,从因素(而不是整体)入手,分析信息生态系统的组成,在此基础上进一步研讨其基本

---

[1] 蒋录全.信息生态与社会可持续发展[M].北京:北京图书馆出版社,2003:132-133.
[2] 娄策群,赵桂芹.信息生态平衡及其在构建和谐社会中的作用[J].情报科学 2006(11):1606-1610.
[3] 严丽.信息生态因子分析[J].情报杂志,2008(4):77-79.

特征,从而向和谐信息生态环境的理想迈出关键性的一步。总体上,三大因素之间彼此作用、相互影响;同时,同一要素内部(如信息人)的若干子因素(如信息生产者、信息分析者、信息传递者、信息消费者、信息监管者)之间也呈现出密切联系、牵一发而动全身的特点。例如,就信息人与信息环境因子的相互关系来说,作为主体存在的信息人,是整个信息生态系统中最为活跃、最具能动性特征的因素。一方面,信息人对其他信息生态因子具有主观的塑造功能,任何一个因子(如信息技术、信息政策等)都是因人而存在的。甚至表面上最具客观性的自然信息(如刮风下雨)也要通过主体的观察、体验、感觉和评价才能显示其价值。另一方面,信息生态因子作为人的信息实践对象,也在影响和改变着信息人的生存和发展。就大者而言,正是信息时代的到来才使得我们真正成为"信息人"的。再如,计算机和互联网技术也在现实地改变着人们的生存境遇,导致人成为电脑或赛伯空间式的存在。因此,无论是研究信息人抑或是研究其他信息生态因子,彼此之间的双向可逆式的双重观照都将是不可回避的。舍弃人的信息生态研究尽管可以获得物理之真,但却放逐了善和美的追问,因而离信息生态环境的和谐理想渐行渐远;同样,单纯从主体人着眼的研究也将因为无视信息实践的物质内涵而缘木求鱼。

再就信息人与信息资源的关系而言。一方面,信息资源是主体人生产、加工、处理、获取与利用的对象;另一方面,信息资源又是主体人沟通人与人之间(人际)、人与物之间乃至人与天之间的纽带。信息资源的主体是人,但信息资源对人又起到了反向重塑的作用。它可以改变人的知识结构,减少决策或一般社会行为的不确定性。同时,也可以造成人与人之间因信息交流的便捷而导致人情淡漠。

可以认为,众多生态因子几乎都可以做排列组合式的两两之间关系的深入分析。例如,在上文有关信息人的章节中,曾对信息人的五种类型之间实际存在的舍此无彼的"关系"有所讨论。总之,在信息、信息人、信息环境的信息生态系统之间以及具体信息生态因子(如信息生产者、消费者、信息技术、信息伦理等)之间,都存在相互关联、彼此影响的错综复杂的"关系",值得我们仔细分析。

三、信息生态系统的基本特征

信息生态系统是由信息、人和信息环境三大要素及其之间各种联系所构成的复杂系统。与生物生态系统一样,它们之间存在着强大的相互联系和相互依赖性,既具有一般"系统"的共性,也具有"信息生态系统"的个性。信息生态系统的最大特征即在于其"系统性"。

(一)信息生态系统的"系统性"特征

与一般意义上的自然生态系统一样,一个信息生态系统也是基于各个不同组成部分之间相互联系、相互依赖的关系而形成的整体。虽然每个组成要素之间是相互区别的,但它们却被紧密地联结在一起,任何一个生态要素所发生的变化都将会影响到整个系统。

作为一种系统性存在,一般意义上的系统所具有的"整体大于部分之和"特征,也是信息生态系统的基本属性。并且,一般系统的整体性、协同性、开放性和动态性等基本特征,也同时为信息生态系统所具备。换言之,构成信息生态系统的信息、人和信息环境三大要素及三大要素所划分的二级、三级要素之间,也具有彼此联系、相互依赖乃至休戚与共的特点。此外,信息生态系统也是层次分明、各层次之间密切相关的。综合分析陈曦[1]、田春虎[2]、严丽[3]、王云梅[4]等人的文献,可以分析出信息生态系统的"系统性"具有以下几大特征:

1. 具有多样性的特征

信息生态系统中的组织要素堪称复杂而又多元,这些要素之间既相互作用和影响,又彼此依存与互补,并进而形成了一个结构相对完善、功能相对健全的系统。"一个多样性的信息生态应该是一个充满活力、人性化和高度社会化的环境,拥有许多不同的资源和资料,允许个体特性和兴趣存在"[5]。

和自然生物系统一样,信息生态系统中的不同的要素占据不同的位置。"位置"是角度和功能的表征,也是构建整个"大"系统的基础性部件,同时,位置也为各个要素提供生存和发展的机会。例如,图书馆就是一个典型的信息

---

[1] 陈曦.信息生态研究[J].图书与情报,1996(2):12-19.
[2] 田春虎.信息生态问题初探[J].情报杂志,2005(2):90-92.
[3] 严丽.信息生态因子分析[J].情报杂志,2008(4):77-79.
[4] 王云梅.信息生态系统及其有效机制的构建[J].图书馆工作与研究,2010(2):25-28.
[5] 张福学.信息生态的初步研究[J].情报科学,2002(1):31-34.

生态系统,在这一系统中,文献信息资源的采访、典藏、分类编目、加工、研发和推送等,都是由不同位置的不同要素构成的。它们的多样性及其协同性工作,成就了整个系统的多样性,确保了系统的活力所在。

2. 具有非线性和突现性

非线性是就信息生态系统内部的各种个体要素之间的作用而言的,也就是说,要素之间的作用并不是由此及彼的单一向度,而是相互交叉渗透乃至双向或多维交叉的。

突现性是就整体信息生态系统来说的,它强调整体意义上的系统往往会"突然显现"出某一或某些新的特性,而若干新特性的聚合,又导致了系统在构成、性质、目的指向上的崭新征程。

3. 具有动态演化的特点

信息生态系统的"系统"特征决定了各要素之间具有牵一发而动全身的特点。因此,每一个个别要素的变动,都会在一定程度上带动其他要素从而带动整个系统不断地调整变化,以期适应新的情况,集中反映了信息生态系统变动不居、唯变所适的动态演变特征。一个健全的系统无时无刻不处于动态的发展过程中,在其中,各个子系统或要素之间不是孤立的存在。更为重要的是,信息生态系统的层次性特征表明,自然的因果规律并不是信息生态系统的唯一限制因素。因此,对系统性质及其变化的分析需要秉持多元开放的态度,综合考察各个方面的原因。同时,系统实现自身目的的手段也是多元的,不可过分"执一",更不可"得一察焉而自好"。

(二)信息生态系统的其他主要特征

系统性是信息生态系统的最大特征。除此之外,信息生态系统还具有若干其他基本特征。这其中,地域性特征和人为性特征是特别值得一提的两大属性。

1. 信息生态系统具有地域性特征

由于系统的层次以及整体与部分等概念都是相对的,因而某一系统整体,当变换了观察的时空,它可能成为更大系统中的一个因子或要素。例如,个体图书馆可以视为独立的信息系统,但它又是所有图书馆系统的子系统,更是整个"第二生态系统"下的子系统。事实上,由于任何信息生态系统都是更大的

"第二生态系统"的子系统,因而要受到背景环境中诸如社会政治、经济文化、风俗习惯等因素的制约。在更为本质的意义上,"第二生态系统"与整个"第一生态系统"也具有一定的关联,所谓地缘政治学、地缘文化论就是这一思维的产物,因而在更大范围下展示了信息生态系统的地域性特征。地域性特征的揭示要求我们在面对信息生态系统时,不能仅仅将目光聚焦于系统的内部,也应该从更为宏大的背景下思考系统的本质及其存在依据。

2. 信息生态系统具有人为性特征

自然生态系统在系统内部的诸多构成要素中,都是没有理智思维的"物质",因而自然生态系统的失衡、平衡、再失衡、再失衡的循环往复,都是"自然"的,没有人为意志的介入和参与。然而,信息生态系统则大异其趣。首先,作为信息生态系统重要组成要素的信息人是一个有理智思维的目的性主体;其次,基于系统内部诸要素彼此依存、相互影响的原则,信息生态系统中另外两大组成要素——信息(资源)和信息环境——也都在一定程度上打上了主体人的烙印,因而信息生态系统不再是"自然"的。没有主体人的主动性参与和介入,系统不可能独自完成由失衡到平衡的动态修复。从这一意义上说,人为性才是信息生态系统的最大属性——至少与第一生态系统相比是这样。

第三节 信息生态失衡的表现和危害

在当今信息社会,信息作为一种可产生增值效用的极其宝贵的社会资源,它对社会经济和人类文明的推动作用也越来越重要。在信息资源、能源、物质资源三大重要资源中,信息资源的地位日益凸显,其地位无可替代。

然而,伴随着社会信息化程度的不断提高,信息资源的开发利用在给人类带来福祉的同时,也给人类社会的发展带来了许多意想不到的新问题,诸如信息超载、信息污染、信息垄断、信息侵犯等,直接导致了信息生态环境的失衡。"信息环境问题是由于人类对信息资源的不合理开发与未充分利用所造成的。因此,信息环境的管理与优化便是信息环境论研究的核心问题。通过信息环境论的研究,主要在于用系统的观点来分析信息环境的结构与功能,借由考察信息环境系统诸要素及其与社会环境的相互作用与相互影响,来探索完善与管理信息环境的有效手段,从而使人类生活的信息环境达到最佳状态"[1]。为此,有必要仔细分析信息生态失衡的表现和危害,并进一步分析信息生态失衡的原因,在此基础上提出相应性、针对性的对策,从而优化信息生态环境,更好地为人类社会的发展服务。

从某种意义上说,信息生态系统的失衡是不可避免的。这是因为,"一方面,由于系统内部的新陈代谢作用,结构上的有序和无序相互交替时往往会产生不平衡的现象;另一方面,外力对系统的干扰超过一定的限度时也会产生相应的熵"[2],从而导致信息生态环境的不和谐。信息生态环境的恶化将会严重影响到对信息资源的有效利用,因而逐渐引起了人们的高度重视。当前,信息生态失衡的具体表现主要有下面几项。

一、信息生态失衡的表现

无可避免的信息生态系统的失衡,就其表现而言,堪称林林总总,不一而足。其中的荦荦大者主要包括:

(一)信息爆炸

"随着信息技术的迅猛发展,特别是因特网及万维网的普及和应用,信息的生产和传播速度与规模达到空前的水平,信息以几何级数速度增长的势头愈加猛烈,这种现象被称为信息爆炸"[3]。诚然,信息爆炸主要是信息技术"惹的祸"。而信息爆炸带来的直接后果是信息冗余的增加,传统意义上的"汗牛充栋""浩如烟海"已经不足以形容其信息量无节制增长的规模和程度。

(二)信息超载

信息超载是信息爆炸的产物,由于信息爆炸而造成的个人或系统所接受的信息超过其实际处理能力或有效应用能力,即是信息超载。美国情报学家普赖斯(D.Price)曾经感慨:"鉴于科学著作的增长将会达到令人难以置信的荒谬程度,没有一位科学家能读遍其所感兴趣的所有文献。"[4]信息爆炸导致的直接结果是,在大量冗余信息中越发难以找到真正有价值的、为我所需的信息。从而,既拉高了信息获得和利用的成本,也相应性地降低了信息生产的效率。其

---

[1] 曹伟.信息环境论的产生[J].东岳论丛,2000(5):84-86.
[2] 陈曙.信息生态的失调与平衡[J].情报资料工作,1995(4):11-14.
[3] 李凤石.信息生态问题的理性思考[J].理论探讨,2005(6):175-176.
[4] 陈曙.信息生态研究[J].图书与情报,1996(2):12-19.

最终结果是,因信息量激增而事实上导致有效信息的减产,最终则是信息利用价值的下降。

(三)信息污染

信息超载主要是针对具体的、个别所需信息与整个信息的关系而言的。然而,所需之外的信息尽管非我所需,但不一定是无效信息。而信息污染是直接针对那些负面、无效的信息而言的。负面、无效的信息不仅是冗余信息的重要组成从而导致信息超载,它还直接造成对人类身心的严重危害。诚如约翰·奈斯特所言:"失去控制和无组织的信息,在社会里不再构成资源。相反构成信息污染和成为信息工作者的敌人。"❶

"信息污染主要由人为因素所致,其基本形态主要包括电脑病毒和信息垃圾两大类型"❷。

1. 电脑病毒

"所谓电脑病毒,即通过磁盘、磁带或网络等媒介传播、扩散和'感染'其他电脑程序的程序。作为人为制造的恶作剧程序,它首先非法侵入和潜伏在电脑存储介质内,然后伺机自行激活,似生物病毒那样,使电脑资源受到不同程度的破坏"❸。

2. 信息垃圾

所谓信息垃圾,是指那些无用的信息熵,主要包括五种类型:

(1)冗余信息。即与知识内容或情报含量基本无涉的"剩余"的信息。比如,那些空洞无物的信息以及通过剽窃、抄袭、拼凑而生成的信息等,都会导致信息重复,成为冗余信息大军的主要组成部分。

(2)污秽信息。主要是指充斥着色情与暴力内容的那些信息。污秽信息危害大而市场前景看涨,这既与社会大众(信息消费者)的"低级趣味""庸俗心理"有关;也是信息生产者利欲熏心的必然产物。据统计,好莱坞电影中有23%属于"儿童不宜";法国录像带出租店有30%属于"黄色窝点"。美国《电视导报》曾调查了特定一天首都华盛顿10个频道计180个小时的电视节目,结果发现共有1846个暴力镜头,其中动枪的有362个;在网络电子公告栏储存的数

---

❶ 马费成,赖茂生,等.信息资源管理[M].北京:高等教育出版社,2004:16.
❷ 陈曙.信息生态研究[J].图书与情报,1996(2):12-19.
❸ 吴光伟.信息产业研究[M].上海:上海科学技术文献出版社,1995:335.

字化图像中有83.5%含有猥亵内容,甚至还有性变态的画面❶。

(3)盗版信息。即那些没有征得经版权所有人的同意或授权,而对其作品非法复制而生成的信息。盗版信息给社会带来了巨大的经济损失,也动摇了信息生产者的积极性,从而直接导致社会信息生产愿望和生产质量的下降。

(4)虚假信息。即那些事实上根本不存在或与实际情况完全不相符的错误信息。与虚假信息直接相关的还有失真信息。如果说虚假信息在生产源头上即具有虚妄不实的本质的话,那么,失真信息主要是指那些在信息传播的过程中,由于信息传递者或传播媒介的因素而造成的源头"真"信息的失真。另外,信息分解者也有可能根据自己的目的或理解,而在分解过程中导致原始信息偏离其本来的内容。

(5)过时信息。众所周知,所有信息的效用都要受到一定的时间的约束。曾经为"真"或有效的信息,会随着时空和背景的转移而失真或失效。特别是,当今科学技术迅猛发展,知识更新日新月异,由此导致原有的知识不断老化。例如,化学专业文献的老化周期是8.1年,而技术意义上的化工文献的老化时间仅有4.8年。过时信息在现实社会中的另一个表现是,许多机构或组织投入高昂代价购买的数据库或软件系统,由于时过境迁而失去作用。

(四)信息垄断

信息垄断是指,由于经济环境、信息能力等要素的差异而产生的不同主体在信息面前的不等现象。信息垄断直接导致"信息鸿沟"(亦称数字鸿沟),它既存在于信息产生和利用的领域,也存在于信息加工、整理,尤其是获取和利用等环节。"信息的流通服从'势能原理',从信息势力强的国家、地区、群体发出的信息流更容易获得传播,而信息势力弱的国家、地区、群体则更容易出现只是被动地接受外来信息的状况,从而导致信息流通极不均衡,使信息的自由流动变成了单向流动"❷。

信息垄断的表现有层次之分。不仅欠发达国家与发达国家之间;同一国家中不同地区、民族、阶层之间存在信息鸿沟,不同的个体人群之间都可能存在信息差距。信息垄断"在客观上是信息经济畸形发展的结果,在主观上则是政

---

❶ 邵培仁.大众传播中的信息污染及其治理[J].新闻与写作,2007(3):22-23,31.
❷ 张寒生,等.和谐信息生态分析及其构建研究[J].现代情报,2009(3):66-70.

治权力过于集中的缘故"❶。

信息垄断不仅造成了社会权力和社会发展在信息领域下的"不公",更为重要的是,它还导致了占社会主要数量的海量人群因为信息的不足而丧失发展的际遇,从而导致社会潜在的动荡。

(五)信息侵犯

"信息侵权是指利用信息技术手段,侵犯他人隐私,从事欺骗和盗窃活动的社会现象"❷。信息侵犯的表现形式有多种类型,在我国,比较突出的现象之一是个人信息在没有经过授权的情况下被一些不法分子所掌握。例如,某公司的数据库,掌握和拥有全国将近一半数量的用户的手机号码、家庭住址、从事职业、社会地位、收入消费等情况。更有甚者,他们还针对用户信息分门别类地定期向用户发送广告,以牟取暴利。

与之相关的另一个问题是个人隐私的公开与失控。"人的姓名、性别、家庭状况、财产状况、社会生活背景资料在网络的空间中将会是一连串的符号。网络的开放性与这些符号的通用性对个人的隐私保护是一个挑战。如何防止把个人隐私作为谋取经济利益的手段,这将成为人类社会和网络时代首当其冲的伦理问题"❸。在今天的信息社会背景下,人们似乎都"赤裸"地活着,隐私权的丧失直接导致安全感的缺失,并最终导致人们的精神焦虑和生活信心的下降。

(六)信息安全

信息安全主要是指由于信息泄漏、信息损坏等原因而产生的安全性问题。诸如,网络黑客对计算器系统的破坏;通过蠕虫病毒或其他软件攻击信息系统,盗窃和诈骗信用卡,甚至刺探政治经济和军事情报等。今天,网络安全问题已经被人们形容为是原子弹悬在网络的天空,其造成的可怕后果,可能不亚于"核威胁"。

总体上,"信息安全的风险主要来自两个方面:一是人类对自己创建的信息系统的能力不足和认识不足所造成的系统不完善所导致的客观存在的系统脆弱性。二是现实中存在的斗争、竞争和犯罪所导致的主观对系统脆弱的发

---

❶ 吴光伟.信息产业研究[M].上海:上海科学技术文献出版社,1995:335.
❷ 张彩云,李情茹.信息生态的几个问题[J].经济论坛,2001(6):13-14.
❸ 罗义成.和谐信息生态探析[J].情报科学,2006(7):1069-1072,1099.

掘和利用"❶。

(七)信息综合症

信息综合征主要是指在信息社会的语境下产生的若干与信息有关的精神和心理的疾病症兆。其本质是因人与信息环境之间的不相适应而产生的生理或心理病症❷。孙瑞英指出,"随着因特网的飞速发展,网络世界给人类带来了一种与现实生活完全不一样的心理感受"。信息综合症的具体表现主要包括:"信息迷茫与信息焦虑"浮现于心灵空间;"人格扭曲与网络侵犯行为"充斥于网络虚拟空间;"信息崇拜与情感畸形"根植于认知空间;"信息窄化与符号暴力"遍布网络群体中;信息需求过度;行为强化作用❸。

二、信息生态失衡的危害

综上,信息社会问题既有信息量的问题,也有因信息的质的变异所引起的社会问题;既有客观问题,也有主观方面的问题。信息的社会问题是信息时代的伴生物,它是信息天生具有的开放性和可复制性在社会生活中的负效应的显现。而无论属于哪个方面的信息问题,都在一定程度上造成了社会危害。我们认为,对信息生态失衡的具体危害,似可从信息生态系统的三大要素的角度予以分别讨论。

(一)在信息(资源)的层面上

信息生态的失衡导致的信息爆炸、信息超载、信息污染等问题,使得人们被浸没在信息的海洋中。一方面,人们的一切物质和精神生活都离不开对信息的掌握;另一方面,信息问题的存在又降低了信息的实际效用。总之,人类越发离不开信息,而信息却不是温顺的女子。相反,信息在数量和质量上的缺陷,事实上凸出了当今信息社会中的人的生活乃至生命质量的下降。

(二)在信息人的层面上

我们知道,信息人可以从生产者、分解者、传递者、消费者和监管者的角度作五大类型的划分。事实上,当我们转换视角,信息人又可以从专业和非专业的角度作两大类型的划分。

---

❶ 张寒生,等.和谐信息生态分析及其构建研究[J].现代情报,2009(3):66-70.
❷ 陈曙.信息生态研究[J].图书与情报,1996(2):12-19.
❸ 孙瑞英.基于心理学视角的网络信息异化研究[J].图书情报工作,2009(20):68-71,130.

专业层面上的信息的生产者、分解者、传递者、消费者和监管者在面对信息生态失衡的现状时,不仅导致了身心的受损,更为重要的是,信息生态失衡还增加了他们的信息工作和信息行为的成本。例如,面对信息爆炸,他们需要进一步精选识断、去粗取精;面对盗版信息,信息监管者需要加大监管力度;面对信息无序,他们需要研制更为先进的信息技术等。

而非专业层面上的信息人实际上就是全体社会信息大众。他们已经被抛向一个"苦海无边"的信息世界,无可避免地与信息之间存在这样或那样的广义交易。然而,现实的信息世界既不透明也不厚道,虚假信息、垃圾信息、信息侵犯、信息安全等时刻威胁着他们的身心。在数量上他们需要在海量信息中披沙淘金,在信息质量上他们需要辨惑裁定,由此导致身心俱疲,产生形式多样的信息综合征。

(三)在信息环境的层面上

信息环境具有广狭二义。由于信息生态系统的失衡,信息环境也与信息、信息人一样承担着危害的风险。而基于信息生态系统的"系统性"特征,组成系统的三大要素之间是密切联系、休戚与共的。"尤其令人担忧的是,信息一旦为少数极权主义者所拥有,往往会成为其垄断权力和维持权力的资本。比如,在某些极权主义的国家,其80%的信息资源控制于仅占人口总数20%的政治权力者手中。即使在所谓的民主自由国家,目前仍有个别人独自占有公共信息网络,并利用先进的信息技术手段操纵社会舆论等。比如在美国,华盛顿的信息高速公路竟然把黑人占居民大多数的贫民区摈斥在外。进而言之,在全球范围内,国与国之间因信息垄断而引起的一系列经济剥削和信息殖民主义的现象也屡见不鲜"[1]。

此外,因信息质量的下降而带来的对主流文化和传统伦理的冲击,很容易导致政府对意识形态、人伦道德的失控。目前,以美国为首的发达国家正在通过网络技术优势向全世界推销其文化、价值观和意识形态。在某种意义上,这种网络信息的围堵,也许比单纯军事上的围堵更具有危险性、颠覆性。如何积极应对这种网络信息带来的挑战,正考验着欠发达国家政府的智慧。同时,互联网上充斥着大量色情、淫秽、暴力乃至种族歧视等诸多不健康的信息,更直

---

[1] 陈曙.信息生态的失调与平衡[J].情报资料工作,1995(4):11-14.

接冲击着信息人(尤其是青少年)的身心健康,并对传统的伦理道德构成致命性的危害。

第四节　信息生态失衡的成因

当一个信息生态系统的信息输入与信息输出保持相对平衡,系统各组成部分的功能和结构都能够相互协调、彼此适应,该系统即处于生态的平衡状态。相应地,这时的信息生态环境也就是和谐的,信息—人—环境之间基本能够达到相对均衡的状态。然而,信息生态系统的完全平衡几乎是不可能的,信息生态环境的和谐并非唾手可得。这样,分析信息生态系统失衡的原因,并在此基础上找到解决失衡问题的对策就显得非常重要和日益迫切了。

总体上,信息生态系统失衡从而导致信息生态环境不和谐,既有政治、经济、文化等外部因素,也有信息、信息人、信息环境三要素之间不协调而引起的内部根源。而作为外部因素的政治、经济、文化,在当今信息社会下,也已经成为一种信息化的存在,它们其实也是作为信息生态系统三要素之一的信息环境的主要内容。在这一认识基础上,我们认为,信息生态的失衡原因主要包括以下方面。

一、信息方面的原因

根据胡笑梅[1]、张军[2]等人的研究,信息系统本身的开放性、它的超文本链接的网络结构、网络信息的马太效应以及网络整体性信息组织和控制手段缺乏等等,都是导致信息生态失衡的根本原因所在。

1. 信息系统的开放性

信息生态系统作为一种"系统",本身就具有开放性。这种开放性既表现在系统内部各要素之间的互相作用与影响,也表现在与外部环境的彼此依存和互为因果。而因特网作为典型的信息生态系统,更是一个虽有通信协议的约束但约束机制却并不完善的开放体系。世界各国各不相同的政治理念和文化价值观的差异,导致对互联网的规范内容和规范方式不尽相同,国际上更是

---

[1] 胡笑梅.网络信息生态失衡透析[J].科技情报开发与经济,2006(21):117-119.
[2] 张军.网络信息生态失衡的层次特征透析[J].图书馆学研究,2008(7):6-10.

缺乏一个管理因特网的统一标准。应该说，这是目前信息无节制生产从而导致网络信息良莠不齐的主要原因。

2. 超文本链接的网络结构

互联网是一个巨大的超文本信息系统，在这一文本中富含有无数的节点与链接。由于信息量的激增，整个网络日显庞大臃肿，结构越发错综复杂。尽管，这种超文本性的结构带来了检索上的许多方便与快捷，但上网的用户也极易通过节点和链接而步步深入从而迷失方向，既影响到高质量信息的获取，也影响到有害信息的侵袭。

3. 网络信息的马太效应

马太效应是指强者愈强、弱者愈弱的现象。马太效应原理已经被广泛地应用于社会心理学、教育、金融及科学等众多领域。由于信息对技术的依赖越来越强，那些拥有先进技术的国家、地区、网站越来越拥有更多的信息资源，造成在用户占有和信息占有方面的强势地位，最终导致信息鸿沟的出现。

二、信息人方面的原因

在信息的流通中，信息人是信息生态中最活跃的因素。综合王东艳[1]、张军[2]和胡笑梅[3]等人的认识可知，由信息人方面的原因而导致的信息生态系统失衡主要包括：

1. 信息生产者

信息的生产是整个信息生态循环的基本前提，被生产的信息的质量、数量和价值，直接影响到并决定着整个信息生态系统的优劣。我们知道，从信源的角度看，大多数信息都是人工信息（如文献信息），即使自然信息也只有经过主体人有选择地捕捉、加工之后才具有意义，从而成为信息资源。从这一意义上说，信息资源都是信息生产者的"杰作"，至少与信息生产者有着直接或间接的关系。

例如，大量的垃圾信息（如色情、淫秽、暴力、迷信信息）、虚假信息（如假新闻、虚假广告等）、冗余信息（如剽窃、抄袭、拼凑别人的文章）的生产，其原因固

---

[1] 王东艳,侯延香.信息生态失衡的根源及其对策分析[J].情报科学,2003(6):572-575,583.
[2] 张军.网络信息生态失衡的层次特征透析[J].图书馆学研究,2008(7):6-10.
[3] 胡笑梅.网络信息生态失衡透析[J].科技情报开发与经济,2006(21):117-119.

然是多方面的，但首先和直接的原因是来自信息生产者。其次，黑客的泛滥也是信息生产者对信息危害的重要表征。黑客们或是出于蔑视权威或是出于技痒或是出于对经济利益以及报复目的等，而编制了具有破坏性的程序，并通过因特网侵入到其他计算机攫取信息甚至直接攻击对方的信息通信系统，造成了较大的信息生态系统的失衡。此外，个别民族国家也有可能秉承其狭隘的民族主义或霸权主义动机，散布并传播大量恶意的政治信息、意识形态信息乃至民族优越论的内容，对其他国家进行信息渗透，妨碍其他国家的安全。

2. 信息传递者

信息传递者是信息从生产者到消费者的过渡环节之一。由信息传播者产生的信息生态不和谐，其原因主要包括：

（1）从主观方面讲，在信息传递过程中，传递者根据自己的一己之好甚至不可告人的目的，而刻意延缓信息的传递，导致信息传递到消费者手中时因过时而失效或部分失效。

（2）从客观方面说，也有可能因为传递技术的落后，或是信息传递者缺乏对诸如文字处理技术、网络通信技术、信息存储和再现技术等各种传递技术的充分掌握，而造成信息拥堵和流通不畅。

3. 信息分解者

信息分解者是信息从生产者到消费者的又一个过渡环节。与信息传递者一样，由信息分解者产生的信息生态不和谐，其原因亦可从主客观两方面来认识。

（1）从主观的方面来说，信息分解者在加工、处理和整序信息的过程中，往往会有选择、有目的地附加自己的理解，从而改变原始信息的原样。可以肯定，信息在从信源到信宿的过程中存在着信息分解者（当然也包括信息传递者）的中介，信息消费者最终获得的信息已经不可能完全是信源的本真信息，而是加入了中介者的意志和取向。

（2）从客观方面来说，信息分解也需要借助于特定的工具，这些工具手段直接影响到信息分解的质量，因此，对这些工具的合理掌握就变得举足轻重。但由于信息分解者的职业素养和业务技能并不能达到完全理性状态，这样，在信息分解过程中导致信息的失真、过时或失效也就不可避免。

4. 信息消费者

信息消费者是信息生态系统循环的最后环节。但是,这并不意味着信息消费者只是被动地接受既成信息。相反,信息消费者也会反过来影响信息的生产、传递和分解。正所谓"没有买卖就没有杀害",消费者的消费需求也会在一定程度上反作用于信息生产、传递和分解的全部过程。例如,大量黄色淫秽信息的产生就是与消费需要直接相关的。如果没有消费需求,再不道德的信息生产者也不会去生产这类信息。

此外,信息消费者还习惯于从自身的单方利益考虑,对各种"免费"服务情有独钟,这也直接催生了诸如免费的电子杂志、免费的个人主页、免费的 E-mail 等服务项目的诞生。而"免费"往往意味着权利和义务的双重下降,从而为垃圾信息、信息侵犯等提供了生存的空间。

总体上,尽管信息生态系统的失衡与系统的三大要素——信息资源、信息人、信息环境——都有直接或间接的关系,但可以肯定,信息人的素质不高才是我国信息生态环境不和谐的主要原因。

三、信息环境方面的原因

和信息资源、信息人一样,信息环境的每一个环节都有可能导致信息生态系统的失衡。具体而言包括:

(一)信息政策和法律规范

信息政策和法律规范往往只能"惩之于后"。但是,再完备的信息政策和法律规范也不可能预先把人们的所有信息行为和信息实践的全部内容都考虑在内。因此,尽管自20世纪70年代末改革开放以来,"我国颁布实施了一系列的信息政策与法规,但与飞速发展的信息产业相比,仍不能很好地满足目前信息产业发展的需要。缺乏推动、发展、扶植信息产业的整体规划与布局的方略、措施。对发展中存在的信息安全、知识产权保护、信息犯罪等问题,仍缺乏很好的规范与控制。现有的对信息活动和信息社会关系已有所调整的法律规范也难以适应新形势下信息产业的客观发展,呈现严重的不适应性。如在信贷和税收方面尚没有明确的优惠扶持和政策倾斜的具体措施;在信息技术的标准化规范化方面也跟不上行业发展的需要;信息市场竞争环境的建立、信息市场交易秩序的维护、信息市场调节与监督活动的实施、信息资源的管理、信息安全和保密等目前都无法可依等。这种混乱局面不仅不利于信息产业的发展,也严重影响着信息环境的营造以及信息生态系统的平衡与稳定"❶。

此外,制定信息政策的根本目的是为了更好地规范信息的合理利用和流通。然而,信息政策的制定必须把握好"度"的问题。一方面,如果信息政策过度偏向于保护,就会在某种程度上限制信息的发展,导致一定程度的信息匮乏,使信息的再生和创新受到一定的限制,进而导致整个信息生态系统面临缺乏可持续发展的生命力。另一方面,如果信息政策过于松弛,则又会因信息滥用而导致众多信息失调问题的出现。信息生态的和谐发展,需要信息政策作保证,这就要求相关部门把握好信息政策制订的这个"度",解决好信息匮乏和信息滥用之间的矛盾。

(二)信息伦理

信息伦理是广义的伦理在信息领域的具体体现,它"一般是指涉及信息开发、信息传播、信息管理和利用等方面的伦理要求、伦理准则、伦理规则,以及在此基础上形成的新型的伦理关系"❷。

信息技术导致了一个不同于以往的虚拟世界的产生,在这个虚拟的世界里,人们的身份、行为方式和行为目标等,都有可能被隐匿或篡改。如果说,现实生活中的是非对错还比较容易判断的话,那么,虚拟世界里的合理与不合理、合法与不合法、道德与不道德,则相对模糊而复杂。信息伦理要和谐,必须要从思想意识的高度和理论的角度出发,教育和引导人们正确对待虚拟世界中的现象,合理地处理好现实世界和虚拟世界之间的矛盾冲突。

(三)信息文化

借助于互联网的迅猛发展,一种崭新的文化——信息文化——正在逐渐形成。信息文化对信息生态系统失衡所造成的影响主要表现在:

首先,互联网本质上是一个无序的结构,与之对应的文化具有明显的无政府和自由化倾向,而这也是大量有害信息诞生的温床。这种以不可控性为特征的文化类型直接导致了监管上的麻烦,甚至"无法管理"已经成为网络文化

---

❶ 田春虎.信息生态问题初探[J].情报杂志,2005(3):90-92
❷ 胡昌平.信息管理科学导论[M].北京:高等教育出版社,2001:349-393

的主要特征。

其次,正像生物的生存离不开物种的多样性一样,信息文化的和谐发展必须以文化的多样化为前提。然而信息文化赖以生存的信息技术和信息设备等等因素,在世界范围内表现得明显的参差不齐。例如,西方发达国家通过他们所掌握的先进信息技术和先进设备,在塞伯空间上大肆宣扬西方文化精神,造成了网络文化的西方式的一元取向。邱五芳曾引用法国国家图书馆馆长的话指出:"哪些书排在首位? 这实际上是最大的问题。因为它涉及Google Print搜寻器如何排列搜寻结果的主次,即挑选的方法问题。"并说:"这位法国国家图书馆馆长对网络时代不符合美国观念的文献可能面临边缘化的状况表示深深担忧。"❶正是在这一意义上,人们相信,"新殖民主义不是拿着枪的人,而是拿着计算机的人"❷。

同样,我国的网络文化情况也不容乐观。据统计,"我国信息技术几乎所有核心领域都被外国公司所垄断,集成电路进口额占集成电路国内市场销售额的84%,卫星通信市场80%被美国、日本、加拿大、以色列等国占领,从通信平台到服务器、PC机、网络操作系统等系统软件市场为美国公司垄断"❸。而信息文化上的霸权主义,对信息文化多元化的理想诉求构成了直接挑战,从而导致了信息生态系统的失衡。

(四)信息技术

信息技术是联系并作用于信息(资源)和信息人的纽带和桥梁。信息技术对于信息生态系统的作用有目共睹。然而,正像所有一切技术都具有两面性一样,信息技术之于信息生态系统,也具有十分明显的"双刃剑"性质。

一方面,信息技术的发展推动了信息产业的日益发达,彻底改变了世界的面貌和人们的生存境遇与生活质量;另一方面,信息技术也成为诸如计算机病毒、网络犯罪等问题的直接推手。并且,信息技术的固有局限也是信息泛滥、违法复制与传播以及非法利用的重要的手段性保障。这就要求我们扬长避短,减少信息技术导致的负面效应。

综上所述,应该说,信息生态系统的失衡,其根本的原因是系统自身"熵"

---

❶ 邱五芳.内容重于传递:图书馆不应回避的社会责任[J].中国图书馆学报,2007(4):5-10.
❷ 鲍宗豪.网络与当代社会文化[M].上海:三联书店,2001:137-138.
❸ 白万泉.信息产业所面临的问题及解决对策[J].学术交流,2002(6):123-127.

的增加。而导致"熵"增的原因又不外于两个方面。一是由于系统内部时刻存在着的新陈代谢,导致了系统结构上的有序与无序之间的变替轮回,从而无可避免地产生不平衡的现象;二是外部因素介入信息生态系统,其干扰超过了系统可接受的限度而产生相应的熵增。因此,治理信息生态系统的失衡,既需要从内部入手也需要从外部因素着眼。只有双管齐下、内外兼修,才能构建和谐的信息生态环境。

第三章 和谐信息生态环境的构建

信息生态研究的对象是由人、信息及信息环境共同形成的、具有整体特征的信息生态系统。而信息生态系统的失衡,将直接影响到一个国家或地区的社会经济、政治文化乃至民生的发展,威胁到人们的生存环境和生活质量。从这一意义上说,"构建我国和谐信息生态保障体系信息化建设的实质,就是为人们营造良好的信息生态环境,实现信息社会人类信息需求的和谐发展"[1]。和谐信息生态环境是一项"系统"工程,必须从系统的高度确立其构建的基本原则,对信息(资源)、信息人及信息环境之间的关系进行宏观的考察与分析,合理地规划、布局和调控信息生态系统,实现信息生态系统有序、稳定、可持续的发展。

第一节 和谐信息生态环境的现有构建路径

就构建和谐信息生态环境的举措而言,目前的研究主要是从信息人和信息环境两大方面着手的。具体而言,从"信息人"的角度着手,主要是从信息生产者、信息传递者及从信息消费者的角度加强对信息污染的控制。而无论是信息的生产者、传递者抑或是消费者,一般又都是从提升信息人的信息素养和职业修养、利用法制手段管理信息人,以及从伦理道德角度约束信息人作为基本路径的。从信息环境的角度入手,主要是通过发展信息技术,增强技术抗污能力,健全信息政策和信息法制,净化信息环境和强化信息市场管理等具体路径来控制失衡,从而推进和谐信息生态环境的构建。例如,王东艳、侯延香指出:信息生态系统要向平衡的方向发展,即系统的各结构要素、比例、输入和输出数量等都处于稳定和畅通的状态,就要保持信息生产和消费的平衡、储存和传递的平衡、民主与法制的平衡、污染与净化的平衡等[2]。

---

[1] 罗义成.和谐信息生态探析[J].情报科学,2006(7):1069-1072,1099.
[2] 王东艳,侯延香.信息生态失衡的根源及其对策分析[J].情报科学,2003(6):572-575,583.

一、改进信息生态系统中所有循环链的每一个环节

1. 监管信息的生产

信息的生产是系统循环的具有逻辑在先性的一个重要环节。然而,信息生产者既是正面信息的生产者,也是负面信息(虚假信息、淫秽信息等)的制造者。这就需要监管信息的生产环节,合理利用各种法律、经济乃至行政手段,控制负面信息的生产。为此,应该加强信息生产的资质审查,评估并监督信息的生产方式。

2. 监管信息的传递

如果说,监管信息的生产是从源头入手的话,那么,监管信息的传递则是针对信息的传播和流通进行控制。它主要是指从信源流出的正面信息(信源上的负面信息的控制属于信息生产的监管范畴),在传递过程中导致了诸如信息的干扰、失实、堵塞、缺损等现象,因此需要对信息的传递加以控制。

3. 监管信息的分解

监管信息的分解与监管信息的传递一样,都是相对于监管信息的生产而言的一种"过程"管理。由于在信息分解的加工处理过程中,也会导致信息的干扰、失实、堵塞、缺损等负面效应,这就需要信息分解者遵循统一的信息加工与信息处理的规则与规范,确保信息加工和信息处理的质量,减少甚至杜绝因加工和处理而产生的负面效应。

4. 提高信息消费者的素质

信息消费者也会以自身独特的信息需求和消费行为反向作用于信息产生、传递和分解的各个环节。因此,对信息消费者加强思想文化和道德素质教育,也是控制信息生态失衡的不可缺少的重要路径。

二、从信息环境所包含的各个因子和要素入手

1. 发展信息技术

信息技术作为一种手段性保障和工具性要素,对于整个信息生态系统的平衡具有重要作用。例如,发展信息的存储、加工、处理、传输、检索等技术,有助于缓解信息的超载与堵塞,缩短信息的时滞;发展人工智能技术、宽频带和高速度的通信系统技术,有助于保证网络信息的真实性;再如,发展防火墙技术、

反病毒技术、数据加密技术、访问控制技术等,有助于加强信息的安全性。

2. 健全信息政策和法制

几乎在任何时代和任何条件下,健全的政策和法律制度都是人类社会良性运作所不可缺少的重要利器。同样,建立和健全信息政策和法律法规,也是维护信息行为的良性发展、确保信息生态系统平衡有序的重要手段。目前,我国制订颁布的与信息有关的法律法规主要包括《广告法》《出版法》《中国公用计算机互联网国际联网管理办法》《计算机信息系统安全保护条例》等。应该说,一方面,已有的这些法律文本尚有不够完善的地方;另一方面,已有的这些法律文本根本无法涵盖现实中的实际信息行为和信息实践。因此,制定和颁布更多更实用的法律文本,以及对现有法律文本的进一步充实和完善是我国信息工作者义不容辞的责任。

3. 强化信息市场管理

在当今信息社会,一个无形的信息市场已经形成。所谓信息市场,是信息资源以商品的姿态生产、流通、传播和交易的场所。然而,信息市场也是负面信息的存在和蔓延的温床。因此,强化信息市场的管理,也是防止信息生态系统失衡的重要路径。这就需要设立专门的信息市场管理机构,致力于管理、协调、监督市场中信息的生产、流通、传播和交易的全部过程,从而维护信息市场的有序运行和健康发展。

总体而言,上述王东艳、侯延香关于和谐信息生态环境构建路径的观点是有代表性的。李键菲[1]、张军[2]、胡笑梅[3]、吕桂芬[4]、孟瑞玲[5]、胡运清[6]、王伟赟,张寒生[7]、王芳[8]、田春虎[9]、张寒生[10]、罗成义[11],等皆观点近同,多无创新,本质上

---

[1] 李键菲.基于信息生态链的信息污染及主体防范策略[J].情报资料工作,2010(3):98-101.
[2] 张军.网络信息生态失衡的层次特征透析[J].图书馆学研究,2008(7):6-10.
[3] 胡笑梅.网络信息生态失衡透析[J].科技情报开发与经济,2006(21):117-119.
[4] 吕桂芬.网络信息生态失衡与对策研究[J].情报探索,2007(11):73-74.
[5] 孟瑞玲.信息生态的失调与对策分析[J].农业图书情报学刊,2006(8):127-129,146.
[6] 胡运清.信息生态环境问题研究[J].图书馆工作与研究,2007(4):48-51.
[7] 王伟赟,张寒生.和谐社会的信息生态构建研究[J].情报理论与实践,2007(6):728-720.
[8] 王芳.信息生态系统的失调和对策[J].现代情报,2007(4):72-75.
[9] 田春虎.信息生态问题初探[J].情报杂志,2005(2):90-92.
[10] 张寒生,等.和谐信息生态分析及其构建研究[J].现代情报,2009(3):66-70.
[11] 罗义成.和谐信息生态探析[J].情报科学,2006(7):1069-1072,1099.

反映了国内学者对相关问题的研究陈陈相因的现实。

第二节 现有构建路径存在的主要问题

构建和谐信息生态环境既有信息生态学本身的意义,也具有广泛的社会文化价值,因而长期为学者们所持续关注,并形成了正如本章第一节所展示出来的大量的学术成果。尽管,这其中不乏精见,但这批成果存在的问题也是毋庸讳言的,集中表现在以下方面。

一、将信息生态与自然生态作简单比附

"生态学是研究生物与环境、生物与生物之间相互关系的科学"[1]。在借用相对成熟的自然生态学的一般理论、原则和方法的基础上提出的信息生态学,旨在"从信息、人、信息环境三者之间协调发展的理念出发,研究其相互作用与联系"[2]。信息生态概念的提出,突破了传统信息管理研究的"微观"维度和单纯的技术视野,成为当代信息学研究新的生长点。然而,信息生态毕竟不同于自然生态,在具体研究中只能借鉴而不是直接套用自然生态的一般思维方法和具体观点。全面评估自然生态与信息生态的不同,并进一步分析因抹杀两者的不同而导致的研究偏失是十分必要的。

(一)信息生态与自然生态的联系与区别

目前,有关信息生态学研究所取得的成就,基本是在比附自然生态的基础上取得的。然而,自然生态系统和信息生态系统两者之间既相互联系又相互区别。

1.信息生态与自然生态的联系

自然生态系统和信息生态系统两者同是生态系统的分支,都符合生态系统的特征[3]。它们都具有以下特征:

(1)动态性:作为一个有机统一体,信息生态系统和自然生态系统一样,总

---

[1] 卢剑波.信息生态学[M].北京:化学工业出版社,2005:35.
[2] 赵宇翔.基于条件价值评估法的信息生态价值评估——以城市公共图书馆为例[J].图书情报工作,2007(8):58-61,127.
[3] 钱俊生,余谋昌.生态哲学[M].北京:中共中央党校出版社,2004:15.

是处于不断的运动中,具有动态性。

(2)开放性:信息生态系统和自然生态系统一样,都是一个开放的系统,通过同外界环境不断地进行物质循环和能量交换,维持着自己的特定功能和演替发展。

(3)相关性:这种相关性不仅表现为生态系统内部生物与生物、生物与环境之间的相互依赖、相互制约,还表现在它与周围其他生态系统之间的广泛联系上。

(4)自我调节性:信息生态系统和自然生态系统一样,都具有自我调节、自我组织的特性。生态系统结构越复杂、种类越多、自我调节能力就越强,但是这种自我调节能力是有一个限度的。当生态系统在受到外力胁迫或破坏时,在一定的范围内可以自行调节和恢复,以适应不断变化的环境,维持自身的动态平衡。

总之,从生态系统的动态过程可以总结出四个规律,即生态系统的多样性和整体性相统一的规律、生态系统的物质循环和再生规律、生态演替规律、生态平衡规律。基本上,自然生态系统与信息生态系统都符合这些规律。

2.信息生态与自然生态的区别

诚然,信息生态和自然生态都是一种"生态",具有一定的可比性。"与自然生态类似,构建信息生态系统的主旨在于系统化的透视和整体性的观照,是一种理解人的信息活动的全新视角"[1]。系统性和整体性是"生态"的主要特征,而信息生态学就是要在系统和整体的高度揭示人、信息及信息环境的相互关系,实现信息生态系统的平衡。然而,信息生态和自然生态毕竟是两种不同的生态类型。只有充分认识两者的不同,才能真正解决信息生态的相关问题。无疑,二者最本质的区别在于:信息生态的核心是人。

自然生态系统"包括生物个体、种群、群落和生态四层次"[2],自然生态学主要研究个体、种群、群落和自然环境之间的关系。然而,这四个因素都是自然的,这使得自然生态具有明显的自我调节能力。而信息生态主要包括信息、人和信息环境三个层次,相应地,信息生态学主要研究人、信息与信息环境之间

---

[1] 段尧清,汪银霞,谭爽.信息生态与和谐政治的关系[J].情报科学,2007(4):522-525.
[2] 卢剑波.信息生态学[M].北京:化学工业出版社,2005:43.

的相互作用和影响。作为具有系统性和整体性特征的"生态",信息、人和信息环境三要素之间是彼此渗透、相互依赖的,三者"依据系统中的各种联系共同改变,协同演化"[1]。这决定了信息和信息环境,都具有"人"的因素。同样,信息和信息生态既是人的创造,也反过来以"信息场"的面貌"网住"现实的人,进而对人的思想和实践施加信息影响。

由于"人"的介入,使得信息生态具有主体能动性特征,缺乏自我调节能力。从这一意义上说,信息生态和自然生态的总体区别,"就是它的非自然性和非物质性。它既不是自然现象,也不是物质现象,而是人为的或人工的'客观精神'现象,或者说是人的精神生活的一种精神氛围和人文环境。这也可以称之为信息生态的'人文性'。是人类信息世界的特有现象"[2]。总之,以"人"为核心和指向,成为信息生态的根本特征,这一特征又全息性地体现在了信息生态的"信息、人和信息环境"三大构成要素的所有环节和各个方面。

(1)从"人"的角度来看。信息主要是指由人和人的技术而生产的信息,信息生态则主要是由人的信息实践活动而建构起来的生态环境。信息生态中所谓的"人",主要包括信息生产者、信息管理者、信息分解者和信息接受者,他们都是信息生态的建构者。"从信息生态这一视角出发,我们可以看到,以交互式信息网络(包括互联网、通信网等各种电子媒介)为载体的信息流动,使得处于信息节点的信息行动者(个人、组织、国家等)获得相互关联的信息生态位,每一个行动者的行为不再是孤立的信息活动,而关涉整个信息网络的信息生态建构"[3]。正是由于每一个行动者的"共谋",才生成了信息,并建构了信息生态。信息和信息环境都是"人性"意义上的存在,离开了人的信息或信息环境是无法想象的。同样,人也成为一种信息和信息环境意义上的存在,"信息是人及其活动中不可缺少的要素,人是在创造与使用信息中显现和完成自己的"[4]。活在信息真空中的人是根本不存在的。因此,信息生态毋宁说是一个集合概念,它指谓"人们在信息交往的社会环境下生存和发展的状态","人文性"成为"信息生态的明显标志……基于人文的信息生态研究所强调的是人。

---

[1] 段尧清,汪银霞,谭爽.信息生态与和谐政治的关系[J].情报科学,2007(4):522-525.
[2] 肖峰.信息生态的哲学维度[J].河北学刊,2005(1):49-54.
[3] 段尧清,汪银霞,谭爽.信息生态与和谐政治的关系[J].情报科学,2007(4):522-525.
[4] 肖峰.信息生态的哲学维度[J].河北学刊,2005(1):49-54.

人位于信息生态的中心位置"[1]。

(2) 从"信息"的角度来看。"信息是构成信息环境的基础,是信息生态系统的对象性关键要素"[2]。所谓"信息",主要包括未经加工的原始自然信息和人工创造的信息两大类型。人工信息主要包括一次信息、二次信息和三次信息,它们虽然对应于不同的加工程度和性质用途,但作为人类劳动的成果,它们都耗费了人类劳动,因而都具有人的属性。

即使是纯粹的自然信息,也只有经过人(有时也借助于人造仪器)的观测、捕捉,被人为"过滤"了之后才会产生价值。哪些信息在观测、捕捉的范围之内?哪些不在?都存在极大的人为性。并且,通过观测、捕捉的自然信息只有经过信息分解者的进一步分类整理才能转化为有效信息从而为人们所接受。此外,"信息具有明显的定向性是对信宿的一种贡献"[3]。从信宿的角度来看,所有的信息都是以接受者为最终指向的,"没有作为信宿的接受主体的识别和感受,则不可能使这些信息发挥环境的作用,也就构不成对主体具有价值功用的信息生态"[4]。而根据信息的相对性原理,"同一信息对于不同状态的使用者其效用是不同的"[5]。诚然,信息的使用不同于一般物质的使用,它对使用者的素质和智能条件(例如英语能力、专业知识、电脑水平、网络技术等)有很高要求。例如,不同专业水平的人对霍金《时间简史》的认知是不同的。

综上,所谓"信息",主要是指人工信息。离开了个体的主观信息世界,信息生态既不能生成,也发挥不了功能和作用。总之,"信息是在人与人之间、人与自然及人与社会之间相互作用的过程中产生的",人成为"信息生态系统的核心主体"[6]。

(3) 从"信息环境"的角度来看。信息环境作为信息流动的一种虚拟空间,是由人建构的关于信息的一种外部环境。信息生态的产生和存在、演化和发展,都离不开人及人生产的信息,因而是非物质性和非自然性的存在。无论是信息生产者还是信息分解者和信息传递者抑或是信息接受者,他们都参与了

---

[1] 陈曦.信息生态研究[J].图书与情报,1996(2):12-19.
[2] 张新明,王振,张红岩.以人为本的信息生态系统构建研究[J].情报理论与实践,2007(4):531-533.
[3] 卢剑波.信息生态学[M].北京:化学工业出版社,2005:14.
[4] 肖峰.信息生态的哲学维度[J].河北学刊,2005(1):49-54.
[5] 卢剑波.信息生态学[M].北京:化学工业出版社,2005:14.
[6] 葛翠玲.档案信息生态失调原因探析[J].兰台世界,2007(7):35-37.

信息生态环境的建构。例如,信息接受者对信息的"需求"将会引导信息的产生方式和管理模式,从而也参与重塑了外部信息世界。同样,"当人从总体上表现出对自己所创造的信息环境'不适'时,就是信息生态出了问题"[1]。它表明,信息生态的好坏也主要是信息接受主体的主观感受和评价,而不是某种客观的信息结构或分布状态。人成为信息生态的核心,也是信息生态的目标。由人及人工信息构成的信息环境,其最大特点就在于,因为有主体"人"的能动性存在而具有主动进化的特点,其复杂程度远远高于自然生态。

从社会环境的角度也能够说明这一问题。作为社会环境的一部分,信息生态环境是"在自然环境基础上经过人类加工而形成的一种人工环境",该环境"主要由信息基础设施、信息资源、信息技术和信息体制法规4个部分组成"[2],它们都是人工产物。例如,"信息体制法规是信息环境的保障,信息环境的发展离不开信息体制法规的协调和规范。信息体制法规也是信息生态系统的协调性要素,主要是对系统中诸要素及其相互关系进行计划、组织、控制和协调"[3]。无疑,信息体制法规都是以人的尺度构建的,它们不是什么"自然法"。

综上,人是信息活动的真正主体,在信息生态中占据着中心位置。然而,尽管学术界对人在信息生态中的核心地位已有认识,但出于对自然生态的简单比附和套用,信息生态中的"人"只是被当作了类似自然生态中的"物种",成为一个没有思想情感和价值取向的客观存在物。与此相应,信息只是被当作了一种可资利用的客体资源,信息生态只是被当作了一种客观环境,由此形成了基于外在客观准则的物化的研究视野。

(二)套用自然生态的主要不足

目前,在信息生态学究竟"研究什么"及"怎么研究"等基本问题上,都存在着自然生态的视野限度。集中表现在,首先揭示信息生态污染和失衡的现状、然而分析其原因、最后提出解决对策的三部曲式的研究思路,它忽略了信息生态是以"人"为核心的,不像自然生态系统那样具有自我调节能力。并且,它只是从"污染和失衡"的角度反向回应了信息生态问题,缺乏从正面角度对信息生态的本体研究,因而不能将信息生态学研究导向正确的轨道。

---

[1] 肖峰.信息生态的哲学维度[J].河北学刊,2005(1):49-54.
[2] 张新明,王振,张红岩.以人为本的信息生态系统构建研究[J].情报理论与实践,2007(4):531-533.
[3] 张新明,王振,张红岩.以人为本的信息生态系统构建研究[J].情报理论与实践,2007(4):531-533.

1. 仿拟自然生态，主要关注生态失衡

学者们相信，"在自然生态中的生态问题主要是生态的污染和失衡；同样，在现代信息社会中的信息生态问题同样也是信息生态的污染和失衡"，它的基本目标就是要"防止信息生态环境的恶化，像爱护自然生态一样爱护信息生态，对其加以合理的开发、利用和管理"[1]。于是，在信息生态学主要研究什么的问题上，遂聚焦"人们通常所公认的信息生态问题"[2]，即有关信息生态的污染和失衡问题。由此，历数信息生态污染和失衡的现象，就成了重点内容之一。总体而言，学者们是从质和量两个层面来分析的。"从目前所列举的信息生态中的种种负面效应来看，可以归结出质和量两大类信息生态问题。像信息污染（有害信息、虚假信息、垃圾信息等）主要就是因为信息的品质而导致的信息生态问题，是从质上所判断或归类的'坏信息'或'伪信息'。……另一类属于量的问题。例如，某类信息过剩或某类信息不足；又如，信息分布或分配的不合理，不同人群中信息量占有的不对称，以至出现'信息垄断'或'数字鸿沟'，一些人群或领域中出现'信息荒漠化'，而另一些人群或领域中出现信息过剩"[3]。

尽管学者们欲求其穷地罗致了信息污染和失衡的诸多现象，但却缺乏对污染和失衡的深入分析与思考。例如，"什么是有害信息"的问题要远比我们想象的复杂。正如肖峰转引卡普罗的观点认为，"不存在什么'纯信息'（正如不存在'纯事实'一样），信息总是和理论上的或实践上的'前理解'(Pre-understanding)相关的。这意味着我们总是可以就此做出某些评判"[4]。同样，什么是"反动信息"和仇恨言论(hate speech)也不可能存在一个统一的评价标准，你认为的伪劣信息也许恰恰是我认为的优质信息。甚至同一主体在不同时空条件下对同一信息之好坏善恶的论断也是不同的。

2. 对产生信息生态的污染和失衡原因的分析流于表面化和简单化

正像什么是"有害信息"并无客观界定一样，目前学术界对信息污染和失衡原因的分析也是存在问题的。例如，分析有害信息产生的原因往往片面地

---

[1] 肖峰.信息生态的哲学维度[J].河北学刊,2005(1):49-54.
[2] 张新明,王振,张红岩.以人为本的信息生态系统构建研究[J].情报理论与实践,2007(4):531-533.
[3] 肖峰.信息生态的哲学维度[J].河北学刊,2005(1):49-54.
[4] 肖峰.信息生态的哲学维度[J].河北学刊,2005(1):49-54.

聚焦于信息生产者方面。事实上,信息受众对有害信息(如黄色信息、反动言论)的需求,会直接刺激有害信息的生产。如果没有受众的需求,有害信息即使被生产出来,也不能产生直接的有害效用。又如,信息爆炸是公认的信息污染和失衡现象之一。然而,无论从什么角度讲,信息公平和信息自由都是信息爆炸的主要根源。而一旦实施对信息的监管和控制,又将和信息公平及信息自由的基本信念相冲突。那么,信息伦理、信息政策与信息立法如何合理平衡信息的公平与自由和信息的任意生成与传播之间的关系,将变得超乎想象的复杂。由此而来的一系列问题是,"是否所有的人都应该享有信息自由,包括接受什么样的信息和信息生态的自由、参与建构信息生态的自由及应该有多大的自由?"❶

3. 提出就事论事的、"头疼治头,脚疼医脚"式的解决对策

简单化地对有害信息的界定以及同样化的对有害信息产生原因的分析,必将导致有关解决对策的简单化认识。事实上,"人"的因素的存在,使得信息生态与自然生态迥然而别。自然生态失衡或污染,一般会对人类造成"无一幸免"的影响,因而也将是人人都需治理的对象和问题。

然而,信息生态要复杂得多,不同的信息生态往往表征不同的利益群体的存在。例如,黄色信息的泛滥作为一种信息生态的污染和失衡现象,不仅有受害者也有获利者。获利者甚至总是在努力制造污染和刻意保持失衡状态,以经营自己的一己之私。从这一意义上说,也许"人"才是信息生态真正要治理的对象。又如,在一些学者看来,通过政策倾斜乃至"救济"方式保护弱势群体的信息权利,是治理信息鸿沟的有效路径。然而,实际情况是,别人的帮助或"劫富济贫",终究只是第二性的外因,具有很大的依赖性和不确定性。只有个人在信息获取中付出的劳动增加时信息的使用价值才会提高,清儒袁枚《黄生借书说》曰:"书非借不能读也。"也说明了这个道理。与此相关的另一个问题是,即使人人都有获取信息的平等权利,也决不意味着他们都能平等地从中受益。亦即,机会公平并不必然地导致结果的公平。"因此,信息强者与信息弱者的差别有可能是持续存在的,或许正是这种差别性才赋予社会的信息生态能

---

❶ 肖峰.信息生态的哲学维度[J].河北学刊,2005(1):49-54.

够不断发展的动力"[1]。在数字环境下,信息资源保障能力正被具体化为信息资源的可获知能力和可获得能力(而不是传统印刷型的"收藏和拥有"),这需要提倡"公平共享",即:为系统提供了较多资源的成员,在申请使用其他成员的资源时,能够获得较高的资源访问优先级[2]。显然,数字环境下信息公平的实现,更需要以提升信息主体的信息能力为前提。从经济学的角度说,"正是信息可以作为商品的利益驱动,才使得许多领域的信息创制活动具有了强大的推动力,才使得信息生态获得源源不断的资源。这也是信息不平衡甚至信息鸿沟在一定历史阶段上的合理性。尤其是对于更广义的'不平衡'来说,持续不平衡更是信息生态环境发展的特性"[3]。显见,适度的不合理有利于鼓励弱者加强自身的信息能力,从而真正从根本上消除信息鸿沟。

无疑,构建和谐信息生态环境需要系统思维,只有把信息生态当作一个复杂的系统,全面评估多种因素的动态协调功能,才能更好地促进信息生态的和谐运行。出现了数字鸿沟就治理数字鸿沟,出现了黄色信息就扼杀黄色信息,这种就事论事的零散思维只是聚焦于个别要素和突出问题,而没有把数字鸿沟或黄色信息"所涉及的方方面面当作一个系统,明确各方面在系统中的地位与作用,从各种方面去解决问题"[4]。

二、形而上学矛盾观视野下的信息生态环境的建构

信息生态学研究的最终目标就是为构建以和谐为取向的信息生态环境提供理论支持。然而,套用或比附生态学的一般理论与方法只是从"污染和失衡"的角度反向回应了信息生态问题,而缺乏从正面角度对信息生态的本体研究。

此外,在现有有关信息生态的研究中,还存在那种简单化的研究取向:即将信息失衡(如信息污染、信息异化、信息鸿沟等)与信息和谐完全对立起来,从揭示信息失衡的现象并进一步分析信息失衡的原因入手,希望通过控制甚

---

[1] 肖峰.信息生态的哲学维度[J].河北学刊,2005(1):49-54.
[2] 李宝强,孙建军,成颖.数字信息资源配置中的资源共享机制与市场交换方式[J].图书情报工作,2007(7):57-61.
[3] 肖峰.信息生态的哲学维度[J].河北学刊,2005(1):49-54.
[4] 蓝文权,蒙运芳.构建和谐社会视野下思维方式的创新[J].学术论坛,2007(12):87-90.

至消灭不和谐因素而实现信息生态的和谐。这一认识的哲学基础是形而上学的矛盾观。形而上学矛盾观与马克思主义辩证法有实质性的区别。总体而言，前者只有"简单的正题（统一）和反题（对立），而没有将两者统一起来的合题（对立统一）"；而后者"还有第三个范畴，那就是作为合题的'对立统一'。辩证法的精髓和最高境界恰恰体现在这第三个范畴上"❶。这就像马克思早年批判蒲鲁东时曾经指出的那样："（蒲鲁东）从来没有超越过头两级即简单的正题和反题。"❷

显见，形而上学矛盾观的要害是把"对立统一"分解成了两种不同的性质，即把"对立"同等于"斗争性"，把"统一"等同于"统一性"。而马克思主义辩证法则认为，"对立"和"统一"两者是统一的，"对立统一"不能从"对立"和"统一"的两极，片面地分解为矛盾的"两重性"，并对它们作外在对立式的、非此即彼的选择。只有这两个方面的综合统一（合题），即"对立面的统一"，或"多样性的统一"，或"不同的东西的共鸣"，才是"和谐理念"的真谛❸。

（一）形而上学矛盾观视野下的信息生态学的研究内容

目前有关信息生态的研究，似乎更多地受到了形而上学矛盾观的规约。集中表现在，把信息生态的失衡与信息生态的和谐简单地"对立"起来，由此形成了从揭示失衡的现象，分析失衡的原因，并在此基础上提出解决对策的三部曲式的研究路径。

首先，学者们相信，"在自然生态中的生态问题主要是生态的污染和失衡；同样，在现代信息社会中的信息生态问题同样也是信息生态的污染和失衡"，需要"防止信息生态环境的恶化，像爱护自然生态一样爱护信息生态，对其加以合理的开发、利用和管理"❹。由此，信息生态学的主要研究内容便聚焦于"人们通常所公认的信息生态问题"❺，并将该问题具体化为逐条罗列信息生态失衡的一个个现象。

总体上，学者们是从质和量两个层面来分析信息失衡现象的。例如，有害

---

❶ 萧诗美.和谐哲学的三种诠释模式[J].哲学研究,2007(10):33-38.
❷ 马克思恩格斯选集:第1卷[M].北京:人民出版社,1972:141.
❸ 萧诗美.和谐哲学的三种诠释模式[J].哲学研究,2007(10):33-38.
❹ 肖峰.信息生态的哲学维度[J].河北学刊,2005(1):49-54.
❺ 张新明,王振,张红岩.以人为本的信息生态系统构建研究[J].情报理论与实践,2007(4):531-533.

信息、虚假信息、垃圾信息等"主要就是因为信息的品质而导致的信息生态问题";而某类信息过剩或某类信息不足、信息分布或分配的不合理、不同人群中信息量占有的不对称、甚至信息垄断或数字鸿沟、一些人群或领域中出现信息荒漠化等,则属于量的问题❶。

其次,分析信息失衡现象的原因。一般认为,主要包括客观原因(如网络技术漏洞、法律法规不健全)和主观原因(如信息能力不足、道德失范)。

最后,在对现象揭示及原因分析的基础,提出解决问题的对策。诸如,从制度、技术和道德层面提出相应性的解决措施。

这种将信息生态的失衡与信息生态的和谐简单"对立"起来的认识,与自然生态学的视野有一定的关系。但从深层哲学背景来看,则是由形而上的矛盾思维推动的。它致力于对现实信息生态中存在问题的反向分析,这一思路在具体研究中存在的问题是显而易见的。

(二)对形而上学矛盾观的反思

基于形而上学矛盾观的和谐信息生态环境的构建努力,存在根本性的认识不足。

1. 导致对信息生态总体状况的误判

在具体研究中形而上学矛盾观必然会引导人们去探究哪些因素导致了信息生态的失衡,并使人们认为只有解决了这些反面问题才能实现信息生态的和谐。它以消极性的理论前见来预设人类的信息行为和信息成果,信息生态仿佛一无是处,"找茬"也相应性的成为主流研究取向,这就误解了现实中的信息生态条件和实践基础。应该看到,人类社会总体上是进步的,而这一进步又是以相对和谐的信息系统为根本保障的。

就我国语境而言,这一思路的必然逻辑推导是,在以改革开放为主旋律的我国现代化进程中出现了信息生态发展的"代价",由此,有可能进一步导致从根本上否定党和国家的现有信息方针、政策。

2. 简单理解信息生态失衡

从对失衡因素的分析入手,简单地强调信息生态和谐与失衡的两重性,这是对"对立统一"规律作一分为二划分的结果。马克思主义辩证法在强调矛盾

---

❶ 肖峰.信息生态的哲学维度[J].河北学刊,2005(1):49-54.

对立性的同时,还强调矛盾的统一性。统一性表明,失衡与和谐是相互依存、相互转化的。它们两者是相对的,各有各的价值,不能用一方完全取代另一方。事实上,正是由于失衡因素的存在,才导致了信息生态的运动和变化。

因此,失衡并不只是和谐的对立面,而是和谐的一个内在要素。没有失衡,和谐只能是无差别的一潭死水。例如,数字鸿沟的存在虽然有不利的一面,但也有助于克服简单化的平均主义,有利于培养鼓励竞争、尊重创造之类的积极意识。固然,完全的竞争不能达到信息生态的和谐,但如果没有竞争,整个社会信息生态系统就会缺少活力,因而也没有真正的和谐可言。只有充分认识到和谐与失衡是对立统一的关系,而不是简单的对立关系,才能正确认识信息生态的系统性、多样性和统一性。这也决定了在信息生态中必然存在价值观的多样性,多样性才是信息生态进化的重要标志。当然,尊重价值观的多样性,并不否认"和谐"作为信息生态价值观的主导地位。而是说,非主导性的其他价值观在和谐信息生态环境的构建中,也具有不可或缺的价值。

3. 导致问题解决方式和解决过程的简单化

信息生态系统是复杂的统一体,各要素之间是相互依存的。事实上,存在着诸多矛盾和斗争正是信息生态发展的根本原因。但从目前的研究来看,似乎认为信息生态系统中只能存在"和谐"的一面,"失衡"作为与其相对立的另一面就不能存在,因此,往往采取强制性的斗争方式来控制甚至消灭与和谐相"对立"的失衡因素。这无疑是典型的矛盾思维的产物,即把和谐与失衡绝对地对立起来,视两者为你胜我败、你死我活的敌对关系。事实证明,这种简单的思维方式并不利于问题的解决,从而也为简单化的矛盾思维敲响了警钟。从逻辑辩证的角度看,差异是和谐得以生成与存在的条件。如果没有差异,和谐就会成为无源之水、无本之木。

反过来,和谐本身也孕育着差异,它是一个动态的过程。因此,差异性的存在,是和谐的前提,"和谐并不消灭差异、消灭不同,而是鼓励差异、鼓励不同的存在。通过差异、不同的比较与交融,以达到新的和谐"[1]。无疑,公平与差异、和谐与失衡等范畴之间的关系远比我们想象的复杂。它启发我们在思维

---

[1] 李明元,陈瑶瑶."和谐学"论纲[J].中央社会主义学院学报,2007(6):66-69.

方式上需要"从斗争思维转向和合思维,实现思维方式的手段创新"[1]。与矛盾思维不同,和谐思维认为"和实生物,同则不继""即在承认事物间存在有矛盾差别的前提下,以求事物共生、共处、共立、共达、共爱意识为指导,协调解决各种关系、各种规范的思维方式"[2]。

综上,我们在肯定矛盾斗争的绝对性时,必须充分注意到矛盾的斗争性并非等同于矛盾双方的对抗性。诚如马克思指出:"两个相互矛盾方面的共存、斗争以及融合成一个新范畴,就是辩证运动的实质。"对立面同一的根据恰恰在于矛盾双方的相互依存、相互转化,即非对抗性的一面。可见,"真实的具体的同一性包含着差异和变化"[3],而不只是旨在破坏对立面同一的对抗。

三、抽象人道主义视野下的信息生态环境的建构

现有信息生态研究的第三个不足是秉持抽象人道主义,相信公平能够引领和谐,而信息权利是信息公平的制度保障。由此,把对信息权利和信息公平的追求当作构建信息生态和谐的必由路径。基于这一抽象人道主义哲学基础的认识,学者们试图以信息公平、知识自由的名义引领信息生态和谐。事实上,这也是信息生态学研究的另一个主流话语。其基本思路有二:

首先,认为以"数字鸿沟"为核心内容的信息生态失衡,是信息不公平的主要表征。事实上,在1985年国际电信联盟发表的《梅特兰报告》中首次提出的"信息公平"理念,主要即是针对"数字鸿沟"的现实而提出的。因此可以说,信息公平是"作为对数字鸿沟问题研究反思的结果"[4]。

其次,信息公平是信息生态和谐的基本特征,也是构建和谐信息生态的关键环节,因而成为"信息生态均衡发展的重要因素"[5]。

换言之,以"数字鸿沟"为主要特征的信息不公平问题,直接关系到社会和谐尤其是社会信息生态环境的和谐。正如信息产业部部长王旭东指出:"公平信息社会的提法与当前国内'构建社会主义和谐社会'的总体战略暗合。但信

---

[1] 蓝文权,蒙运芳.构建和谐社会视野下思维方式的创新[J].学术论坛,2007(12):87-90.
[2] 萧诗美.和谐哲学的三种诠释模式[J].哲学研究,2007(10):33-38.
[3] 马克思恩格斯选集:第3卷[M].北京:人民出版社,1972:538.
[4] 唐思慧.信息公平及其产生的背景研究[J].图书与情报,2008(5):18-21,33.
[5] 邵培仁.信息公平论:追求建立世界信息传播新秩序[J].浙江传媒学院学报,2008(2):25-29.

息化发展的不均衡严重阻碍着我们建立公平的、充满活力的社会文明,而我国信息化建设的目标就是推动全社会广泛应用信息技术,实现信息资源共享。"[1]强调和重视公平,表明在对信息生态相关问题的认识中,增加了对信息活动中有关人的终极价值的反思,效率和发展不再是唯一的致思取向。然而,公平只是人自身的一种道德选择,和谐信息生态环境的构建仅仅通过道德力量的内在提升是难以获得的。

(一)抽象人道主义视野下的信息生态学研究内容

在抽象人道主义视野下,有关和谐信息生态环境之构建的研究主要包括两大方向。

1. 在政治、法律乃至人权层面上探讨信息公平的必要性

从政治、法律乃至人权层面上探讨信息公平的必要性,是抽象人道主义视野的重要特征。学者们相信,"信息公平,应该理解为社会和政府对公众提供最基本的、起码必备的信息保障,从某种程度上讲就是信息权利的实现,信息权利是人权的重要组成部分。1948年联合国将'信息权利'作为人权的一个方面写入《世界人权宣言》"[2]。换言之,迄今为止我们并没有从图书馆学或信息科学的角度给出信息公平之必要性的理由。

2. 在信息公平的实现路径上,也存在着对政治、法律乃至人权的路径依赖

在信息公平何以可能的问题上,也存在对政治、法律乃至人权的高度依赖。迄今为止,"政府"仍被视为实现信息公平的主要、甚至唯一责任主体。学者们普遍认为,"维护信息公平是信息时代的政府责任"[3];"落实信息公平取决于政府是否选择信息公平的制度",并要求政府在诸如"建立信息公开制度""保障弱势人群的信息获取""制约商业活动中的信息不对称现象"[4]等问题上有所作为。

此外,也有学者提出,希望通过政策倾斜,实现文献信息资源的均衡,甚至提议每年在同级财政列支专项经费中启动"信息资源均衡配置工程"[5]。

---

[1] 王砾瑟.10位专家论"公平信息社会"的目标.[EB/OL].[2007-11-30].http://www.yesky.com/301/1951301.shtml.

[2] 张照云.我国信息公平问题探析[J].图书馆建设,2008(9):4-7.

[3] 袁峰.信息公平与政府责任[J].政治学研究,2005(4):75-82.

[4] 范并思.论信息公平的制度选择[J].图书馆,2007(4):1-5.

[5] 邵培仁.信息公平论:追求建立世界信息传播新秩序[J].浙江传媒学院学报,2008(2):25-29.

应该说,实现信息公平需要政治、法律乃至人权的参与,因而政府具有举足轻重的地位,但政府无法包揽一切。总体而言,信息公平既取决于有关公平的信念,也跟社会和信息主体的信息能力有关。因此,政府之外的信息提供者和各类信息主体应该肩负起自身的担当。

(二)对抽象人道主义视野的反思

尽管,"公平"概念因内蕴着公正、平等之类的意义而具有正面价值,成为一个"美好的"词汇,但美好的不一定是现实的,甚至不一定就是必要的。例如,倡议所有图书馆的电子文献都应该无条件地为所有读者免费服务,所有图书馆的纸质文献都应该通过各种方式(包括邮寄方式)为所有的"地球人"服务,这一理念无疑是美好的。但无论从必要性还是从可能性来说,这一诉求都只具有政治、法律和人权意义的"理据",而不具有图书馆的现实性。众所周知,"公平是人的内心话语,是人自身的是非功利的道德选择,体现着人自身的目的,具有终极价值关怀的意味。这种活动不受任何外部因素的左右,完全是自身对自由意志的尊重和认同。这也就是超脱的纯粹普遍的自由理性"❶。因此,把公平正义作为和谐信息生态的基础,将导致在道德价值的单向选择中把握人们的信息实践,在理论上则容易把抽象人道主义设定为和谐信息生态研究的哲学基础。

1. 基于抽象人道主义的信息生态学研究,没有理顺和谐与发展的关系

我们知道,在传统信息管理阶段,发展信息技术、提高信息生产能力一度成为人们的普遍意识,信息的发展甚至被简单地归结为信息总量的增长,信息发展的水平和程度则被简单地归结为信息增长的水平和程度。此时,"人"被设定为信息的主体,完全没有必要对信息的极度增长而感到忧心忡忡。这一认识可以称之为信息的唯发展论。唯发展论在20世纪中后期盛行一时,也是人类信息实践的主流意识形态。然而,随着对信息发展的单一向度追求,人们逐渐认识到了这种唯发展论所带来的负面效应。固然,信息匮乏会使人感到空虚无助,但过量的信息或"数字化泡沫"也会使人因找不到有用的信息而出现和信息荒漠化同样的效果❷。

---

❶ 夏文斌.马克思的实践哲学与科学发展观[J].中国特色社会主义研究,2007(4):79-83.
❷ 肖峰.信息生态的哲学维度[J].河北学刊,2005(1):49-54.

正是在这一意义上,申克指出:"我们一直以为信息丰富是一件美妙的事情,直到后来才明白,它可能会夺走我们与生俱来的精神权利——安宁。"[1]布朗和杜奎德则宣称,当今世界对于信息的"饥饿已迅速转化为消化不良"[2]。事实上,达文波特于1997年提出信息生态学的概念,正是出于应对信息发展单一化追求的担忧。信息生态学的出现,标志着"价值"因素的介入,从而也使得信息概念不再固守于"发展"的一隅而显得单薄和片面。

然而,指望通过公平的引领而实现信息生态的和谐,似乎又将信息生态学引向了无视"发展"的另一种极端。可以认为,传统信息管理和现代信息生态理论都将公平(价值)与发展(事实)对立了起来,所不同的是,前者更倾向于发展而后者则更倾向于公平。似乎可以肯定,在人类信息实践的历史过程中,效率与公平、发展与和谐的二元分离,正是导致信息生态发展过程和目标出现偏差的主要原因。因此,提倡信息生态的和谐,绝不能否认"发展"在构建和谐信息生态环境中的前提和基础地位。发展既是人的信息生存方式的根本体现,也是人本质力量在信息环境中的根本体现。和谐首先是发展中的和谐,而要发展,必须尊重信息世界的因果变化,探究信息生态发展中的具体法则和客观规律,信息生态的和谐仅仅通过公平之类道德力量的内在提升是难以获得的。

2. 基于抽象人道主义的信息生态学,直接将技术与和谐对立了起来

众所周知,公平作为人类主体精神活动的自由创造,是人的超功利和超客观束缚的道德选择,因而是一个具有强烈自我价值属性的范畴,这就导致了以追求人类价值的道德实践为指向的公平,与以把握外部客观世界及其规律的技术实践之间的分离。主要表现在:

一方面,认为信息的不公平是由信息技术的发展导致的。例如,认为正是信息通信技术的广泛运用,给那些不会使用计算机技术和网络技术的人们造成了信息获取的障碍,加重了他们的负担。而"当信息网络传播成为社会信息传播的主流时,人们在获取信息方面所存在的巨大差距将进一步扩大"[3]。

另一方面,认为由技术发展导致的信息不公平问题,又不能通过技术本身来解决。例如,认为"就目前研究的情况来看,依靠信息技术来解决数字鸿沟

---

[1] 戴维·申克.信息烟尘:在信息爆炸中求生存[M].黄锫坚,等,译.南昌:江西教育出版社,2001:175.
[2] 约翰·希利·布朗,保罗·杜奎德.信息的社会层面[M].王铁生,葛立成,译.北京:商务印书馆,2003:5.
[3] 唐思慧.信息公平及其产生的背景研究[J].图书与情报,2008(5):18-21,33.

并未达到预定的目标,相反数字鸿沟问题呈扩大而非缩小之势"[1]。

然而,技术的发展是信息发展的重要物质保障,也为和谐信息生态环境的构建提供了技术平台。和谐信息生态环境的构建,并不只是一个信息资源配置的平衡问题,只有充分发展信息技术并合理限定技术本身的异化,才能不断调整和谐信息生态的整体进程。没有技术,信息生态的存在基础就会受到遮蔽,对人类信息实践行为的分析和评估也将失去根据。

综上,"和谐"作为信息生态的最高境界,包含着人类信息实践的两重内含:事实与价值。事实是自然的因而是有规律的;价值是自由的因而是有目的的。必须从信息的客观发展(尤其是信息技术的创新)与人的内在本质(尤其是道德尺度)两者统一的角度,才能真正解决信息生态问题。和谐信息生态的构建既离不开人类崇高的目标选择也离不开信息技术的创新和信息总量的增长,任何一种顾此失彼的二者选一都将陷入片面的深刻。这就需要我们在思维上超越效率与公平、发展与和谐的二元论。从静态的视角来看,发展与和谐、效率与公平之间是存在差别的,但从其产生和变化的动态过程来看,和谐与公平始终内在地包含着发展与效率等因素。

第三节 和谐信息生态环境的构建原则和构建方法

鉴于现有研究现状的不足,我们强调和谐信息生态环境的建构应以马克思主义实践哲学为指导,合理规划信息生态研究的原则与方法。在研究原则上突破观念文本的局限,将信息行为视为人类文化交往的实践行为。在研究方法上既重视实践的规律性,但又不迷信实证论所崇尚的纯粹客观规律;既强调以人为本,但又不是价值论所执着的由单数"我"说了算的意义决定论。

我们知道,肇始于20世纪70年代的现代信息学研究,其发展演进大致经历了一个从信息管理到信息生态的变化过程。信息管理意义上的研究是西方现代理性科学思维的产物,重视客观规律,强调信息技术的作用,追求信息资源生产与消费的配置效益;信息生态意义上的研究是西方后现代人本哲学的产物,重视主观价值,强调社会、经济、文化乃至心理等非技术因素的作用,追求

---

[1] 唐思慧.信息公平及其产生的背景研究[J].图书与情报,2008(5):18-21,33.

信息资源生产与消费配置的公平。信息管理和信息生态分别回应有关信息的"是非"和"应否"问题，是迄今人类关于信息的两大主要认识成果。

总体而言，信息管理重视客观规律，否定人的价值，因而遭到了信息生态研究的颠覆。但信息生态研究否认规律，过分张扬人的主体性，因而也不是完备的学术类型。马克思主义实践哲学"体现着对人的本质和生存方式的深刻把握，体现着对人类社会存在和发展规律的深刻把握"[1]，既超越了作为信息管理研究背景的实证哲学，也超越了作为信息生态研究背景的价值哲学。只有立足于马克思主义实践哲学，才能突破观念文本的局限，在实践层面上实现和谐信息生态环境的构建。而作为人类迄今为止相对成熟的认识成果，马克思主义实践哲学与中国古代博大精深的传统思想文化往往交光互影、此包彼摄，不乏相互融通之处。

一、和谐信息生态环境构建原则：从观念文本转向实践文本

信息生态不仅是人直观的对象，也是人与人之间围绕信息问题展开的各种实践关系的总和，信息生态研究必须指向现实的信息实践活动。诚如《左传·襄公二十四年》指出："太上有立德，其次有立功，其次有立言，虽久不废，此之谓不朽。""立言"必须落实为以"立功"和"立德"为取向的现实效用。然而，现有有关信息生态的研究基本都是理论形态的，它们"只是用不同的方式解释世界，而问题在于改变世界"[2]。

（一）局限于观念文本的认识不足

缺乏实践指向的信息生态学满足于对相关范畴的理论诠释以及对作为信息生态理想境界——和谐——的奢谈。主要表现在：

第一，从信息权利的角度研究信息公平，并希望通过信息公平引领信息生态的和谐。

局限于观念文本，只是在观念层面上单纯地描述和谐状态，而没有对不同语境下的和谐内涵的具体分析，也缺乏对和谐的具体实现路径的进一步思考。《礼记·中庸》引孔子的话说："君子而时中。"任何标准都是与时迁移的，君

---

[1] 夏文斌.马克思的实践哲学与科学发展观[J].中国特色社会主义研究,2007(4):79-83
[2] 马克思.关于费尔巴哈的提纲[A].马克思恩格斯选集:第1卷[M].中共中央马恩列斯著作编译局,译.北京:人民出版社,1972:19.

子必需"随时"符合不同的标准。事实上,在现实中,信息权利作为人的基本权利之一,无论是在权力意义上抑或在利益意义上都不可能实现绝对平等。

同样,在社会利益多元化格局下,对和谐的理解与标准也存在极大的差异。这不是说,信息生态不需要公平与和谐,而是说公平与和谐的具体内容与标准必须有物质基础,它们不可能独立生成与存在。《论语·子路》中说:"子适卫,冉有仆。子曰:'庶矣哉!'冉有曰:'既庶矣,又何加焉?'曰:'富之。'曰:'既富矣,又何加焉?'曰:'教之。'"在孔子看来,只有藏富于民,才能进一步对其实施教化。这对于我们认识和谐的物质基础问题是有启发意义的。例如,要求高校图书馆对全体师生(包括不同学历层次的学生)提供"一视同仁"的服务,必须考虑到图书馆的现实服务能力,诸如文献资源保障能力、馆员人力资源现状等。

第二,在法律和伦理层次上讨论信息生态和谐的实现路径。

例如,寄望于"通过制定和实施公平和均衡的信息政策和法律,同时通过培育健康的信息伦理(包括制度伦理和个体伦理),制止信息权力对信息权利的剥夺和歧视,实现所有信息传播与接受主体的信息获取机会的公平、信息资源配置的公平和信息渠道利用的公平,进而实现所有信息传播与接受主体对所需信息资源的各取所需和所需能取"[1]。然而,正如何关银指出,法律和伦理只能规范既定事实与行为,具有明显的滞后性,因而不能揭示和谐在信息生态发展中的孕育过程与存在方式,难以对和谐信息生态环境的建设提供具有操作性的理论指导[2]。《汉书·贾谊传》借贾谊之语指出:"夫礼者禁之于将然之前,而法者禁之于已然之后……道之以德教者,德教洽而民气乐;驱之以法令者,法令极而民风哀。""禁之于已然"的法律不是唯一的,必须看到仁义价值、礼乐教化对于人心的养育及其在维护社会公正与和谐中所具有的更为根本的作用。

第三,更有甚者,简单地把发展当作了和谐的对立面,认为正是信息的无节制发展造成了信息生态环境的破坏,并导致了信息生态的污染和失衡。

随着以数字鸿沟为主要特征的信息不公平现象的凸显,人们进一步将信息

---

[1] 邵培仁.信息公平论:追求建立世界信息传播新秩序[J].浙江传媒学院学报,2008(2):25-29.
[2] 何关银.关于和谐社会的哲学基础和实现路径的思考[J].西南大学学报(社会科学版),2007(6):76-81.

失衡的原因归诸信息技术,仿佛效率和发展不再是必需须的,而公平与和谐也只要通过人类自身的道德选择即可实现。例如,认为正是信息通信技术的广泛运用,给那些不会使用计算机技术和网络技术的人们造成了信息获取的障碍,加重了他们的负担。而"当信息网络传播成为社会信息传播的主流时,人们在获取信息方面所存在的巨大差距将进一步扩大"[1]。

另一方面,认为由技术发展导致的信息不公平问题,又不能通过技术本身来解决。例如,认为"就目前研究的情况来看,依靠信息技术来解决数字鸿沟并未达到预定的目标,相反数字鸿沟问题呈扩大而非缩小之势"[2]。然而,技术的发展是信息发展的重要物质保障,也为和谐信息生态环境的构建提供了技术平台。和谐信息生态环境的构建,并不只是一个信息资源配置的平衡问题,只有充分发展信息技术并合理限定技术本身的异化,才能不断调整和谐信息生态的整体进程。没有技术,信息生态的存在基础就会受到遮蔽,对人类信息实践行为的分析和评估也将失去根据。

总之,上述认识局限于观念文本和纯粹思维领域,理论仿佛是一个独立的王国,因而未能跳出和谐来看和谐。在其中,人的目的性和价值取向得到了极度张扬,"和谐"与作为和谐基础的信息发展构成了一种外在关系,信息生态的内在基础、客观规律和理性逻辑等都变得无足轻重。事实上,任何"和谐"都只能是具体的、实践的,而不可能只是一个固定的概念性存在。固然,和谐可以作为理论认识的对象,但并不意味着和谐可以局限于纯粹观念文本的范围内而独立存在。

(二)从观念文本到实践文本的转向

信息生态和谐不是单纯的理论问题。

一方面,在分析与追求和谐的过程中,必须始终把发展作为和谐的现实基础与条件,而不是把发展视为和谐的否定性结果。事实上,和谐信息生态的研究旨趣,恰恰是要对现实发展中产生的不和谐现象进行理性反思与现实超越。没有信息实践或信息生态的发展水平偏低,和谐问题就不可能被提出来。而只要是发展,就必然要打破原有的平衡,产生新的不和谐,并进一步迈

---

[1] 唐思慧.信息公平及其产生的背景研究[J].图书与情报,2008(5):18-21,33.
[2] 唐思慧.信息公平及其产生的背景研究[J].图书与情报,2008(5):18-21,33.

向更高层次的和谐。这说明,和谐信息生态的基础只能是具体的、历史的信息实践,只有在信息实践的基础上才能创造和谐。正如《韩非子》指出,"道无常操"(《解老》);因而需要"世异则事异"、"事异则备变"(《五蠹》),现实条件的变化必将导致解决问题的方法发生相应地变化。

另一方面,信息生态环境是人们在信息收集、整理和利用的实践中创造的,人既是认识主体也是实践主体。作为实践主体,他不仅生产信息和信息环境等客体物质,也生产信息人(信息生产者、信息整理者、信息用户等等)之间的关系,同时,他又受到上述两种生产的反向生产。人只有在这种生产实践中才能证明自己的本质性存在,缺乏这两种生产,他将什么也不是。因此,信息生态的实践主体既是主观的,又是客观的。作为主客融合的辩证性存在,实践主体的实践有效性必须受制于一定的规则。因而,不能预设一个"旁观者",以外在于信息的方式来谈论信息的公平与和谐问题。

信息生态学研究亟须彰显实践自觉,从而将具体研究从观念文本导向现实实践。马克思曾指出,"意识在任何时候都只能是被意识到了的存在,而人们的存在就是他们的实际生活过程"[1]。同样,信息生态学不是要关注抽象的先验理念活动,而是要关注具体的历史的信息实践行为以及在此基础上的和谐信息生态的实现方式。实践是人的本质,离开实践的本质都是虚无的,"抽象思维本身是无,绝对理念本身是无,只有自然界才是某物"[2]。

显然,马克思主义实践哲学认为,客体信息在人的对象性活动中得到了能动性地改造,因而不再是自足的存在;同样,人的信息活动也不是自足的,它必须以客观信息的对象性存在为前提。主客体间的这种相互作用,导致主体的客体化和客体的主体化,也就是马克思所说的"对象性"。《庄子·齐物》指出:"非彼无我,非我无所取。"准确地表达了外部客体世界("彼")与既是认识主体又是实践主体的"我"之间的相互依存关系。其核心要义有二:

首先,主体是客体化了的主体,即被客体反作用了的主体,不存在"超历史无时间自主的和单一的思维主体"[3]。

---

[1] 马克思,恩格斯[A].马克思恩格斯选集:第1卷[M].中共中央马恩列斯著作编译局,译.北京:人民出版社,1972:30.
[2] 马克思.1844年经济学—哲学手稿[M].刘丕坤,译.北京:人民出版社,1979:130.
[3] 郁建兴.马克思与实践哲学[J].现代哲学,2003(2):8-11.

其次,客体是主体化了的客观,即被主体能动地改造了的客体。客体信息生态既是理论的前提,也是人类信息实践的对象,并因人类实践的发展而处于不断的变化之中。

因此,理论与实践的统一不可能只是若干机械的事实对应,而是历史发展中的一个组成部分。理论不能简单地归结为认识论,它必须能够解释具体的历史的信息实践。无疑,只有将实践从抽象的理论中解放出来,实践作为人类生存发展的基础性条件才得以显现,人对自我实践活动及其影响的分析和评估也才有了现实依据。

二、和谐信息生态环境的构建方法:兼顾物的尺度和人的尺度

基于实践原则,信息生态学研究应同时遵守物的尺度和人的尺度。前者意味着客体化了的主体只能在现有信息生态发展的基础上谋求信息生态的和谐,后者强调客体信息生态因为人的参与而改变了纯粹的客观性,成为主体化了的客体。

(一)基于"物的尺度"的和谐信息生态环境的构建

遵循物的尺度就是要遵循信息生态实践的客观规律,在信息发展的基础上构建和谐信息生态的理性平台。

1. 从实践对象对实践主体的影响来看

"人创造环境,同样环境也创造人"[1]。同样,人建构了信息生态,而信息生态也创造和改变了人。信息生态发展的现实是一个客观的存在,具有不以人的意志为转移的客观规律性。

例如,追求"所有的人在法律允许的范围内都有获取相关信息的自由和权利"[2]的理想是美好的。但美好的不一定是正确的,更不一定是现实的。人们必须在信息生态的"客体"所允许的范围内,才能从事实践活动,它是人的创造性活动的物质条件和现实基础,也是人的实践能力的最直接根源,决定了"理想"的现实可行性。人不能无视信息生态的事实而仅仅从自我价值的主观想象出发从事信息生态研究。事实上,信息公平的实现涉及相关物质、技术等客

---

[1] 马克思,恩格斯[A].马克思恩格斯选集:第1卷[M].中共中央马恩列斯著作编译局,译.北京:人民出版社,1972:43.
[2] 邵培仁.信息公平论:追求建立世界信息传播新秩序[J].浙江传媒学院学报,2008(2):25-29.

观条件,也与主体人的信息意识和信息能力有关。任何超越信息生态发展现实和物质基础的"和谐"诉求,都只能造成发展的停滞甚或倒退。遵守物的尺度,就是要强调信息生态系统的演化必须依赖于系统本身所处的现实状态,必须分析特定历史条件下信息生态发展的具体情境。

总体上,针对我国现阶段信息生态发展的实际,我们认为,非均衡化将是我们不能回避的现实。因此,我国目前有关信息生态的研究应聚焦于:在非均衡状态下,如何确立关于和谐的动态均衡体系,而不是奢谈公平或和谐的理念。

2. 遵守物的尺度必须充分肯定理性力量

理性原则体现客体尺度,也是现代性的基石。理性要求人们在认识事物时不能完全考虑人的主体需要和利益,而必须尊重客观世界所固有的基本规律。例如,信息的使用不同于一般物质的使用,它对使用者的素质和智能条件(例如英语能力、专业知识、电脑水平、网络技术等)有很高要求。因此,对于不同素质与智能条件的用户而言,即使他们能够获得平等的信息机会,也不会导致实际效果上的信息平等。这样,对用户信息素质和智能条件的"客观事实"的分析将是非常必要的,信息的公平或和谐不可能仅仅通过一厢情愿的理想或道德力量的内在提升而达成。

重视理性力量,就是要强调客观真理和现实功用的价值,用逻辑理性的方法研究问题。因此,有必要强调信息技术创新在和谐信息生态环境建构中的重要作用。技术所呈现的物质力量,是信息生态发展的根本动力,也是和谐的物质基础与现实前提。例如,正是借助于相对先进的信息采集技术与处理技术,才能造就功能强大的数据库,从而为信息共享提供物理平台。离开了这一物质基础,和谐将只能是不切实际的乌托邦式的和谐。

3. 恪守物的尺度必须考虑到"他者"客体的存在

信息生态环境是由无数个"我"共同构成的客观系统,包含多重均衡的因子,因而不能根据自我个人的愿望而无视"他者"的存在。实践哲学强调作为实践主体的人具有"类本质",重视"他者"对实践主体的影响。马克思把人定义为社会性的存在,认为人的价值取向是按照"物种的尺度来进行生产,并且随时随地都能用内在固有的尺度来衡量对象"[1]。他还指出:"正是通过对对象世界的改造,人才实际上确证自己是类的存在物……劳动的对象是人的类的生活的对象化。"[2]也就是说,"我"并不是独立和自足的,"我"的"实践活动有赖于他人的存在"[3]。单数个体的"我"只有在与他人以及与社会的关系中从事实践活动,成就自身,从而获得人之为人的本质。

实践哲学对自我复数形式的强调,既是对他者存在的肯定也是对人作为社会性存在的肯定。这在一定程度上也体现了人与人之间的相互依存及其对人类认识的制约。《荀子·王制》认为,人的生存离不开社会,人与动物的区别就在于能"群"。所谓"(人)力不若牛,走不若马,而牛马为用,何也?曰:人能群,彼不能群也。"而人之所以能"群",是因为有"分"。《王制》篇指出:"人何以能群?曰:分。"即形成有等级名分的组织形式,"明分使群",在既分工又合作的关系结构中才能生存。然而,在现实信息生态研究中,人们往往以价值论为单一取向,唯"我"独尊,让他者缺席或视他者为威胁方或否定方,主体仿佛是一个个无羁的独立存在。例如,现实中人们所提倡的信息自由,往往只追求"我"个人的自由。事实上,无节制的提倡信息自由,乃是信息污染的主要根源,它正是以牺牲"他者"的信息自由为代价的。

总之,实践论范式既强调实践主体和实践对象的相互形塑,也重视实践主体之间的彼此依存,克服了单数"我"的主体张扬与各行其是,从而也避免了理论上把信息生态的哲学基础让渡为人道主义哲学的误区。这说明,信息生态并不是"我"说了算的东西,在信息生态平衡与和谐诉求过程中,一定要尊重他者,倡导并回归理性。

(二)基于"人的尺度"的和谐信息生态环境的构建

虽然人无法超越物的尺度,但并不意味着物的尺度抑制了人的能动性和创造性。相反,实践论范式所要研究的内容就是主体人如何利用客体规律和社会规律,引领和谐信息生态的建构。

人是信息生态的主体,离开了人也就无所谓信息生态。正是由于人的实践活动,信息和信息环境才走向了"人化",与人形成了彼此交织、相互制约的实

---

[1] 马克思.1844年经济学—哲学手稿[M].刘丕坤,译.北京:人民出版社,1979:50-51.
[2] 马克思.1844年经济学—哲学手稿[M].刘丕坤,译.北京:人民出版社,1979:51.
[3] 张以明.从实践哲学的视域看马克思人学思想的独特性[J].学术交流,2005(6):5-9.

践关系。它不是简单地认为人是信息生态的主人或者是信息生态系统中的一个因子,更不是谋求人对信息的控制关系乃至征服关系。

诚然,信息具有客观性,这是由信息源的客观性决定的。"信息必须真实、准确,必须如实地反映客观实际。信息既然是万事万物的一种表征或映像,就必然具有客观性"[1]。但同时,信息又具有主观性特征,"对于信息和信息处理的任何研究与讨论,都离不开主体的目的或目标(即人们的目的或需求)"[2]。信息具有主体性还可以从信息的可塑性和可变换性(即信息的可处理性)的角度来理解。"信息处理也就是指信息的生产,它经过采集、加工、分类、归纳,使无序信息变成有序信息。这样的信息可以通过传播实现其价值,也可以通过存储、积累等手段,为人们利用信息提供方便,同时,还可以通过对信息的使用,既继承前人的劳动成果,又可以再生出新的信息,在更高层次上被人们所使用"[3]。

显然,无论是信息的传输还是信息的处理与利用,它的主体都只能是人。人的认识、能力、需要等都将导致信息传输、处理和利用方式的改变。在我国古代,无论是文献信息还是其他类型的信息,主要都是一种主观性存在。董仲舒的"人副天数"和"天人感应"思想;《易经·说卦传》强调圣人通过卦爻象模拟自然现象以顺应人事的"性命之理"等,都是要探讨自然客观信息回归人文尺度的必要性及其可能方式。然而,学者们似乎更多地看到了信息的客观性而忽略了信息的主观性,信息成为一种无主体特征的纯粹客体存在。而信息的客观性定位,必将导致信息工作主要围绕信息的"客观"内容而展开,其管理的对象将是客体信息而不是主体人,"管理的动力是被动的而不是主动的,管理的目的是信息本身而不是信息对人的服务"[4]。这样,人只是被当作了信息的生产工具和管理工具。而遵循人的尺度,就是要坚持信息生态实践的应然目标,在信念层次上构建和谐信息生态的理想境界。信息生态是因人的参与而形成的生态环境,也是人生存其中的环境。

构建和谐信息生态环境,就是要维护人的利益,肯定以人为本的信息价值

---

[1] 卢剑波.信息生态学[M].北京:化学工业出版社,2005:13.
[2] 卢剑波.信息生态学[M].北京:化学工业出版社,2005:13.
[3] 卢剑波.信息生态学[M].北京:化学工业出版社,2005:14.
[4] 葛翠玲.档案信息生态失调原因探析[J].兰台世界,2007(14):35-37.

观,肯定人作为信息本质的主体创造意义,本质上是要强调人在信息生态环境中必须具有立命担当意识。这决定了信息与信息环境并不只是麻木的物化存在,不能仅仅从物化的角度从事信息生态的研究。物的尺度实即理性的尺度,强调效率和竞争,只能导致信息不公与信息生态的失衡。从实践的观点来看,人与信息生态环境的相互形塑,使得社会所有成员都成为特定信息生态环境下的存在,信息生态无法把任何一个社会成员从自身环境中排除出去。简言之,理性尺度下效率与竞争的获利者与失利者都是信息生态系统中的"信息人"。这就需要既强调理性但又要避免走向理性主义,作为信息产生、管理和接受主体的"人",因而也是信息生态的重要尺度。

信息生态是一个包括信息、人、信息环境的复杂系统。其中,人与信息(环境)及人与"他者"信息主体的关系是信息生态的基本关系。基于人与外部世界对立关系的预设,目前的研究只是针对信息对象和他者信息主体分别确立了科学技术知识(如网络技术)和社会策略知识(如信息法律与法规、市场经济原则等),它们都是认知的取向。

1. 在人与信息的关系上,确立了技术的优先地位

然而,重视信息技术的感性力量,并不是要从自然与生理的角度理解人的信息实践活动。技术性的物质力量既是人创造的也是以服务于人为旨趣的,技术从来就不可能单独发生作用。从静态的视野来看,我们可以将表征生产力的技术和表征生产关系的政治人文等因素作区别对待,但从生产力的产生过程与存在方式来看,它和生产关系诸要素是密不可分的。人的信息活动离不开物质创造和文化价值选择的统一。只有这样,才能规避物质尺度的盲目增长以及在理念层面上对和谐的无根追求。认识不到这一点,技术发展将会走向独断化,使人由目的沦为工具,从而也消解了对终极价值的反思。

相反,只有同时兼顾技术、制度、文化等多重因素的相互作用,才能促成一种信息生态发展的和谐指向。这就需要在技术发展的基础上,注重经济、社会、政治、文化等人文因素在总体信息生态系统中的协调发展。1973年出土的长沙马王堆汉墓帛书《易传·要》记载有孔子关于占筮的一段话,"吾求其德而已,吾与史巫同途而殊归也。君子德行焉求福,故祭祀而寡也;仁义焉求吉,故卜筮而希也。祝巫卜筮其后乎?"孔子虽然也重视卜筮透露出来的信息的"客

观性",但却将主体的道德仁义视为吉凶依据,从而将主动权操之在我,而不是操之于信息客体。事实上,孔门儒学的突出贡献即在于将人的主观道德(仁义)强调到超越单纯物质客体的高度,形成一种基于内在超越的、具有主体境界的人本哲学。正像卜筮技术是必要的一样,信息技术的重要地位也是不言而喻的。但这两种"技术"都必须有面向主体价值的人本依托。

2. 信息人之间的关系是复杂的

从人与人的关系来看,特定的信息生态环境是信息人共同参与构建的,因此人与信息生态环境的关系也反映了人与他者的关系;同时,所有的信息人都是在共同的信息生态环境下从事信息实践活动的,因此人与他者之间的关系也是信息生态环境下的关系。简言之,人与他者的关系也即人与信息环境的关系,反之亦然,人与信息生态环境的关系,也是人与人的关系。人只有在与信息对象及与他者实践主体的关系中,才能从事自由自觉的实践活动。而关系以和谐为最高旨趣,它的有效性诉求仅仅通过认知取向的科学技术知识和社会策略知识是无法建构的。必须考虑到人除了具有"真"的取向,还应有"善"和"美"的追求。《礼记·乐记》指出:"礼以道其志,乐以和其声,政以一其行,刑以防其奸。礼乐刑政,其极一也,所以同民心而出治道也。"极力张扬儒家的礼乐相辅相成之道,强调"美善相乐",通过提升人民的文化素养,成就个人和乐庄敬的生命,才能真正实现社会的和谐诉求。《荀子·君道》则指出:"不知法之义而正法数者,虽博,临事必乱。""法"之"数"的真值性固然重要,但根本上关乎人的问题,因而应强调"法"之"义"的人文价值内涵。只有凝练"法"在美与善上的深度,才能实现法律自身的价值。这与《论语·八佾》"人而不仁如礼何",把主观心性层面的"仁"视为社会规范层面的"礼"之核心的认识是一致的。这启发我们,需要形成旨在回应道德实践的内在规范知识及旨在回应审美实践的内在主观知识。

唯其如此,才能形成一种基于共识真理(而不是客观真理)的人际关系。在客观真理中,信息实践主体追求人与对象以及与他者的二元区分,强调实践的客观性和可计算性,进而保证预定目标的实现。在共识真理中并不存在主体与客体的二元区分,而更加看重对实践环境的设计、论证和说明。环境作为一个系统包括认知的、表达的和道德的三个因素,因而在真值性的科学技术知识与社会策略知识之外,还必须同时考虑到道德伦理因素和美学表达因素在和谐"关系"构建中的作用。

综上,人类认识活动大致遵循两大原则,一是真理性原则,一是价值性原则。它们分别对应于迄今为止形成的人类两大类型的知识积累:事实知识和价值知识。总体而言,前者是自然的因而是有规律的;后者是自由的因而是有目的的。这两类知识都是人类实践的产物,实践不仅指涉具体的操作行为,也关乎精神层面上的抽象认识和价值反思,信息生态实践需要实然的事实知识和应然的价值知识的双重呵护。因此,基于信息实践的真理性原则和价值性原则的结合,应成为信息生态学研究的基本原则和方法。

第四章 中西方不同的信息本体论

第一节 中西方对信息本质的不同认识

和谐信息生态环境的构建,是以对"信息的本质是什么"的认识为前提的。"信息生态的基本要素是信息,有什么样的信息就有什么样的信息生态"[1]。信息的本体论问题,是指信息究竟是什么及如何存在的问题,如信息是客观的还是主观的？它涉及信息"何以是"的根据,对信息本质问题的不同回答,构成了中西方不同信息观的逻辑起点。而中西方信息本体观的不同,本质上又根源于中西方不同的哲学传统和认知背景。

一、西方式的现代信息本体论

对文献信息的认识是由文献信息的本体论——文献信息本身的存在依据——决定的。而西方式的现代信息本体论是其"主客二分"思维的产物。

(一)西方的"主客二分"思维模式

众所周知,西方理性主义强调"主客二分",人与研究对象之间是对立的关系。

正如罗素在《西方哲学史》中评价笛卡尔哲学时所说,"他完成了或者说接近完成了由柏拉图开端而主要因为宗教上的理由经基督教哲学发展起来的精神与物质二元论",因此,"笛卡尔体系提出来精神界和物质界两个平行而彼此独立的世界,研究其中之一能够不牵涉另外一个。"笛卡尔认为,"通晓火、水、空气、星辰、天空和我们周围一切物体的力量和作用,正像我们知道我们的手工业者有多少行业那样清楚,我们就能够准确地把它们作各种各样的应用。从而使我们成为自然界的主人和统治者"[2]。将精神和物质视为各自独立、互

---

[1] 肖峰.信息生态的哲学维度[J].河北学刊,2005(1):49-54.
[2] 宋原放.简明社会科学词典[Z].上海:上海辞书出版社,1984:940.

不相干的二元论,强调主体人与客体自然的外在对立关系,从而将人与客体对象视为两个完全的独立领域。这种二元思维的方式,既是西方信息学的思维基础,也是当代和谐信息生态环境构建的主流话语。

(二)源自"主客二分"思维的信息客观化及其局限

总体而言,强调信息的客观性是大多数现代信息定义的基本特点。比如,认为"信息是被反映的物质的属性,信息是结构的表达"等。其实质是强调,"信息是可靠的,是对物质、事物或者结构的一种正确的反映或者表达"[1]。由此,信息像牛顿的苹果一样,成为一种客观存在,并形成了以"真"为基本诉求的信息认知取向,反映了西方主客二分思维规约下的真理观及其"智性"文化特征。信息既然是一种物理客体,主体人就可以站在信息的对立面控制乃至征服信息。

由此导致西方对信息的客观化以及由此而来的人与信息的主客分裂:

首先,人的信息活动必须遵守信息逻辑和信息规律,而信息生态学的目标之一就是发现这些规律。

其次,人们必须制定形式主义的逻辑化的法律,以规范人们的信息实践活动,一切按规律和法律办事。这一认识把信息生态的和谐依赖于规律和逻辑,即把外在世界当作目的实现的对象物。由此,外在世界成为行动者行动或发展的限制因素。

最后,西方式的人与信息对立关系的预设,还导致了关于"信息人"的狭隘理解。"现代信息管理或信息生态意义上的乃至图书馆学上所说的'信息人',是认为人是信息活动的主体,是信息活动系统的主导因素,是信息的生产者、传播者、利用者,具有一定信息意识和信息能力,从事一定的信息实践活动"[2]。

无疑,文献是重要的信息类型。上述信息观反映在对文献的认识上主要表现为:文献固然是作者主体的创造物,但作者是在"主客二分""价值中立"的规训下从事知识生产的,由此获得的、落实为文本的知识是"客观知识",在其中往往看不到人的因素,仿佛"知识"可以脱离主体人的主动、自觉的认知而独立生产出来。相应地,记录客观知识的文献也是客观的。正是在这一意义上,现

---

[1] 王勇.香农信息定义分析与改进[J].情报杂志,2008(8):57-60.
[2] 肖峰.作为一种理论范式的信息主义[J].中国社会科学,2007(2):68-77.

代文献被定义为"是记录有知识的一切载体"。相应地,对客观文献的认识和整理也是理性的。例如,DDC以来的现代图书分类法着眼于文献的物理形态、学科属性、主题概念的逻辑类项等"客观"因素分类文献。又如,现代"摘要"强调和重视客观性,从而否认了文献内容的个体创见性,也消解了对作者的认知。

二、中国古代信息的人文取向

正像西方式的现代信息本体论是其"主客二分"思维的产物一样,中国先贤持守"天人合一"、"物我不二"的辩证性思维方式,由此导致了中国古代信息的人文取向。

(一)中国古代的"天人合一"思维模式

与西方式的天人二分思维适成对照,中国传统文化以"天人合一"为其显著特点,它强调主体人与客观对象的内在统一性,物我相谐、主客一致,认识"天"(自然客观对象)不能离开"人",认识"人"也不能离开"天",强调天与人的合一和融通。天人合一作为一种世界观和思维模式,一方面要求通过认识"天"来理解人类自身;另一方面也要求由"人"及"天",天被赋予了人格属性。人在与天合一的过程中,实现自身的超越,达到"同于天"的境界。这一认识是"基于不把人和自然看成是对立的,是把人看成是自然和谐整体的一部分,而且是其中最重要的一部分,在他们之间存在着内在的联系"[1]。

(二)基于"天人合一"思维的古代信息观

诚然,中国先贤不把自然当作纯粹与己无关的对象。同样,所有的"信息"也不是客观独立、与己无关的存在。

例如,《国语·周语上》从"三川皆震"得出"周将亡矣"的结论,认为"三川皆震"根本不是什么纯粹客观的关乎地震的信息。又如,《汉书·艺文志》说,"古有采诗之官,王者所以观风俗,知得失,自考正",把采集的"民风"视为行政和施政的重要信息依据。这是一种真正的信息思维,它与从纯粹地震学的角度认识"三川皆震"或从单纯文艺学(诗学)的角度知解所谓"民风"的"实体思维"迥然而别。直言之,实体思维把"三川皆震"或"民风"当作物质或物理性的客

---

[1] 汤一介.新轴心时代与中国文化的建构[M].南昌:江西人民出版社,2007:85.

体信息,而信息思维则把它们视为与人直接相关的人文存在。在中国古代,作为"群经之首"的《易经》强调"观物取象",即模拟事物成为有象征意义的卦象。所观之"物"的物质或物理属性必须服务于所取之"象"——对人有意义的信息显示。例如,由"天行健"导出"自强不息",由"地势坤"导出"厚德载物"。

从信源的角度看,大多数信息都是人工信息(如文献信息),即使自然信息也只有经过主体人有选择地捕捉、加工之后才具有意义。《易经·系辞》说,"(圣人)仰则观象于天,俯则察法于地",天地之"象"离不开圣人的"观"和"察"。从信宿的角度看,任何"客观"存在的信息都必须经过主体人的接受才是有意义的。同一信息针对不同的人有不同的意义,从而规定了相同信息的相异的人文性。《易经》中常有"君子道长,小人道消""小贞吉,大贞凶"之说,典型地反映了同一信息因人而异的差别所在。甚至相同信息在不同场合下也有相异的人文内涵。所以,《易经》中有"卦时""爻位""中正"等所谓"易例",集中反映了不同时空条件下信息的变易性。总之,由于主体人的存在,无论多么"客观"的信息,都是充满价值取向的。"有什么样的'我'就有什么样的信息生态""不存在什么'纯信息'(正如不存在'纯事实'一样),信息总是和理论上的或实践上的'前理解'相关的。这意味着我们总是可以就此做出某些评判"[1]。

从这一意义上说,"人文性"是信息的最重要特征。因此,信息生态不可能只是一个认知问题,必须充分考虑到道德伦理、美学表达等与人相关的因素在和谐信息生态环境构建中的作用。现代西方式的信息客观化预设,过分重视信息生态的"真值性",导致对善和美的放逐,使得和谐信息生态环境的构建诉求只能停留在乌托邦的阶段,现实中鲜有成熟的案例。

第二节 中国古代文献信息内涵的双重存在

正像信息是一种人文存在一样,中国古代的文献,作为一种重要的和主要的人工信息,也是一种人文存在。中国古代文化本质上是"仁式"的崇尚道德理性的文化,而不是"智性"的崇尚理智分析的文化。相应地,人与文献也不是对立的主客二元关系,而是强调文献与"人"的会通融合,具有人文指向,表现

---

[1] 肖峰.信息生态的哲学维度[J].河北学刊,2005(1):49-54.

出显明的"仁式"特征。

一、中国古代文献信息的人文内涵

中国古代的"文献"是文(文章)与献(贤才)的统一,文献即文贤,重视和强调主体人及其创造性在图书内容上的中心地位,魏何晏《论语集解》、宋朱熹《四书章句集注》皆持此说。文献作为主观创见的人工制品,并不是什么客观实在。任何文献都是作者的主体创造,是作者(圣贤)主体心性的显现,没有离开主体的客观文献。

(一)没有脱离主体人而存在的独立的文献

中国古代的文献主要是复制作者本人,虚拟作者主体的信息化在场。扬雄《法言·吾子》曰:"在则人,亡则书,其统一也。"作为作者的人虽然去世了,但他的书还在,书与人是合二而一的。《后汉书·王充传》引袁山松曰:"充所作《论衡》,中土未有传者。……王朗为会稽太守,又得其书。及还许下,时人称其才进。或曰:不见异人,当得异书。问之,果以《论衡》之益。"这里,"异人"与"异书"具有同等价值。也正因为如此,中国古人十分强调"文如其人"。明唐顺之《荆川稗编·叙学》曰:"东汉史成于范晔,其人诡异好奇,故其书似之。"《史记·孔子世家》曰:"余读孔氏书,想见其为人。"《旧唐书·经籍志》引毋煚《四部都录》之语云:"经坟之精术尽探,贤哲之睿思咸识,不见古人之面,而见古人之心。"也是要强调,从"经坟"可以认知古人的"精术""睿思"和"心"。

总之,文献作为作者主体的信息化在场,意味着文献是一个关于"人"的精神问题,而不是"纯客观"的知识论问题,文献具有"人"性,甚至就是为了显示人性而生成的。更进一步,也强调了文献所记录的文化内涵的人学意义。作为人的信息化存在,文献的本质是人主观性的精神内容和心性取向。清高宗《文溯阁记》曰:"权舆二典之赞尧舜也,一则曰文思,一则曰文明。盖思乃蕴于中,明乃发于外,而胥藉文以显。文在理也,文之所在,天理存焉,文不在斯乎,孔子所以继尧舜之心传也。世无文,天理泯,而不成其为世,夫岂铅椠简编云乎哉。然文固不离乎铅椠简编以化世。"铅椠简编意义上的文本是尧舜、孔子精神的写照,也是他们积极用世的基本手段。如果说,现代文献的核心问题是,文献的知识内容如何与客观对象相符从而保证知识获得"不以人的意志为转移"的真理性;那么,中国古代文献的核心问题则是,文献何以必要和何以可能通过间接性在场替代"活生生"的人的亲临在场?

(二)文本自主性及其与作者的关系

也正是作为作者主体的信息化存在,所以,文献在生成之后至少从形式上已经脱离了主体而独立出来,具有文本自主性,并能够发挥相对独立于人(作者)的作用。例如,《隋书·经籍志·杂传》曰:"是以穷居侧陋之士,言行必达,皆有史传。""史传"类文献可以让"穷居侧陋之士"的精神信息上达于朝廷,这是"穷居侧陋之士"的亲临在场所无法做到的。因此,文献不仅意味着"替代"作者的亲临性在场,而且能够扩大作者亲临性在场的在场效应。《史记·孔子世家》引孔子自己的话说:"君子病没世而名不称焉。吾道不行矣,吾何以自见于后世哉?乃因史记作《春秋》。……《春秋》之义行,则天下乱臣贼子惧焉。"《春秋》之于孔子,其初衷是为了延伸甚至替代作者主体的实体性在场,但却取得了"《春秋》之义行,则天下乱臣贼子惧焉"这一孔子亲临性在场也无法取得的效果。又如,《史记·孟子荀卿列传》说孟子经过"适梁,梁惠王不果所言"等"所如者不合"的现实遭遇之后,于是,"退而与万章之徒序《诗》《书》,述仲尼之意,作《孟子》七篇";荀子在面对"浊世之政,亡国乱君相属",无法施展政治抱负的现实之下,转而"推儒、墨、道德之行事与兴坏,序列著数万言"。

无疑,《孟子》这一"文献"作为"四书"之一对宋儒的影响以及《荀子》这一"文献"对韩非和李斯的影响等,都取得了孟子和荀子亲临性在场所无法取得的效果。再如,《汉书·儒林传》曰:"六艺者,王教之典籍,先圣所以明天道,正人伦,致至治之成法也。"六艺作为先王的典籍,也是先王的信息化在场,先王的精神内涵通过六艺典籍而得到更为广泛的投射,产生了"明天道,正人伦,致至治"的增值效果。《隋书·经籍志》曰:"其为人也,温柔敦厚,《诗》教也;疏通知远,《书》教也;广博易良,《乐》教也;洁静精微,《易》教也;恭俭庄敬,《礼》教也;属辞比事,《春秋》教也。遭时制宜,质文迭用。"具体地说明了六艺文献作为"言传",即作为作者主体的信息化在场所取得的远远超出"身教"(即作者亲临性在场)的效果。《乾隆四十四年二月二十六日上谕》云:"明自神宗以后,朝多秕政。诸臣目击国势之阽危,往往苦口极言,无所隐讳,虽其君置若罔闻,不能稍收补救之效。而遗篇俱在,凡一时废驰瞀乱之迹,痛切敷陈,足资考镜。朕以为不若择其较有关系者,别加编录,名为《明季奏疏》,勒成一书,使天下万世,晓然于明之所以亡,亦可垂示方来,永为殷鉴。"明朝臣子的"苦口极言"没有能够"稍收补救之效",但根据他们"遗篇俱在"编辑而成的《明季奏疏》,却取得了"使天下万世,晓然于明之所以亡,亦可垂示方来,永为殷鉴"的效果。

二、中国古代文献信息内涵的双重存在

任何文献都是已然存在的客观之物,具有一定的客观性。因此,不可否认,任何文献作为已然落实为白纸黑字的物理文本,都具有知识论内容。然而,另一方面,文献作为作者主体的信息化存在,又具有"书不尽言、言不尽意"的超越知识论的价值论内蕴,因而古代文献本质上是一种兼具知识论和价值论的双重存在。

(一)古代文献的知识论"此在性"和本体论"彼在性"

和文献的物理载体相比,文献内容构成了文献信息的主要方面。现代文献被定义为"记录知识的有一切载体",见《文献著录总则》(GB/T37921-1983)与《文献类型与文献载体代码》(GB/T3469-1983),这一定义本质上反映了西方"智性"文化的特征。"知识"在本质上是一种物理性的"此在",它"是对于可见事物与事实的描述与解释",而"以事实为对象的认识是外在的、客观的"[1]。所以,爱因斯坦认为,作为知识之极致的科学,"是不可能有终极意义的"[2]。对文献信息的知识论定位,也完整地反映在对文献信息之外的其他类型信息的认识中,以至于我们今天所谓的"信息"主要是一种客观化、逻辑化和可分析的知识论存在。信息成为立于我们面前的纯粹客观之物,而与作为信息生产者、传播者和利用者的"人"——这一信息活动的主体与主导因素毫不相干。由此,人与信息就构成了一种对立关系。

作为主体的信息化在场,中国古代文献都是知识论"此在性"和本体论"彼在性"的双重存在,借用章学诚的话说,是一种"道器"存在。一方面,落实为白纸黑字的文本是一种"器",是一种"此在";另一方面,白纸黑字又并不能完全表征作者的精神信息。中国古人强调"名实分殊",认为,语词(名)和对象(实)

---

[1] 安希孟.智慧与知识[J].现代哲学杂志,1999(3):38-41.
[2] 爱因斯坦.爱因斯坦文集:第1卷[M].许良英,等,编译.北京:商务印书馆,1976:562.

之间存在不可忽视的差异性。中国古代哲学关于名实关系、心物关系、知行关系的论述，都包含一定程度的"名实分殊"的认识。老子"道可道，非常道；名可名，非常名"，公孙龙"天下无指""物不可谓指"，王弼"得意在忘象，得象在忘言"等命题，都是要指证语词在指谓对象时的局限性。

例如，《诗》既是文学作品意义上的"歌诗"，又包括"观风俗、知得失，自考正"（《汉志·诗赋略序》）的信息；《天文》既是"序二十八宿，步五星日月"的一门技艺，又可以"纪吉凶之象，圣王所以参政"（《汉志·天文序》）；《经方》根据草石药物的寒热温平之性，以度量患病的轻重长短，类似于今天的药物学和方剂学。但《经方》又透露出"论病以及国，原诊以知政"（《汉志·经方序》）的信息。总之，中国古代所有的文献在知识论"此在性"之外，另有超越旨趣。同样，文献信息之外的其他类型的信息也是如此。中国古代的物我一体、天人感应、天地人相参等理念，都深刻体现出由此在而彼在的信息思想，构成一种典型的关于信息此在性与彼在性相统一的观点。事实上，知识（智）在古代也是一个价值范畴。清《文溯阁记》云："权舆二典之赞尧舜也，一则曰文思，一则曰文明，盖思乃蕴于中，明乃发于外，而胥藉文以显。文在理也，文之所在，天理存焉，文不在斯乎？孔子所以继尧舜之心传也。世无文，天理泯，而不成其为世，夫岂铅椠简编云乎哉？"文献不仅仅表现为知识论意义上"铅椠简编"的物理文本，而且还关乎人的主体精神，对书籍的认知必须服从于"人心善恶，世道得失"的伦理约定。

（二）重视本体论"彼在性"并不否认知识论"此在性"

值得强调的是，中国先贤对文献内涵本体论"彼在性"的重视，并不以否认文献知识论的"此在性"为代价。例如，《四库总目·五经总义类后语》云："盖《易》包万汇，随举一义，皆有说可通。数惟人所推，象惟人所取，理惟人所说，故一变再变而不已。《礼》具器数，具有实证，非空谈所能眩乱，故虽欲变之而不能。《诗》则其美其刺，可以意解，其名物训诂，则不可意解也。《春秋》则其褒其贬，可以词夺。其事迹始末，则不可以词夺也。"但是，古代文献信息观的核心价值乃是以超越的视界审度信息的本体存在，强调信息在物理此在之外另有哲学本体意味。文献的差异在"器"不在"道"，"道"需要通过不同之"器"的多重表达，因此，作为整体的"道"固然依赖于器，但不能简单地还原为作为部分的器。道器观本质上也是物质和信息的双重存在观。《四库总目·易类序》曰："圣人觉世牖民，大抵因事以寓教。《诗》寓于风谣，《礼》寓于节文，《尚书》、《春秋》寓于史，而《易》则寓于卜筮。故《易》之为书，推天道以明人事者也。"《四库总目·史部序》曰："苟无事迹，虽圣人不能作《春秋》，苟不知其事迹，虽以圣人读《春秋》，不知所以褒贬。"《四库全书总目提要·凡例》所谓"说经主于明义理""论史主于示褒贬"，都表明不仅应该关注在场的存在，更应该关注不在场的存在。应从在场中捕捉到不在场的东西，彻底摒弃那种以为凡是无法用逻辑、概念或用感觉把握的东西，也即无法现身在场的东西就毫无价值这种传统的形而上学的偏见。这是另一种存在论，一种关于不可见、不可触、不在场之存在的存在论。

我们知道，合理规划和有效组织、生产、使用信息是人类的一项基本社会能力。中国古代的文献信息观突出了人文精神而缺少科学精神，具有自身不可克服的局限。但是，古人的这种超越旨趣对于我们反思西方信息学的理性思维方式是有积极意义的。我们相信，将包括文献信息在内的信息局限于知识论"此在"的范围内，由此导致的信息学自闭是显而易见。从某种意义上说，当今世界工具理性对价值理性的遮蔽，正是源自对信息的知识论单一取向。由此必将引发对中国古代文献信息双重存在的现代价值的反思。

第三节 中国古代文献信息之双重存在的现代价值

中国古代的文献都是二重化存在，即所有的文献都是直接存在和间接存在的统一，都既是文本"此在"又是超文本"彼在"。这必然导致此在和彼在双重演化的理论，并具有双重演化的效应。而这种演化之双重性的本质是强调在文本"此在"的知识论之外，还有超文本"彼在"意义上的人文性内涵。中国古代文献信息的人文性定位启发我们，将文献理解为"是记录有知识的一切载体"的西方式的理解是否合适？

一、古代文献信息内涵之双重存在视域下的文献本质

诚然，关于"什么是文献"的"标准答案"依然是1983年以国家标准（《文献

著录总则》与《文献类型与文献载体代码》)给出的:"文献是记录有知识的一切载体。"该命题的实质是把落实为特定载体的人类全部精神成果定位在"知识"的层次上。王子舟认为,"从主要功用上讲,文献必须是专门用来传播知识的",文献的定义应该是"专门记录、传播有知识的一切载体"[1]。类似王先生这样的商榷意见,只是在细枝末节上对文献的定义进行修补,但没有触及对文献"知识"定位这个核心问题的反思。"传统的知识解释方法把知识看成是具有稳定结构的、公正客观的、逻辑严密的、意义独立的体系"[2]。"文献是记录有知识的一切载体"强调知识是文献信息的唯一内容,其实质是要把积淀为文献的人类精神成果提纯为知识,而没有看到创造知识的人以及蕴含知识的整个文化背景。

(一)文化大于知识

基于西方传统哲学的主客二分思维,英国学者波兰尼在《个人知识》一书中把知识区别为隐性知识(tacit knowledge)和显性知识(explicit knowledge),两者的基本指涉与另一位英国学者波普尔提出的主观知识和客观知识这两个概念大致相当。针对客观知识,波普尔说:"科学知识就属于这种知识。储存在我们的图书馆而不是我们的头脑中的正是这种知识。"[3]波普尔还认为,储存在图书馆的客观知识要比我们头脑中的主观知识重要得多,因为科学工作者借助客观知识的获取、研究才能做出知识上的创新,才能为人类知识的增长做出贡献[4]。这一认识对图书馆学界影响甚大。业内学者们相信,波普尔"首次从哲学的角度为图书馆学明确了它所研究的客体范围属于既不同于物质世界也不同于精神世界的客观知识世界"[5]。

就客观知识的基本特征而言,它是"对事实或思想的一套有系统的阐述提出合理的判断或者经验性的结果"[6]。显见,知识重视事实与经验,即必须经过观察或实验的验证;同时要合乎"合理的判断"和"系统的阐述",即必须能整合为一个严密的逻辑体系。由此,重视纯粹理智性的算计和操作的科学技术成

---

[1] 王子舟.图书馆学是什么[M].北京:北京大学出版社,2008:41.
[2] 陈洪澜.知识分类与知识资源认识论[M].北京:人民出版社,2008:40.
[3] 卡尔·波普尔.通过知识获得解放[M].范景中,等,译.杭州:中国美术学院出版社,1996:419.
[4] 王子舟.图书馆学是什么[M].北京:北京大学出版社,2008:16-17.
[5] 王子舟.图书馆学是什么[M].北京:北京大学出版社,2008:17.
[6] 丹尼尔·贝尔.后工业社会的来临[M].高铦,等,译.北京:商务印书馆,1987:195-196.

为知识的主要内涵。

用"知识"定位文献的本质,"隐含着科学对人类生活和人类文化各个部门的一种霸权意识。这就是'接近'于本质的知识比'远离'本质的知识拥有更多的真理;而掌握较多'客观真理'的文化优越于较少'客观真理'的文化;'科学的'文化在价值上优越于'非科学'的文化"[1]。它突出了知识的客观性、本质性、科学性和真理性,也相应性地凸显了文献作为知识载体的工具理性价值。

然而,文化大于知识。文化学的奠基者泰勒关于"文化"的经典定义是:"所谓文化,就其广泛的民族学的意义上来说,是知识、信仰、艺术、道德、法律、风俗及任何人作为社会成员而获得的所有能力和习惯的复合的总体。"[2]泰勒的定义揭示:文化既包括理论、制度和器物层面上的客观知识,也包括精神、理念、价值观之类无形的主体内涵。知识作为逻辑化、系统化的社会经验,只是文化的一种存在形式。相应地,某一"知识"也只是某一"文化"的一个重要组分。并且,精神、理念、价值观等非知识因素在很大程度上决定着知识的产生和发展,是整个文化中更为深刻、更为本质的部分。文献作为人类所特有、真正合乎人类本性的东西,不仅记录知识,也记录着包括知识在内的人类文化。"文献是记录有知识的一切载体"将符合本质、规律乃至真理性的知识视为人类文化的全部,并在相应的分科研究中专题化为对具体对象的探索,从而切断了文化的生命之根,使得鲜活的文化被抽取为僵硬和教条的概念。套用哲学话语来说,用知识取代文化,乃是把包罗万象的存在(being)当作了物理学意义上的实在(substance)。

(二)文化高于知识

文化既包括客观知识,又关乎人的道德情操、理想信念、价值取向等主体内涵,后者是文化的形而上层面。就此而言,知识以"物性"为取向,是一种与人无关的外在世界的逻辑。而文化具有精神、理念、价值观等内容,它是以"人性"为取向的。从生产过程来看,逻辑实证、价值中立等,都是知识生产的重要信条,由此产生的知识也必然是客观的。然而,所有的知识都是人类认识的结果,因而都是特定文化背景下的产物。

---

[1] 钱宁.后哲学文化对知识论的真理观超越[J].社会科学战线,2003(2):244-246.
[2] 泰勒.原始文化:神话、哲学、宗教、语言、艺术和习俗发展之研究[M].连树声,译.南宁:广西师范大学出版社,2005:3.

第四章　中西方不同的信息本体论

　　《荀子·解蔽》曰："凡以知,人之性也。可以知,物之理也。"认识的对象虽然具有一定的客观性,但人并不是被动地甚至宿命地接受和反映对象,而是主动地运用概念、判断、推理等思维活动从事知识生产,表现出非常明确的个体创见性。没有人的主动、自觉的认知,知识是不能产生的。简言之,没有"没有认识主体"的知识。有关"物之理"的知识虽然是"客观"取向的,但有关"人之性"的文化则是"主观"维度的,它不是对客观对象的镜像摹写和静态反映,而是主体人在充分调动自我能动性的基础上,对运动、变化、发展着的客体的动态认识。诚然,"真理根本不是学究式的东西,而是一个人对自己生活道路进行热情探索的产物……只有通过个人的主观经验,一个人才能真正接近真理。对人类及其问题做出非个人的客观思考,乃是一种对现实的歪曲"❶。再从结果来看,"知识是一种客观上已经认识的事物"❷,是表征人类认识结果的静态范畴。然而,客观世界和人的认识对象是不断变化的,人类的认识能力和认识过程也时刻处于变化之中。这决定了作为静态范畴的知识,其真理性和有效性往往是相对的。

　　综上,在知识中往往看不到人的因素及其作用,而文化重视主体性,将人及其创造性置于中心地位。例如,正是孔子的"行健"和老子的"无为",分别造就了《论语》和《道德经》的人格底蕴。《论语》和《道德经》不是认识论意义上的知识载体或客观文本,而是本体论意义上的人文存在。只有站在文化的高度,才能揭示知识发展的动态过程及人类创造知识的源泉,也才能揭示与知识不可分割的文化传统。文献作为人类文化事实和日常经验的记录与总结,是作者全部知性和心性的结晶,知识只是其中的一个侧面。换言之,文献除了具有知识论意义上的概念和逻辑的性质,还有心性论意义上的直观意蕴。文献的知识论定位拒绝承认作者在知识创造过程中的主体地位和心性内含,从而把人类积淀为特定载体的文化下降为"知识",以为思想即理智,可以进行广义的运算或交由技术去处理,由此把思想变成了非思想。

二、古代文献信息内涵之双重存在视域下的信息本质

---

❶ 宾克莱.理想的冲突:西方社会中变化着的价值观念[M].马元德,等,译.北京:商务印书馆,1983:175-176.

❷ 丹尼尔·贝尔.后工业社会的来临[M].高铦,等,译.北京:商务印书馆,1987:193.

和谐信息生态环境构建——以中国古代文献信息生态观为视角

中国先贤把信息生态环境当作人文环境而不是物理环境,对信息生态的研究可以概括为或"换算为"对"人"的研究。中国先贤从作者主体的信息化在场的高度来理解人,而人的本质是精神,由此也将文献信息的本质提升到精神性的高度来确认。孔子说,"仁者,人也";《孟子》的《公孙丑上》《告子上》诸篇的"四端"说(恻隐之心、羞恶之心、恭敬之心、是非之心)都可以作为人区别于禽兽的核心标志。《荀子·王制》中有"水火有气而无生,草木有生而无知,禽兽有知而无义,人有气、有生、有知,亦且有义,故最为天下贵也"的说法,以"义"作为人区别于水火(无机物)、草木(有机物)和禽兽(动物)的关键。现代生物学研究成果表明,"人类与老鼠有99%相同基因"[1]。因此,人与老鼠相互区别的根本并不在于DNA这一"物质"上。显然,人并不是一个肉身或生理结构,而是"仁"和"义"意义上的超越物质或生理的信息化存在,隐含了"人的本质是信息"的指向,并形成了一种"以信息为基点来阐释社会与人乃至整个世界的一种思想或学术倾向"[2]。

因此,古代信息生态学就是人学。当然,它不是一般意义上的人学,而是围绕人的信息实践而展开的人学,本质上是古代和谐社会构建原则在信息生态领域中的完整演绎和具体落实。在关于信息的理解中,中国古代不是像西方那样视信息为物化的客观对象,并注重信息的物理形态及其知识客体的分析,而是由信息而及人,借助于对信息的分析来理解人。而这一独特的思维取向,集中反映在古人对文献信息的理解之中。该思维取向的价值在于,对文献信息的认识和把握是在对现实人的考察之上的,对文献信息的认识就意味着对于人们自身生活处境的反思。我国先贤将人与文献信息的关系作为理论反思的重要对象,体现了以人们现实生活为指向的思维特点,由此构成我国先贤文献信息生态和谐观的逻辑起点。

人不是表象的肉身或生理结构,而是超越性的仁义存在。同样,"外部世界"中的万事万物也不是一种表象的物质或物理存在,而是更高层次的信息显示,例如,"三川皆震"是"周将亡矣"的信息显示。由此形成了一种关于人和世界本质的超越性视界,可以形象地概括为:无论是自然万物还是人,重要的是

---

[1] 杨孝文,任秋凌.人与老鼠有99%相同基因,七千万年前是一家.http://topic.csdn.net/t/20051104/11/4371263.html.

[2] 肖峰.作为一种理论范式的信息主义[J].中国社会科学,2007(2):68-77.

"软件"而不是"硬件"。这一思考成果的现实意义在于:

首先,既然信息不是独立存在的物理实体,它们就不是像水或电那样的匀质物质。相应地,信息公平就不只是关于信息这个"东西"作为一种资源在配置上的平衡问题,信息不可能像每人每天平均一升水或一度电那样"平等"配置。

其次,人的本质既然是一种信息化存在,既然"软件"重于"硬件",人就不能满足于外在物质层面的追求,不能仅从利益角度去思考人与外部世界的关系。人应该立足于内在精神境界的超越,人的内在超越与和谐追求是统一的。在中国古代,儒家的"仁者爱人"指明了"仁"的内容;"仁者人也"则指明了人的道德本质,人作为道德主体而不是知性主体,应具有"爱物"的德性,而不是要以"知者"的身份去控制或征服客体对象。相应地,对文献的认识和整理也与主体人有关,甚至就是对人的认识。所以,中国古代书目中的提要以"知人论世"为重点,而不是今天的以客观知识为重点。古代书目的核心特征乃是其作为主体人的存在,而不是一种客观的知识信息和物理结构。人与文献信息世界的关系是一种内在关系,人内在于文献信息世界之中,是文献信息环境的成员。因此,人与文献信息是一种主体间性,即交互主体关系。并由此进一步涉及对图书馆这个信息系统的运作本质等问题的深入思考。同时,对作为图书馆实践进行理论总结的图书馆学也带来了全新的理解。

三、信息系统的使命:以图书馆为例

文献是图书馆的唯一对象,决定着图书馆的基本走向。反之亦然,对图书馆基本特征的认识,可以从对文献基本特征的认识中推导出来。

(一)知识论视野下的图书馆使命

"文献是记录有知识的一切载体"预设文献只记录知识而与文化无涉,因而只是一种已然完成的物化存在,脱离了文化的僵硬知识成为图书馆打理的唯一内容。图书馆的工作旨趣就是为了满足人们的知识追求,而读者利用图书馆就是为了"求知"。

1. 从馆员的角度看

知识既然具有客观性、真理性和必然性,记录知识的文献也必然具有相应性的特征。因此,馆员对文献的收集、表述和组织也必须恪守客观原则。例如,在文献组织过程中馆员必须撇开个人的价值前见,仅仅对文献的物理特征、学科分类和主题概念的逻辑类项等"客观"属性的刺激作出反映。"客观性"要求同一文献在分类体系(如《中图法》)中只能有同一个类号,一千个馆员对同一文献的标引也应该是相同的。同样,文献收集也是基于图书馆定位和对读者文献需要的实际调研而客观"计算"的结果,不能受到个人情感好恶的影响。

总之,图书馆工作的所有环节和方面,都是作为自明的"客观"存在而进入人们的视野的。馆员作为"理性主体",是熟谙图书馆馆藏、分类、编目、流通、咨询等具体业务的专业人员,他们仿佛是在毫不掺杂个性情感的条件下,"纯洁地"从事着图书馆工作。馆员以熟悉知识管理等具体业务和操作技术的职业工匠身份为职业标签,精通这些具体业务技能也是担任馆员的唯一条件。这决定了馆员工作只是一个机械化和格式化的过程,既没有生气和乐趣,也缺乏对主体能动性和创造性的激发。它与人的理想、信念、体验等内心世界无关,从而彻底遮蔽了馆员主体性的存在。

2. 从读者的角度看

既然"文献是记录有知识的一切载体",读书的目的就是为了求知。"知识就是力量"的"培根设计"直接强调知识的工具理性价值,而知识经济时代"知识就是金钱"的理念则强化了知识的功利取向。于是,求知就是求力量和求金钱,其心理动因自觉地服务于经济利益。从而,读书与人们的文化修养、生命体验和个人成长失去了联系,成为与提升个人品德无涉的单向度追求。我们注意到,提出"文献是记录有知识的一切载体"的1983年,也是强调"科技是第一生产力""效益就是生命"的年代,其实质乃是改革开放后不久对晚清以来信奉科学以及呼求民族国家现代化的历史延续。然而,党中央《"十一五"规划的建议》中不再有"科技是第一生产力"的表述,"效率就是生命"的口号也正在被"和谐社会"的理念所取代。

我们相信,"文献是记录有知识的一切载体"的命题也到了需要修正的时候了。总体上,读书的目标应该着眼于"完整人"的塑造。图书馆作为一个教育机构(至少是有部分教育功能的机构),既要有知识取向的"真"的目标,也要有文化取向的"善和美"的目标,既要着眼于读者的智力开发也要致力于读者人格的全面培养。

3. 从图书馆的角度看

文献的知识论定位,努力把图书馆打造成一个脱离文化母体的、与人无关的知识传递机构,从而导致图书馆不能在文化层次上寻求更大的社会担当。知识论的文献定位,一方面要求馆员主体只能"客观"地收集、整理和保存文献;另一方面也默认读者仅仅从知识的角度,"客观"地检索、认读和理解文献。相应地,馆员编码(标引)与读者解码(检索)的交流和互动,也是在忽略了作为交流和互动主体的"人"的前提下进行的。由此导致了人的直接经验的丧失,图书馆成为与人文精神相分离的技术工种,从而失去了人文意蕴,不再有文化魅力。在图书馆里蠕动的只是逻辑性和实证性的知识,而没有思想性和创造性的文化;图书馆只注重工具价值和功利价值,而没有文化价值和精神价值。它将"客观的"知识真理的有效性绝对化,从而放逐了对作为知识主体的人和作为知识背景的文化的关怀。

(二)文化观视野下的图书馆使命

文献是图书馆的唯一对象,文献的文化定位要求图书馆必须以人为中心、以传承文化为使命。

1. 从馆员的角度看

在知识论视野下,馆员只需专注于文献的客观内容,诸如外部形态、主题概念等。而文化的中心是人,馆员不仅要关注文献中的知识,还要关注创造知识的人以及知识赖以生成的文化背景。《淮南子·泛论》指出:"诵先王之书,不若闻其言;闻其言,不若得其所以言。"人(作者主体)是所有知识的核心和根本,人的精神比落实为文本的固化知识重要。所以,馆员必需浸润到作者的精神世界,揭示其人格操守、精神信念等主体心性内涵对于知识创造的重要作用。例如,中国古代的"提要"(亦称"解题"、"叙录")强调"知人论世",本质上正是要强调作者主体和文化背景对于知识生产的前提地位。相比而言,今天的"摘要"满足于对文献知识进行客观浓缩和逻辑重建,它在获得知识客观性的同时,恰恰放弃了对创造知识的文化根源以及主体精神的揭示。不仅如此,文化视野在强调文献作者主体性的同时,还注重馆员自身主体能动性的发挥。

和谐信息生态环境构建——以中国古代文献信息生态观为视角

尽管,已然存在的一批批文献是馆员工作的对象,它们"不以人的意志为转移",但这并不意味着馆员必须完全接受对象之物的控制和摆布。例如,西汉刘向根据自己的思想、认识和体验,在为当时"中秘"所藏603种文献建构秩序的基础上,实现了以"仲尼法度"为旨归的文化秩序的构建[1],藏书整理因而成为一个有精神负载和理想诉求的价值选择行为,凸显了刘向作为馆员主体的能动性。显见,馆员根据自我能动性的不同,完全可以设计出图书馆发展的各种不同指向。它深刻地揭示,图书馆工作是鲜活的人面对鲜活的文化,馆员应涵泳于人类文化,并根据自己的主体精神和可能境界,超越图书馆工作"客观性"的本能指向,为人类文化的表述、组织和认识提供多种模式。由此,图书馆也进入了无限扩展的精神世界。

2. 从读者的角度看

文化既包括客观知识,又关乎人的道德情操、理想信念和价值取向。文献的知识论定位认为读者只是接受客观知识的"容器",而图书馆的工作目标就是"客观地"传递"客观的"知识。而文献的文化定位将读者当作活生生的人,读者利用图书馆不仅是为了求知,更要学会做人。乾隆皇帝《办理四库全书圣谕》指出,"读书固在得其要领,而多识前言往行以畜其德",特别重视在读书过程中,通过对作者主体"前言往行"的认知而获得"畜德"的个体精神境界的提升。读书既要求知,也要与作者神交,学习他们的世界观、人生观和价值观。唯其如此,读者才能从掌握知识的"片面人"向接受文化的"全面人"方向发展。英国教育家怀特海指出:"我们要造就的是既有文化又掌握专门知识的人才。专业知识为他们奠定起步的基础,而文化则像哲学和艺术一样将他们引向深奥高远之境。"[2]图书馆作为教育机构,应该参与这一教育理想的实现。这就要求图书馆不仅要揭示文献中的形而下层面的实证知识,还要揭示形而上层面的理想、信念、精神境界、价值观和人生观等内涵,从而真正全方位地提高读者素质。

在这方面,中国古代书目中的"序言"和"提要"重视对文献客观知识和文化精神的双重揭示;中国古代分类不仅概括文献客体归属上的区别,还要在人

---

[1] 傅荣贤.试论《七略》的文化哲学本质[J].图书馆理论与实践,2009(3):49-52.
[2] 怀特海.教育的目的[M].徐汝舟,译.北京:生活·读书·新知三联书店,2002:1.

的主观心理层次上确立一种社会秩序,努力显示书目的人文性和文化功能等等,对于我们今天的图书馆定位是有启迪意义的。例如,《四库全书总目·易类序》曰:"圣人觉世牖民,大抵因事以寓教。《诗》寓于风谣,《礼》寓于节文,《尚书》《春秋》寓于史,而《易》则寓于卜筮。"在知识意义上,《诗》只是"风谣"、《礼》只是"节文"、《易》只是"卜筮"等,但它们背后都"寓"有更深层次的精神内涵,书目也要致力于对后者的揭示。例如,指出"《易》之为书,推天道以明人事者也"。

3. 从图书馆的角度看

文献从知识论到文化论的定位变化,意味着图书馆的关注焦点不再仅仅是知识,而是包括知识在内的整个文化。图书馆不仅是知识的传递者,更是文化的传播者。这就要求馆员充分发挥能动性,富有创见地表述、组织和认识文献,而不是把文献视为客观的对象之物,消极默认人在客观文献面前无所作为。文化定位还要求图书馆必需"以文化人",将涵养品性的目标和社会教化理想融入显性的知识传递过程之中,促进读者个体的全面发展与社会的和谐进步。这就需要加强对读者的研究,思考在文献工作中如何寻求培养适应社会发展的人才的具体路径。

例如,目前的图书馆只是传递作为间接经验的书本知识,然而对间接知识的掌握应当以读者的文化生活经验为基础和前提。因此,馆员与读者两个主体之间的平等对话将是十分必要的。通过平等对话,有助于形成一种开放多元和动态自由的文化认知形式,并最终促成文化认知的共享和社会价值的共建,从而形成凝聚力,产生理想的图书馆。总之,既然图书馆的对象——文献——是文化的载体,图书馆工作就应该变"知识为本"为"文化为本",而文化的中心又是"人",因此,图书馆的使命应该定位在对文化和人的双重建构之上。图书馆不仅要让读者检索和利用现有的知识,成为旧知识的接受者;还要让他们受到包括知识在内的整个文化的全面熏陶,从而成为新知识的创造者。

四、信息生态系统的学科取向:以图书馆学为例

对图书馆学研究对象的认识大致经历了从文献到信息再到知识的三次嬗

变[1]。目前,"知识"作为图书馆学研究对象的关键词正在取得强势地位,甚至"已经成为共识"[2]。这一取向与文献的知识论定位相得益彰——学者们相信,"知识才是文献的本质",图书馆学"应该加强对知识的研究"[3]。由此,文献的知识论神话演变为图书馆学的知识论神话,图书馆学本身也变成了一门知识之学:以实证主义为学理取向,以功利主义为操作原则。

(一)知识论视野下的图书馆学

图书馆学既是一种学理结构,也是对指导图书馆实践的所有技术的理论提炼和总结。

1. 从学理层面上来说

正像教育把自然科学、社会科学和人文科学都作为一种知识体系来传授一样,图书馆学以为图书馆收集、整理、保存和利用的对象是知识。而知识是客观的,图书馆学应该从理论高度重视逻辑和实证,追求内容和过程的确定性,从而保证知识收集、整理、保存和利用的客观性。由此,图书馆学本身也被构建为一门关于传递文献知识的知识之学。事实上,"西方哲学史是一部探寻理性的历史,而所谓探寻理性的过程就是'认识',而探寻理性的结果就是'知识'"[4]。和其他学科一样,作为西方理性科学产物的图书馆学也"是一个知识体系,即真的经验命题的体系;而全部科学,包括日常生活中的命题在内,都是知识的体系,在这以外,再没有一个'哲学的'真理的领域"[5]。在图书馆学研究中,对计算、分析、推理、论证、证明之类理性方法的重视,都是以承认文献知识客观性进而承认文献知识传递的客观性为前提的。相比而言,文化的本质是人化,具有主体性乃至形而上的特征,因而"不客观",也不可实证,可根据逻辑分析"宣判一切自称超越经验的所谓知识为无意义"[6]。可见,"知识之学"取向的实质,乃是要将图书馆学简化为"客观"和"实证"问题,它没有意识到文献是人类文明的记录,负载着人的主观精神、心性、理想等内容,从而直接导致了对文化精神和人的内在世界的放逐。

---

[1] 杨晓农.近20年中国图书馆学基础理论研究的三次嬗变[J].情报资料工作,2007(5):12-15.
[2] 李林华,金明生.理性与我国科学图书馆学的构建[J].中国图书馆学报,2008(4):14-18.
[3] 王子舟.图书馆学是什么[M].北京:北京大学出版社,2008:40.
[4] 张学文.大学理性:历史传统与现实追求[J].教育研究,2008(1):35-42.
[5] 洪谦.逻辑经验主义[M].北京:商务印书馆,1989:8-9.
[6] 洪谦.逻辑经验主义[M].北京:商务印书馆,1989:31-32.

第四章　中西方不同的信息本体论

2. 就技术维度而言

在操作指向上,作为"知识之学"的图书馆学强调"客观"和"实证",因而也符合现代科学的一个基本原则:确立具有可操作性的真理标准。图书馆学"关于"文献采集、整理、检索等问题的研究都是在技术和操作的层面上进行的。例如,以《中图法》为代表的图书分类学,就其核心而言乃是要从文献的学科属性和主题概念的逻辑类项出发,给每一个个别文献以唯一性、专指性的分类标引代码,以便读者根据标引代码成功地检索到个别文献。这里,标引与检索的相符性是通过"客观性"来保证的。就此而言,《中图法》主要是一种语法组织,努力建构文献知识的抽象的逻辑模式,它与其说是分类学,毋宁说是分类法。而作为技术方法,有效性是其反省的重要维度,有效性的本质是功利性,功利性"从根本上说是把科学看作一种实现目标的手段"[1]。这决定了图书馆学和所有近现代其他"科学"一样,只提供工具理性(reason),而不能提供价值理性(rational),本质上"是不可能有终极意义的"[2]。功利性的要害是技术分析掩盖了价值分析,人的价值取向被认为是可以忽略的非相关性变量。由此,图书馆学从一门打理知识的知识之学下降为打理知识的技术之学,并积累为一系列应对馆内业务操作的固化成果,具备默顿所谓"为科学而科学"的根本特征。

(二)文化观视野下的图书馆学

图书馆学应该突破基于文献知识说的真理和效用维度,实现从物化中心到人性中心、从认识论和方法论中心到本体论中心的根本转变。

1. 从学理层面上来说

在学理上,当文献被定位为文化(而不是知识)的载体时,图书馆学需要研究人(馆员和读者)在认识、表述和组织文化(而不是知识)时的动态特征,强调图书馆作为文化活动和文化过程(而不是知识活动和知识过程)的历史性与人文性。图书馆因而成为一种社会与文化情境性存在,不仅包括"真"的价值,也具有"善"的价值和"美"的价值。不同文化背景下的馆员和读者在文献交际中的行为方式、价值观念等显然是不同的,而差异的核心是文化差异。这就需要

---

[1] 约翰·齐曼.元科学导论[M].刘珺珺,等,译.长沙:湖南人民出版社,1988:163.
[2] 爱因斯坦.爱因斯坦文集:第1卷[M].许良英,等,编译.北京:商务印书馆,1976:562.

把社会制度、历史文化、伦理旨趣等这些来自社会大文本的因素视为图书馆行为的关键变量,相应地,古今中外的各种图书馆不仅有作为"图书馆"的小文本之"同";还具有作为背景存在的社会大文本之"异"。图书馆学需要加强对图书馆行为和社会环境系统之间的互动关系进行系统分析,即对图书馆与社会环境之间的广义交易予以评估。立足于社会大文本,也就是立足于广义的人类活动,这样的图书馆学研究既包括"客观"内容因而需要逻辑和实证;也包括社会、历史、文化乃至政治和伦理维度上的内容,这又是纯理性的逻辑实证所无法掌握的,因而也需要非理性的和非逻辑的研究方法。换言之,图书馆学在充分认可理性思维模式的研究价值的同时,也应充分承认心灵体验和创造性想象在图书馆学研究中的意义,从而散发出被理性逻辑压抑着的人性成分。事实上,正像阮冈纳赞基于古印度神秘的吠陀(Vedic)文化对人类知识的理解而创造出了《冒号分类法》一样,中外图书馆学史上从来不乏基于"非理性"思维而创造出来的重大学术成果。

综上,文献从知识定位到文化定位的变化,意味着不再把图书馆学仅仅理解为一种凝固不变的知识体系,而是把图书馆学本身也视为不断创造着的文化;图书馆学研究不再执着于实证和逻辑的单一因素,而是同时认为非理性在学术研究中的价值。这是由文化既有理性和逻辑的一面,又有非理性和非逻辑的一面所决定的。

2. 就技术维度而言

图书馆工作的实践依赖性决定了图书馆的目标效用应该具有一定程度的可计量性,图书馆学必需生成指导馆内具体实践的工具技术。但是,所有的工具都是人生产的也是为人服务的,因而它们都具有人性或文化规定性。因此,我们在使用技术时,必须仔细考察技术的目的性,考察人对技术的文化态度。事实上,即便是纯技术研究,研究者在研究过程中能够刻意追求某种"客观立场",但在立题伊始和研究成果的最终用途上还是不可避免地回归某种价值判断。例如,在以信息技术(IT)为支撑的数字图书馆建设中,信息的交流和获取不仅取决于技术,还取决于信息资源本身和信息体制。又如,网络信息保存项目的实施主要包括两种形式,一种是全面自动保存模式,如美国的 Internet Archive 和瑞典、芬兰、挪威等国的项目;另一种是选择性保存模式,如美国

NDIIPP计划、丹麦、澳大利亚等国的项目[1]。总体上,选择何种保存模式跟技术的关系不大,而与人们的认识有关。全面自动保存模式认为人们无法预测哪些文件在未来更具有价值;选择性保存模式认为选择的优点是针对性强,可以排除大量无用信息。显见,所有的工具技术都体现了人的目的、意义和价值。这说明,根据馆员主体的不同定位,图书馆技术完全可以导致大异其趣的设计,那些被我们视为必定和当然的图书馆技术也许在发展取向上存在根本性的其他选择。因此,图书馆学不仅要以完善技术为取向,甚至直接成为技术研究,还要从人的目的、意义和价值的本体论高度掌控技术的根本取向。

总之,文献从知识定位到文化定位的变化,意味着图书馆学不仅要生成工具性和功利性的操作技术,还要重视对操作工具本身的文化性和精神性的研究。对图书馆(实践)和图书馆学(理论)的不同定位取决于对文献本质的不同认识。文献从知识载体向文化载体的转变,将直接导致图书馆(学)发展方向的相应性变化。由此,图书馆将从单纯的知识传递转向包含知识在内的文化传承,从而促进人与文化的双重建构。而图书馆学则要揭示图书馆为什么要促进人与文化的双重建构以及指明双重建构的可能路径,因而涉及从知识论小视野到文化论大视野、从物化中心到人性中心等一系列观念的根本性转变。由此,图书馆和图书馆学将成为改造文化的参与者,在社会文化建设中肩负更大担当。

---

[1] 许群辉.美国数字信息资源保存项目NDIIPP及其启示[J].现代情报,2006(9):67-69.

第五章　古代书目中文献与文献之间的和谐

文献信息的和谐总体上有三个层次的内容：一是文献与文献之间的和谐；二是文献与人的和谐；三是文献环境下人与人的和谐。其中，文献与文献之间的和谐，是在文献与文献的关系中诞生的，这种"关系"，集中反映在古代的书目之中。众所周知，中国古代书目是以一本本具体的文献为基本结构单位的，它们是以现实存在的文献为依据而形成的文献信息系统。从这一意义上说，中国古代书目集中体现了有关文献与文献之间结构关系的最一般和最普遍的认识。书目无论就可视化的还是非可视化的意义而言，都是文献结构秩序的呈现。

事实上，古代目录学本质上就是关于文献与文献之间"关系"的认识成果，书目涉及部分与部分之间如何确立合理的结构关系从而构成"整体意义大于部分之和"的整体效应的问题。

第一节　以本原文献为始点的文献结构次序

古代书目具有丰富的过程论和生成论的思想，习惯于把积淀为文献的文化视为不断运动和发展变化、具有自我演化和自我生成的过程。因此，古代书目特别重视对具有本原和基始性质的文献在同类文献发展变化中的作用，并由此展开为对该类文献之多样性存在的描述。

一、本原文献的概念及其历史流变

我们将本原文献定义为：是在以它为基础而组成的类别中处于中心地位的那个文献。虽然至今尚未有人提出过本原文献的概念，但我们坚信：本原文献毋庸置疑地存在于古代书目分类者的主观心理现实之上，并相应地影响着古

第五章 古代书目中文献与文献之间的和谐

代书目分类样态。从某种意义上说,中国古代书目分类的独特性,完全是本原文献"作的怪。"

例如,《七略》"种别群书"为38种,其中的"易""书""诗""礼""乐""春秋""论语""孝经"等8个类名直接使用了具体文献的名称。难怪早年姚名达先生说《七略》的《六艺略》是以"古书对象分"。此外,《七略·诗赋略》的"屈原赋之属""陆贾赋之属""孙卿赋之属"虽不是直接由具体文献命名,但也是和具体文献有关的。而在《四库总目》中,除保留了"易""书"等历代沿习的类名之外,其他如"三礼总义""四书""字书""纪事本末""史评""道家""总集"等类名,稍有古代文化常识的人都会相应性地联想到郑玄的《三礼目录》、《论语》《孟子》《大学》《中庸》组成的《四书》、许慎的《说文解字》、袁枢的《通鉴纪事本末》、刘知几的《史通》、《老子》或《庄子》、萧统的《文选》等文献。这些具体文献对同类的所有其他文献之意义和类别的理解无疑起到了可资比较、衬托、规范和定调的作用。可以说,古代书目系统的所有类别之厘定,都是和某一个或几个本原文献密切相关的,只不过两者之间的关系有时并不十分明显而已。《四库总目·凡例》总结说:"文章流别,历代增新。古来有是一家,即应立是一类;作者有是一体,即应备是一格。"本原文献始终以它所可能具有的意义特征去吸附其他相关文献以组成类列,进而形成一个以它为中心的辐射性网络。例如,《四库总目》说:"《东都事略》之属不可入正史而亦不可入杂史者,从《宋史》例立'别史'一门"。

可见,本原文献总是代表一种意义和类例特征,限制和驾驭同类的所有其他文献的意义理解;并可以十分鲜明地将该类文献与其他类别的文献区别开来。

本原文献并不是现成的和自明的,不同时代或相同时代的不同目录学家会有不同的本原文献观,从而相应性地呈现出独特的分类学样态,并进而折射出不同时代的文化价值取向。例如,《汉志·易类》类首著录"《易经》十二篇,施、孟、梁丘三家。"颜师古注曰:"上下经及十翼,故十二篇。"由此可见,汉代人心目中的《易经》是包括《十翼》的。换言之,《十翼》已经由"传"的附庸身份上升为"经",地位与上、下篇《易经》同等。同时还表明施雠、孟喜、梁丘贺三家"今文易学"的突出地位。而到了《四库总目》,由于"其编次先后……以登第之年、生卒之岁为之排比"，首先著录了"旧本题卜子夏撰""说易之家，最古者莫若是书"的《子夏易传》，但该类真正的本原文献是"魏王弼、晋韩康伯注，唐孔颖达疏"的《周易正义》十卷。事实上，该书从唐代始就成了对《周易》十二篇经传作解说的统一答案，以期借此统一思想、巩固封建专治政权。

再如，《四库总目》"经部·小学类"下所分训诂、字书、韵书三小目以及"子部·天文算法类"下所分的推步、算书二小目，传统学者都会自然而然地分别联想到《尔雅》《说文解字》《广韵》以及《周髀算经》《九章算术》。再有，"纪事本末"与袁枢《通鉴纪事本末》、"史评"与《史通》、"器物"与梁陶弘景《古今刀剑录》、"食谱"和陆羽《茶经》等，这些类名和具体文献之间的联系，也会随各人传统文化底蕴的深浅而联系得紧致一些或宽泛一些。此外，类名与文献的这种联系还会因个人学识的不同而有不同的联想指向，如《四库总目》中的"传记"，其联想指向可能是元吴师道《敬乡录》、元辛文房《唐才子传》、明解缙《古今列女传》、明冯从吾《元儒考略》、清黄宗羲《明儒学案》、清孙奇逢《中州人物考》中的任何一种或几种，还有可能是其他的文献。但可以肯定，中国古代的类名是和某一或某些具有代表性的本原文献密切相连、彼此映衬的。本原文献可以对相关的一批文献做出规约和指称，在文献组织中具有独特能力。

二、本原文献的层次性

诚然，本原文献是古代书目分类的立类基础，它往往是该类其余所有文献得以产生的前提，也是整个类别赖以生成的根本。每一个分类类别之所以可能，正是由本原文献以及由此而来的所有同类的、相对处于边缘地位的其他文献共同构成的。而如果进一步对某一分类类别作深度分析，则会发现本原文献又是有层次之分的。除了位首的那个明明显然的核心之外，一个类别中往往还有多个次一级的本原文献，从而表现出层次性。

（一）同一类目下暗分的小类以具体文献为标目

古代书目中的"类"直接与具体文献相关，它不是基于形式逻辑的自然分组，因而同一类目下的文献地位并不平等，彼此之间是有层次之别的，这种层次性也是通过具体文献来表示的。如《汉志》中"易"类下的"《丁氏》八篇"，清姚振宗《汉书艺文志条理》曰："按：自《周氏》至此凡七家，皆蒙上文'易传'二字,《志》欲其简,故省文。"今按:所谓《周氏》是指《易传周氏》。依姚氏之说,其中的"易传"二字一直管到《易传周氏》以下、从《服氏》到《丁氏》的六种文献。亦即,《服氏》实为《易传服氏》之"蒙省",《丁氏》实为《易传丁氏》之"蒙省",另四种文献亦然。"易传"这一共名,同时兼起类名的作用,暗示了其范畴地位从而也暗示了类别的结构脉络。它揭示了"凡易十三家"这组文献内部还有层次之分,第一种"易经十二篇"是一个层次,《周氏易传》至《丁氏》共七种是另一个层次。显然,"蒙省"是一种关系启示,它使《易传周氏》成为"易"这个类目下的又一个分类焦点,统领从《服氏》到《丁氏》一批文献的类别所指,从中可以看出古代目录的结构组织是非常丰富生动的。郑樵《校雠略·见名不见书论》说:"《易》本一类也,以数不可合于图,图不可合于音,谶纬不可合于传注,故分为十六种。"将"易"这个类目细分为古易、石经、章句、传等十六个小目。郑樵又说:"以此观之,《汉志》所分,自为苟简,《四库》所部,无乃荒唐。"郑氏以"苟简"评断《汉志》,而事实上《汉志》是暗分子目的。如上文所述,《汉志》中"易"类至少复分出了"传"这个小目。当然,郑樵以"编次必谨类例"为信念,其《通志·艺文略》"总十二类百家四百二十二种",其中的类(一级类目)、家(二级类目)、种(三级类目)都配置了专门的类名。而《汉志》暗分的子目并没有再配置专门的类名,它只是通过具体文献(如《易传周氏》)来体现这种类别层次,它带来的结构映射显现出书目组织上灵活多变、显隐自如的特点。从这个意义上说,郑樵区而别之并明确赋予一个个类名,只是从形态上对《汉志》做了修缮,并没有增添新的分类内容。"蒙省"预设有一个与陈说的内容密切相关的文献对象的存在。尽管理论上文献的分布首先受到类名的限制,但也受到类目和文献环境的制约,通过后者同样可以获得言外之意和语法默契。而基于语境场的效应,可以省却浮华的精致结构,也弥补了"松散"结构所带来的缺陷。

  类似《易传周氏》这样的文献在古代书目中不仅仅是为暗藏的类目修饰定性,而且还通过具体文献的具象呈现诉诸特定的感受,以唤起读者的直觉。台湾徐文助先生云:"两略原文亦有蒙上省之例者,如兵技巧伍子胥、公胜子、苗子等皆蒙上鲍子兵法省'兵法'二字,今皆标明。"❶可见其认为,"蒙省"是隐藏了类名的次级类目。说它是隐藏而不是省略,是因为这个次级类目在具体文

---

❶ [台湾]徐文助.汉书艺文志诸子略与兵书略通考·例言[M].台湾:广东出版社,1976.

献中是真实存在的,只不过它们一般处于隐藏状态。

(二)通过"加标题于每书之上"在同一类目下暗分小类

蒋元卿先生1937年于中华书局出版的《中国图书分类之沿革》一书认为《汉志》在六略(六大类)三十八种(小类)之下,"各复分类",形成三级类目。其第三级类目是通过"加标题于每书之上"实现的。如礼家之《司马法》,则标以"军礼"二字,乐家之《赵氏》《师氏》《龙氏》,则又标以"雅琴"二字;"若再别之,则固'军礼'与'雅琴'二目也"。众所周知,《汉志·礼》中名为"《军礼司马法》"的文献是从《七略·兵权谋》中"出此入彼"而来,从《史记·司马穰苴列传》和后世《隋志》《四库总目》来看,该书原名为《司马法》,多出的"军礼"二字是班固所加。按照蒋先生的意见,加这两个字的目的是为了"各复分类",即在"礼"的类名下再细分出"军礼"小类。同样,乐家集中著录了《雅琴赵氏》《雅琴师氏》《雅琴龙氏》等三种文献,它们共有的"雅琴"二字也是在"乐"的类名下再细分出的小类。

"加标题于每书之上"与"蒙省"虽形式不同,但都是在同一类目下暗分小目时的方法手段。并且,都是通过文献本身(而不是通过额外赋予次级类名)的形式而传达类目形象,从而把书目文献组织的具象思维提升到一个崭新的高度。"加标题于每书之上"使文献按不同的特征聚合成群,意味着另一个或几个隐含的层次。又如,《汉志·天文》类下《海中星占验》《海中五星经杂事》等有"海中"二字的六种文献是集中著录的,"海中"类文献无疑是"天文"这个类名下的又一个层次。而层次的不同意味着意义的深入,本质上表明书目在类名结构之外还存在潜在的东西,值得诱发出来。如通过对《汉志·六艺略》下易、书、诗、礼、春秋等类目层次的分析可知,"章句"这个层次总是排在"传"、"说"等之后,说明这其中的组合条件就是目录中的结构规则,它反映了西汉时期"章句"在儒家经学体系中相对而言等而下之的现实地位❶。

可见,古代书目类别结构的层次之分不仅是形态上的而且也是意义上的。类别层次凝聚汉族人的历史情感并融入丰富的文化含义,对它们的分析既为我们提供了理解文化的走向,又表明纳入书目的所有文献其实都是处于有条件、有规则的联系之中的,相应地,目录系统本身也具备了有条理、可理解的性质。

---

❶ 傅荣贤.从《汉志》看西汉解释学规范的建立[J].贵州师范大学学报,2004(2):46-50.

三、根据本原文献确立文献与文献之间的和谐关系

众多普通文献是本原文献的基础和前提,而后者则规定了书目分类类表的厘定,成为同类文献的代表。这样,本原文献可以成为打开古代书目分类系统建构秘密的钥匙。本原文献如此重要,以致于它们不仅是古人构筑类别、逐层扩展、形成书目分类系统的关键;同时也是今人研究古代书目系统的一个全新视角。

（一）通过本原文献点明类名的内涵

正是由于本原文献的存在,所以,中国古代书目中的类名往往直接取自具体文献之名。面向具体文献的古代书目首先要在成百上千(甚至更多)种复杂的文献中寻找规律、理出头绪,由此而确立的类名也不是抽象的概念,它们往往直接取自具体文献之名。以《汉志》"易"为例,对"凡易十三家二百九十四篇"这一批文献的组织正是通过具体"易经十二篇"而实现的。所谓"易经十二篇",颜师古注曰:"上下经及十翼,故十二篇",亦即《易经》上下篇和《易传》十篇,也就是今天概言之的《易经》或《周易》。这样,对该类十三种文献的理解可以通过人皆可知的"易经十二篇"来认识,而不是通过什么抽象的类名来完成。这里,"易"不仅传达一个类名概念,还结合"易经十二篇"这一具体文献而诉诸感觉,给人一个生动可感的形象,从而有助于对一组文献的形象化把握。其基本思路是:类名给人以观察文献世界的尺度,有了类名才能理解文献世界,才能度量文化的连续或分离的诸种关系,但类名本身不是目的,"所以谓"的类名不能脱离"所谓"的文献实际。这样,类名的逻辑起点就不是明确的概念和判断,而是可以引起直观联想的具体文献。同样,《四库总目》"经部·礼类"所复分之周礼、仪礼、礼记诸小目,以及四书等类名也直接由具体文献之专名移易而来。这种书目结构组织原则的心理视点落在类名所代表的具体文献之上,具体文献建立了一个内容和结构固定的支点,由此出发,形成聚零为整的辐射性的文献组织网络。

历史上,郑樵虽强调"泛释无义",但其《艺文略·礼》中对"周官"之类名亦有小注:"按汉曰周官,江左曰周官礼,唐曰周礼,推本而言,周官则是。"这个类名显然也直接来自具体文献《周官》。通过具体文献而生成的类名,很容易触发人们储存在脑海里的具象联想,然后在联想的协同作用下感性地把握和组

织一批相关文献。

古代书目中另有一些类名虽不是直接由具体文献移置而来,但类目的命名直接和一般文化人所能接受的某一或某些具体文献有关,这样的文献就是本原文献。例如,《四库总目·诗文评类》以刘勰的《文心雕龙》列于该类之首,其他所有"究文体之源流,而评其工拙"的文献悉置该类下。这里,类名"诗文评"虽然没有严格的逻辑定义,因而不表示任何演绎推理中的概念,但因为它与该类下的本原文献"《文心雕龙》"关系密切而变得富于暗示和启发,这种暗示和启发是具体的,"诗文评"遂可以理解为"像《文心雕龙》那样"的一批文献。这样,类名在本原文献的参与下组织一批文献,从而把复杂的客体文献和文化思想描绘出来,意蕴非常丰润。同样,《汉志》中,道家和《老子》或《庄子》、阴阳家和《邹子》、法家和《商君书》或《韩非子》、名家和《公孙龙》、墨家和《墨子》、纵横家和张仪或苏秦的《张子》或《苏子》、杂家和《吕氏春秋》或《淮南子》、兵书和《孙子兵法》、方技和《黄帝内经》等,"这批"类名和"这些"文献之间的关联也是明明显然的。

(二)本原文献与分类类名——具体与抽象之间的张力

自西汉刘向《七略》以降的中国古代目录都是对一定范围内的具体文献的整序,它从未形成过独立的分类表。文献的著录虽在同一平面中展开,但文献之间不仅有时间层次而且还有空间层次,即使在同一类别中,文献之间的地位也并不相同。本原文献具有特殊地位,被视为该类的正式成员或核心成员,在类别结构网络中具有担纲的意义。非核心成员则根据其与核心成员的相似程度而被赋予不同程度的非正式成员地位。一个类别中,至少有一个核心成员。本原文献的层次性特征则相应性地细化了纲目的层次性,把有意义的局部变成了更有意义的整体,从而成就一个组织严密的书目分类系统。

1. 基于本原文献的书目组织方式

本原文献概念的提出,有助于理解古代书目中,浩如烟海、汗牛充栋的若干具体文献(进而是纷繁芜杂的文化)是如何被组织的、以及在分类编码和解码中又是怎样被激活的。具体而言:

第一,一般来说,与核心成员的位置越近,则其关系也越近。因而可根据其与本原文献关系之具体程度的不同来帮助理解文献内涵。而非核心成员与核心成员的关系越不明确,其类别概念的内涵也越不明确。如"孝经类"中位置靠后的《尔雅》是解经之作,王引之《经籍训诂·序》云:"训诂之学,发端于《尔雅》。"其内涵显然不能根据该类的位首本原文献《孝经古孔氏》来确定。

第二,本原文献代表了某一类文献(进而是文化)中占据主导地位的观念,但它不是把观念强加于其他边缘文献,而是通过对其加以类别化的挑选而把观念渗透进去的。它像是单个地邀请边缘文献进入其组合,一量进入就仿佛是在自由地选择目标,其实选择的是规定的目标。这使我们相信,在古代书目分类中,文化是通过连续地重构实现转变的。在转变的过程中,某些主题被放置在了显著的位置,其他的则被淡化,但并非被消灭。而总整上,文化组织是朝最大的关联性努力。

2. 本原文献之具体性对于类名抽象性的消解

本原文献概念理论对书目分类学的最大贡献也许就在于它把注意力集中在了书目系统的内部结构上,亦即集中在系统具有核心和边缘这个事实上。本原文献概念理论对类例和类表的概念内涵之理解也是有帮助的,可用某一为人所更为熟悉的具体本原文献,去理解相对抽象的类名(类别概念)。如"方技"这个类名也许不为一般人所知,但通过其位首本原文献《黄帝内经》18卷,可知"方技"事关乎医学。而这竟与《史记》中的用语一致。其《扁鹊仓公列传》称医生悉为"方者",而"方书"则是指医药书籍。《始皇本纪》云:"悉召文学方术士甚众,欲以兴太平。方士欲以练求奇药。""方士"虽是求长生不老的一类人,但也与"药"有关。

可见,文献的具体性和类名的抽象性,构成具体与抽象之间的辩证,维持了认识层面上感性和理性之间的必要张力。从类名到整个类表是按照表达目的而构造的,而这起步于对若干本原文献的具体把握。所以,一个类别不再是纯粹概念水平上的,它虽覆盖一定的范围,但又有内部的注意焦点,从而在具体和抽象的高度统一中成就分类类别、并进而成就一个更为复杂的知识系统。本原文献范畴的提出,对古代书目中所有被历时性成分所屏蔽了的共时性成分进行了解蔽,古代书目中所有超越时间维度的规则都将展现出它的真正个性。只有把古代书目类别置于共时层面上来理解,才能发现其组织之精审,文化表达之准确。淡化了这种共时性的参照背景,便不能理解系统结构的严谨和文化通观上的良苦用心。

古代书目组织是由文献表达决定的若干文献之配置,分类是具体的,它总是意味对具体文献的分类。因此,古代书目只能基于文献事实来探求书目规律,它没有纯粹的结构,而只有基于文献本身各种特征所形成的"关于"文献本身的组织关系。具体文献是古代目录"振本而末从"的"本"、"知一而万毕"的"一"。而在认知命名中形成的这种类名特征,又反过来决定了在书目文化组织和认识中,对所有其他文献和文献背后文化的知解,必然是将理性认识和感性认识融为一体的因而也是独具一格的。就书目发生学的角度来说,这种独特性源自中国古代书目从始至终是面向具体文献的,是对当下特定文献的分类。因而,作为描述对象的文献更根本,类名在将一个个松散的文献观念聚合为"类"时,只能以具体文献为着眼点。古人使用的"类例"这个词中的"例"本身也有举例的意义,即通过特色化的文献起到示范意义,以指明类型特征。

四、基于本原文献的古代文献和谐观的现代价值

我们知道,在现代目录学看来,文献之间的联系完全取决于书名、著者之笔画或是主题概念在学科和形式逻辑上的联系。

(一)现代书目的文献组织

在分类目录中,现代分类学中的逻辑层次关系是通过类名(以及类号)来显示的,同一类名(以及类号)下的文献,其地位均被视为平等。概念化的类名是判断一个特定文献是或不是某类的范畴,舍此就会束手无策。它的类名是由必要和充分特征联合定义的,要求类名有明确的边界(其极端符号化的分类号则强化了这种逻辑明确性),内部所有成员地位相等。这样,在对文化作"类像"化管理的同时,也把人们的文化经验类像化了,从而不可避免地割裂、破坏、歪曲了文献之间的本质关系。

众所周知,现代知识管理无论多么高级,都离不开知识单元(源自文献主题)的标引和描述,以及单元之间相互关系的揭示。例如,"主题图包含三个基本要素:主题(Topic),关系(Association)和资源出处(Occurrence)。'主题'可以是任何一个抽象或具体的概念,具体化为一个个词;'关系'则把互相关联的'主题'连结起来,而'主题'的'资源出处'则指向包含该主题的资源实体。主

题图提供了一种描述概念及概念间关系,并将概念与相关资源实体链接起来的机制"[1]。在中国古代书目中,关于文献主题及其关系的处理都是感性和理性的高度统一。从这一意义上说,现代知识管理方法当运用于图书馆实践时之所以少有成熟的案例,乃是基于其无比坚定的明确化、形式化和规范化取向。

(二)基于本原文献的古代书目的文献组织

相比之下,中国古代书目把确立文献之间的实际的、因而也是更为真实的联系置于优先地位,它比笔画或逻辑层面上的联系更真实。古代书目中所显现出的核心和边缘关系,不符合逻辑学中"同一类项中各成员地位平等"的原则,但却显示出了文献之间真正的事理联系,构成了从概念性的抽象类名到具体的无限文献之间的思维纽带。

古代书目中的类名由于没有定义而难以理解其变化多端的内涵,文献信息认识论意义上的"名实相殊"正是源此而来,这在书目分类中突出表现在:作为某类文献信息之指称的"类名"并不具有"非此即彼"的逻辑明晰性。因此,古代书目中"一名多实""名不副实"等违反形式逻辑规律的例子比比皆是。前者如《汉志》中的《诸子略》和《兵书略》下都有"阴阳"这个类名;后者如《汉志》中的《六艺略》下分九种文献,除了正宗的"六艺"文献(易书诗礼乐春秋)之外,还包括论语、孝经和小学等三类文献。但是,类名因结合本原文献,其指涉又是非常活泼的。类名通过直接取自具体文献之名或借助于本原文献之具象呈现,不仅能够捕捉类目的含义、描绘心中的感受,同时也能引起每一个受过同样文化熏陶的人内心的共鸣。古代书目中类名概念的有限理性因结合具体文献而尽情地作感性的渲染,具体文献的存在,时刻颠覆着类名的抽象性,使得其所表征的内涵永远处于可把握、可感知的层面上。它启发我们:现代知识管理中无论是以文献为单元还是以知识为单元的标引和描述,都不应该以明确化、形式化和规范化为唯一取向。《易经·系辞》曰:"其称名也小,其取类也大。"任何信息在表象"称名"之外,都有更为深刻而广泛的"取类"。这一认识方式虽然缺乏逻辑意义上的"真",但却更能把复杂的文献信息描绘出来,意蕴非常丰润,本质上反映了一种与现代逻辑化、客观化、形式化为取向的信息观迥然

---

[1] 吴雯娜.基于元数据、叙词表与主题图的数字图书馆知识组织[J].情报学报,2006,(10).345-347

而别的学术类型,有助于启发今人对客观逻辑在信息认识中的无限扩张加以限制。

再就文献之间相互联系的关系而言,显然,古代书目结构组织之法是具体的,是在对众多文献诸多方面属性(包括形式特征和意义特征)的抽象后,以简驭繁而获得的认识的统一。而文献一经组织形成书目,就会发生一定的联系,使得书目结构显得简洁而富于弹性,有利于最大限度地利用类别的组织空间。这里,书目组织不是杂乱无章的,更不是机械的线性排列,它启发我们:现代知识管理中无论是文献单元还是知识单元,它们之间的"关系"应该是具体的而不是逻辑的或机械的,因而明确化、形式化和规范化不能成为其唯一取向。诚如谢拉和克里夫兰指出:"从(20世纪)50年代到60年代,我们过分关注的是技术的作用,并相信技术是解决一切问题的灵丹妙药——现在我们意识到,在谋求利用人类所有知识的进程中,不仅仅存在着技术,而且面临着文化的、哲学的、心理的等各种障碍。"[1]

第二节 古代文献的时空结构关系

正像在哲学意义上,时空是物质及其运动的存在形式一样,反映在中国古代书目中的文献也存在明确的时空关系,显现了文献与文献之间和谐关系的另一种类型。

一、文献信息的时间结构

在中国古代书目中,文献在线性平面上的顺序往往决定于它们所表达的观念里的状态或事件的时间顺序或者文献产生的先后顺序。亦即:先产生的文献排在后产生的文献之前。这种时序原则在殷墟窖藏甲骨的摆放顺序中即已初见端倪。而如果根据顾颉刚先生《秦汉的方士与儒生》一文的见解,"《诗》和《书》是当时的两类书",则作为我国古代第一部历史文献汇编的《尚书》也是按时代先后顺序编排次第的。今本29篇《尚书》上起《尧典》下迄《秦誓》,完全按照虞夏商周的朝代顺序编次。

---

[1] J.H.谢拉,DB 克利夫兰.情报科学的历史与基础(二)[J].国外图书情报工作,1988(4).

第五章　古代书目中文献与文献之间的和谐

时序原则在我国最早的成熟书目《七略》中已经趋于完善。今以《七略》为例细析之。姚振宗评《诸子略·儒家类》云："是篇章段凡四。晏子与孔子同时，时代最先，故以此一家居首。以下自子思至芈子，皆孔门及七十二弟子之所撰述，凡十二家，是为第一段；《内业》以至《功议》七家，多周室故府之遗文，莫详其作者，为第二段；《宁越》至《虞氏春秋》十一家，为周、秦六国近人之所作，其平原君、朱建一家，旧当在汉人之中，为后人妄移次第，是为第三段。《高祖传》以下至扬雄二十一家，则西汉一代天子王侯卿大夫之所论叙，迄于王莽世，为第四段终焉。"(《汉书·艺文志条理叙》)。可见，《七略》的《诸子略·儒家类》书籍的排序，是以文献作者时代先后为根据的。它直接跟人类认知时间的经验习惯相一致：现实生活中，先发生的事件排在后发生的事件之前。《七略》中的《诸子略》兵家、纵横家、《诗赋略》、《兵书略》的兵权谋等都非常明显地遵守着时序原则。而如果我们把时序原则的根本内容放宽，则会发现《七略》所分"六略三十八种，五百九十六家"的排序几乎都是按照时序原则来办的。该原则包括：

1. 时序原则决定了两个文献单元之间的非对称性的线性排列顺序

因此，如果缺少明确的、具体的时间关系，线性排列原则就会失败。例如，《诗赋略·屈原赋之属》从《贾谊赋》7篇到《王褒赋》16篇皆为汉初人所作，彼此之间很难分出绝对的时间先后。所以，线性的时间顺序原则要求也不十分严格。《汉志》注"与王褒同时也"的《光禄大夫张子侨赋》3篇，就没有与《王褒赋》16篇搁到一块：中间还隔着差不多也"同时也"的《阳成侯刘德赋》9篇和《刘向赋》33篇。

2. 具体时间关系不明朗的文献单元并不严格地受制于时序原则

处于相对时间段上的文献单元往往作为一个整体性的文献集团，在宏观上显示出明确的时序原则。亦即，时序原则的作用方式还可以表现在两个或两个以上的文献集团之间。仍以姚振宗指出的《诸子略·儒家类》为例。第一段情况特殊，详下。从第二段的"周室故府之遗文"七家文献集团到第三段的"周、秦六国近人所作"的十一家文献集团，再到第四段"西汉一代天子王侯卿大夫之所论叙，迄于王莽世"的二十一家文献集团，其二、三、四段的基本排序无疑隐伏着明显的时间顺序原则。

3. 主观心理时间轴上的时间序列原则

如杂家《孔甲盘盂》26篇，显然不可能是真正的黄帝之史或夏帝孔甲所作，但是在人们的主观观念里，还是倾向于认为它在时间上产生得最早，故排在《杂家》篇首。又如，《小说家》中，虽明言《伊尹说》27篇"其语浅薄，似依托也"、《鬻子说》19篇为"后世所加"，但是人们在心理上仍然习惯于认为它起源最早。故它们的编次分别在《小说家》篇首和第二的位置。

显然，实际时间顺序及主观的心理时间发展顺序是《七略》组织编排文献的主要依据之一。章学诚不悟此理，只是一味从"辨章学术，考镜源流"的学术授受和文化传承的角度出发，来苛求《七略》。其《校雠通义·原道》责难道："道家祖老子而先有伊尹、太公、鬻子、管子之书；墨家祖墨翟而先有尹佚、田俅之书，此岂著录诸家穷源之论耶？""伊尹、尹佚诸子，顾冠道墨之首，岂诚以谓本所自著耶？"事实上，时序原则比"辨章学术，考镜源流"更为根本、更为核心地控制着《七略》的基本类别趋向。

另一方面，时序作为一条远离抽象的经验性分类原则，在其自身的感性认知系统中，也并不是被绝对地、毫不犹豫地遵行。相反，它有大量不守时序的"例外"。而正是这些"例外"确保了《七略》不是一部仅仅着眼于历史时间序列的流水作业，不是一部仅仅"徒为甲乙部次计，则一掌故令吏足矣"的分类目录。作为时序原则不可或缺的补充和修正，《七略》还安排了另一条与时序原则互为表里的凸显原则。

4. 与时间顺序相对的凸显原则

凸显原则不是以人类对时间顺序的经验感知为基础，而是根据分类编码者的主体爱好、价值取向、以及牵涉焦点的不同来分类图书。时序原则被暂搁一边而大大地不起作用。如，姚振宗《诸子略·儒家类》第一段从"与孔子同时"的晏子到"孔子及七十二弟子之所撰述凡十二家"在时间上无疑要后于"多周室故府之遗文"的第二段，但是在顺序轴上，第一段反而放在了第二段的前面。再如，《道家》的《列子》8篇和《公子牟》4篇注皆云："先庄子，庄子称之。"而两者的排序却在《庄子》52篇之后。这种凸显原则显然与分类编码者的主体爱好、价值取向和牵涉焦点有关。就道家学派而言，《庄子》比先于它的《列子》《公子牟》更具代表性和典型意义。因而，《庄子》成了"道家"的焦点文献，故被

第五章　古代书目中文献与文献之间的和谐

列于《列子》和《公子牟》等文献之前。再如,"法家"的《慎子》注云:"先《申韩》",而《申子》在前;"阴阳家"的《间丘子》注云:"在《南公》前",《将钜子》注云:"先《南公》",而《南公》次于两者之前。同理,《儒家类》"第一段"也完全无视时序原则,而被列于第二段之前。凸显原则和时序原则实际上是一个问题的两个方面。前者的存在恰恰从正面肯定(而不是从反面否定)了后者在《七略》分类理据中的重要地位。

总之,时序原则制约了《七略》分类体系中的文献排列次序,构成了一条普遍的分类限制。不妨再从六经次第来看。从《庄子》的《天道》《天下》《徐无鬼》到《荀子》的《儒效》《劝学》到《淮南子·泰族训》《春秋繁露·玉杯》《小戴记·经解》等几乎都无一例外地以《诗》《书》《礼》《乐》为主体,《易》和《春秋》排在最后。另外,该顺序按经书内容的程度深浅来排定,与两汉时期今文经学讲求"微言大义"的学风相吻合。但是,从《七略》到《四库总目》,几乎所有封建社会时期的分类目录,都固守着时序原则:以《易》《书》《诗》《礼》《乐》《春秋》的顺序(亦即六部文献产生的实际历史先后顺序)来编次六经。并在这种固守时序原则的编次中,寻求更为深刻的政教人伦理据:《易》为"诸经之源"和"道之源",故位列诸经之首;"《书》者,古之号令",而《书》源于《易》。《易传·系辞上》有云:"河出图,洛出书,圣人则之"。故《书》列为第二……❶

《七略》作为中国历史上第一部系统的图书分类目录,具有面向未来、启发后世的能量。特别是为它所自觉遵行的时间顺序,直接以人类感知时间的自然顺序为理据,使得分类编码和解码的过程显得简单、可操作,因而普遍为后世分类学体系所效仿。例如,释道安《综理众经目录·经论录》著录从汉朝安世高到西晋末法立共十七家,依译人年代先后逐家汇列,以经名为目,下注其异名和译出年月;郑樵《金石略》一卷,按时代及人物分为诸多小类,记载了从上古到唐代的各种金石铭刻;《天禄琳琅书目》以经史子集为类,每类之中,宋、金、元、明刊版及影写宋本各以时代为次……每代各以经史子集分部,每部各以时代为次;《四库总目》评黄虞稷《千顷堂书目》云:"其别集类以朝代科分为先后,无科分者酌于各科之末。视唐宋二志之糅乱,特为清晰,体例可云最善";《四库总目·艺术类·书画之属》收考论书画的书,因内容互相牵连,难以类

---

❶ 傅荣贤.《别录》《七略》的经学意识及其成因[J].盐城师专学报,1992(1):112-115.

求,所以本类的排列是以时代为次;《四库总目》集部总序云:"集总之目,楚辞最古,别集次之,总集次之,诗文评又晚出,词曲则其闰余。""别集类,因图书较多,以时代先后进行排列:分汉至五代、北宋建隆至靖康、南宋建炎至德祐、金、元、明洪武至崇祯、清初至乾隆六段,虽没有标明是小类,实际是暗分子目"❶。总体上,《四库总目》各类目诸书次序是首列帝王著述,于撰述辑录著述,以作者的登第之年、生卒之岁排比;于注释笺证著述,则从原著时代先后为次第。

综上,中国古代图书分类学有着一条将先产生的文献排在后产生的文献之前的总的线性排列原则,它反映了分类学家从观念上看待时间先后的根本态度。这种时序原则直接诉诸人们的感官,将分类原则直接建立在人类普遍生活基础和经验感知之上,因而比被现代分类学视为核心的文献内容、学科属性等分类理据更具有形象性、可感性,也更容易为人们所接受。

二、源自时间顺序原则的"辨章学术,考镜源流"

文献产生的时间先后是文献之间诸多关系的一条重要约束,所以,古代书目特别重视对文献史和书目史的描述。例如,《隋志·序》对文献生成史和发展史的论述,就是很好的体现。《四库总目·经部·易类》曰:"经部易类,以《子夏易传》冠首,实为说易家最古之书,允宜弁冕羲经。若以钦定诸书列于各代之前,虽为纂修诸臣尊崇本朝起见,而于编排体例究属未协。……所有《四库全书》经史子集各部,俱照各按撰述人代先后,依次编纂。"总体上,时间是中国人看待事物关系的重要原则,例如,在文学艺术中,中国人重视心理上的时空,且又特别偏重于时间,即便是空间也往往是流动的时间,表现出一种时间型的文化构造。又如,音乐重视流线型的旋律、绘画强调点与线的勾勒等等。

清人章学诚用"辨章学术,考镜源流"概括古代书目的特征,强调文献的持续性和顺序性,以及在时间维度上发生、发展、演化和重组的规律。章氏特别重视由本原性文献发展而来的信息多样性的描述;同时,又把信息多样性视为本原性文献的自我演化过程,实现了对文献信息从间断性向连续性飞跃的认识。例如,他在《校雠通义·宗刘》"之二""之三""之四""之五""之六"中分别专论正史、名墨两家、集部、类书、钞书(即将前人著作钞撮为节本)的源流。《校雠

---

❶ 北京大学图书馆学系、武汉大学图书馆学系合编.图书馆古籍编目[M].北京:中华书局,1985:248.

通义·互著》指出:"古人最重家学,叙列一家之书,凡有涉此一家之学者,无不穷源至委,竟其流别。"因此,时间层次上的顺序既是一种结构,更是一种意义,它涉及信息的第一关注点以及相关的价值权衡、价值评估依据等问题。早在南宋时期,郑樵在《校雠略·编次必谨类例论》中即指出:"类例既分,学术自明,以其先后本末具在。观图谱者,可以知图谱之所始。观名数者,可以知名数之相承。谶纬之学盛于东都,音韵之书传于江左,传注起于汉魏,义疏成于隋唐,睹其书可以知其学之源流。"郑氏此论,可视为章氏"辨考"命题的先声。章学诚《校雠通义·焦竑误校汉志》评价说:"郑樵氏兴,始为辨章学术,考镜源流,于是特著《校雠》之略。"由于"辨章学术,考镜源流"及其规约下的文献信息的历时演进规律,业已为学者所揭橥,兹不赘述。

然而,"辨章学术,考镜源流"虽然精辟地指出了古代书目所具有的文献信息生成论思想,但也存在不足。主要表现在,文献信息不仅是源流意义上的历时性存在,还是广延意义上的共时性空间存在。对"辨考"命题的过度迷恋,事实上导致了对书目空间结构的固定化和静止化认识,空间仿佛是时间的附庸。这样,揭示书目在共时层面上的文献信息结构规律就显得极其重要。

三、文献信息的空间结构

古代书目所隐含的有关文献信息的空间结构规律至少包括两个方面的内容。

(一)根据文献在等级结构中的特殊位置揭示文献信息的空间结构

不妨以《汉书·艺文志》为例略作说明。《汉志·六艺略》各类文献中,当同时兼有"传"和"章句"两种注释体例时,"传"体文献在空间上总是排在"章句"体文献之前,如易类的"《易传周氏》二篇"排在"《章句》施、孟、梁丘各二篇"之前,"《(书)传》四十一篇"排在"《欧阳章句》三十一卷"、"《夏侯章句》各二十九卷"等之前。它直接对应于"传"和"章句"这两种阐释体例在当时学术创造中的重要程度,有助于对当时儒学原典的诠释原则和诠释方法进行重新认识。可见,文献之间不仅存在先后本末的历时关系,还存在左邻右舍的共时关系。通过对空间结构的激活,能够获得广延性的文献信息观念,并进一步揭示文献信息的性质结构、功能关系和演化方式。又如,从《汉志·六艺略·春秋》的文献著录来看，《公羊》有"传"11卷、"外传"50篇、"章句"38篇，《谷梁》有"传"11卷、"外传"20篇、"章句"33篇。这两家解释《春秋》时所使用的主要体例（传、外传、章句）是一致的。从中可窥见当时公羊和谷梁两派既相互切磋又相互攻讦的景况，较为真实地反映了汉初经学发展的基本事实。据《汉书·儒林传》，汉宣帝甘露三年（公元前51年）召开的石渠阁会议主要就是为了"平《公羊》《谷梁》同异"。此外，从书目上还可以看出：第一，《谷梁》的外传、章句和《公羊》的外传、章句相比，篇卷相对为少。尤其是"外传"仅及《公羊》"外传"的2/5；第二，《公羊》另有《杂记》等三种文献见著，而《谷梁》则没有与之相对应的文献。可以断言，公羊学相对开放，是一种发挥派；而谷梁学则相对内敛，注重师承和家法。而这一结论在经学史上是可以得到印证的[1]。

（二）通过揭示文献信息在嵌套等级中的位置彰显文献信息的空间结构规律

表面上，一批相关文献是通过类名及其结构关系组织起来的，但诚如上文分析，类名并不是自足的，它的内涵必须通过与之相关的具体文献来揭示。文献的属性才是关于书目事实的最深刻而又最有内容的知识，它不仅反映书目中文献的外部联系，而且反映文献之间内部本质上的联系。离开了具体文献，书目组织之法就不能反映文献之间的普遍联系，不能包含文献多样性的统一，不能从最简单的规律上升到具体的系统。

总之，具体文献在古代书目结构中充当了更为本质的角色，也决定了"随具体文献而因附其类"成为古代分类的重要原则之一。例如，《隋志·五行类》著录272部文献，颇为猥杂，然其内部仍有脉络可寻。如该类有《阴阳婚嫁书》一书，显为关于婚嫁方面的算命书，入之五行，诚合其类。由《阴阳婚嫁书》而将《产乳书》《产经》《产图》等文献也附入五行类。这里，《产乳书》等虽不属五行类，但它跟属于五行类的《阴阳婚嫁书》关系密切，因而随《阴阳婚嫁书》而因附于"五行"类下。由此形成的书目秩序不是机械的，它不重视局部的雕琢，而只是在于意群的序列推移，景随步移，曲径通幽，提供可资联想的类别模式。这使得书目的规则简洁而富于变化，这一类与那一类的分类标准或组织原则可以不尽相同，呈现出多姿多彩的类别风格。像《阴阳婚嫁书》这样排在前面

---

[1] 傅荣贤.从《汉志》看西汉解释学规范的建立[J].贵州师范大学学报,2004(2):46-50.

第五章 古代书目中文献与文献之间的和谐

的具体文献可以作为"语境",它虽不是类别范畴,但能够揭示文献之间的具体联系,同时也导致类名不是限定类别的唯一成分。类名的逻辑内涵是不固定的,其外延有常、也有非常,同一类名下的文献其实是分级和分组的,级或组是类别的脉络。又如,《郡斋读书志》中,农家类因载《茶经》《茶谱》《荔枝谱》等而附入《钱谱》。《钱谱》虽不属于农家类,但它与属于农家类的《茶谱》等有一定的关联。

这种连类而及的文献铺排方法既不符合"辨章学术,考镜源流"的要求,也不符合文献排检的要求。但它以"意合"的方式组织文献,表明某文献所受到的制约和影响是多方面的,一个具体文献只要在某一点上有依托,交待出某个方向上的影响从而确证它不是孤立的,它就可以在书目类别中求得安身之所。这种文献编码方法显然不"科学",但却灵活多变且简洁明了地描述了文献关系。

一般地,古代书目某一类名之下,一旦出现《产乳书》或《钱谱》这样"突兀"的文献,往往反映了同一类名下另一个类别层次的存在。而这另一个层次并没有类名标志,它只是通过位于前面的一个或一些具体文献来揭示关系。并且,这种层次有时还不止一个。如,《隋志·史部·杂传类》开篇曰:"古之史官,必广其所记,非独人君之举。"大抵是要著录君王之外的人物传记。其中因包括《释氏谱》《高僧传》等,而附入非纪实性的《神仙传》,然后,又因《神仙传》而附入《搜神记》等志怪小说。这里,《神仙传》和《搜神记》列在"杂传类"并不准确,但从《高僧传》到《神仙传》再到《搜神记》,不同层次的小类板块环环相因,迂回曲折地组合为同类,其内在"理据"还是十分清晰的。它是以具体文献构成小类板块作为类别的基本活动单位,并随小类变化的自然过程揭示书目类别的基本格局。类别的含义,在循序渐进的小类流转中显示事理,断续相间,从容不迫。小类板块之间不是通过类名而是通过特定文献而显示其结构关系和联系方式的,然后,再循自然事理之势推演为一个个小类类别,小类板块之间的流动游走之势代替了缜密的逻辑规划。

综上,古代书目通过时空关系揭示文献信息的结构秩序,形成由部分构成整体的文献信息分布方式,具有深刻的信息结构化思想。这种结构关系是通过具体文献(如《阴阳婚嫁书》)建构的"遭遇性"空间,这与执着于抽象符号结构的现代书目是大异其趣的。

第三节 文献互补与文献网络思想

中国古代博大精深的传统文化,其最高理想就是以和谐为最终指向,坚持"万物并育而不相害,诸道并行而不相悖"(《中庸》)的根本信念,相应地,"贵和持中"遂成为传统文化中最为根本、最具意义的精神追求。由此,成就了中华文明"有容乃大"及"和合融汇"的文化个性。这在文献中主要表现为强调不同文献"化均""治一",多元并存,承认文献之间具有互补性质从而最终承认文献之间多样性的统一。

一、文献互补的思想

所谓文献互补,也就是个性独存、彼此差异的若干文献之间的相互补充,从而形成"你中有我",相互发明的景象。

(一)所有的文献都是独具个性的差异性存在

正如《论语》和《黄帝内经》,或者《孙子兵法》和《天工开物》是不同的文献一样,即使诸如《汉志》合条著录的"《易经》十二篇,施、孟、梁丘三家",它们之间也是相互区别的。个别化的文献是一种差异性存在。然而,差异性文献之间存在相互作用,它们之间相生相灭,相辅相成,它们的整体性存在产生了大于各部分之和的效果。由此又产生出差异性文献之间的统一性认识。

事实上,承认文献的差异性存在从而承认可以相互比较的文献类别是客观存在的,这一点正是古代分类得以进行的根本原因。但这并不是否认文献的个性,而只是肯定在文化现象的大背景上,有很强的趋势把一些文献推向稳定的格局或类型。中国古代图书分类学系统中的四分、五分、六分、七分、八分、九分、十分、十二分等以及大类底下的二级、三级分类等,本质上都是对文献类型化趋势的肯定。

(二)差异性文献互补统一

哲学上的统一性,是以普遍联系、相互制约的整体观点看待世界及其一切事物的思维方式。统一性的本质是将万事万物视为一个整体的有机系统。而整体观意义上的古代书目体系同样将所有文献视为一个有机整体,认为所有文献都彼此相连、相互衬托。

第五章 古代书目中文献与文献之间的和谐

从文献信息的双重存在来看,我国先贤肯定文献"此在性"的相异,但并不否认"彼在性"的相同,本质上表明所有的文献都具有整体统一性特征。《庄子·天地》指出:"天地虽大,其化均也;万物虽多,其治一也。"天地万物虽不同,但它们"化均""治一",反映了世界的统一性。同样,众多文献信息虽然在"此在性"上是个别的、具体的、纷繁芜杂的,但都有"彼在性"意义上的超越旨趣,因而具有殊途同归的统一性。刘向甚至认为,即使"各引一端""辟犹水火"的九流十家文献也是有机统一的,它们彼此"相灭亦相生也""相反而皆相成也"(《汉志·诸子略序》)。

例如,《四库全书总目提要·凡例》:"儒者著书,往往各明一义。或相反而适相成,或相攻而实相救。所谓言岂一端,各有当也。……品骘文章,不名一格。兼收并蓄,如渤澥之纳众流,庶不乖于全书之目。"古代书目正是一种关于文献彼此关系和文献结构方式的讨论,并在此讨论的基础上揭示个别文献以及全体文献的性质。同样,《汉志·诸子略序》指出:"诸子十家……各引一端……其言虽殊,辟犹水火,相灭亦相生也;仁之与义,敬之与和,相反而皆相成也。《易》曰:'天下同归而殊途,一致而百虑'。"这里,诸子十家"各引一端",达到了某种"片面的深刻"或"深刻的片面"。十家之间虽然"辟犹水火",相互攻驳,承认并允许各家各派的独立思想价值从而坚持了多元性。但同时,它们又"相灭亦相生""相反而皆相成"。表明十家文献都统一于一个整体,相互依存、彼此促进,是一种典型的整体论思维方式。

另外,《诸子略》十家的十篇小序开篇行文皆为:"某家者流,盖出于某官。"这里,官虽分职,但却共同构成了一个整体性的行政网络。因此,这种行文本身就已经暗示了诸子略十家文献内在的整体性。《汉书·刘歆传》:"复领五经,卒父前业,乃集六艺群书,种别为《七略》",有把图书分为七大类(实际为六大类)的设想。应该说,书分六类也许与当初刘向、任宏、尹咸、李柱国等人分职校书有关,但《汉志》毕竟试图从整体意义上探求图书分为六大类的缘由。《汉志》中的六大类部序论述了各略文献学术思想的授受源流,看似交待为何如此分门别类,实则强调本略文献内涵的内在一致性,表现出了可贵的整体意识。例如,《六艺略》序云:"六艺之文:《乐》以和神,仁之表也;《诗》以正言,义之用也;《礼》以明体,明者著见,故无训也;《书》以广听,知(智)之术也;《春秋》以断

· 123 ·

事,信之符也。五者,盖五常之道,相须而备,而《易》为之原……"认为《易》居六经之首,为其余五经之本源,而五经和五常(仁义礼智信)是一致的。董仲舒《春秋繁露·五行之义》又将五常与五行木金水火土相配,表明异质事物因结构位置相同,而可以相互影响的相配关系。五行是中国先哲用于表述世界万物无限多样性之统一的范畴。五行与五常、进而与五经相配"相须而备",构成了一个相对独立的整体。

同样,在《汉志》所分三十八种之中,《诗赋略》五种没有小序,其余三十三篇小序中,《六艺略》的易、书、礼、乐、春秋、小学六种小序以及《诸子略》的儒、道、阴阳、法、名、墨、纵横、杂、农、小说十种小序都论及该"种"文献的起源及发展,实质上是从整体的角度规定了该种文献范围及其内涵取向。而《六艺略》中的诗、论语、孝经三篇小序,《兵书略》中的权谋、形势、兵阴阳、技巧四篇小序;《数术略》中的天文、历谱、五行、蓍龟、杂占、形法六篇小序及《方技略》中的医经、经方、房中、神仙四篇小序,共计十七篇小序内容皆包含有相关该"种"文献的定义。如"神仙者,所以保性命之真,而游求于其外者也",乃是从逻辑范畴的角度,整体性考察该种所有文献,显现出了作者的整体意识。由此可见,《汉志》所分的三十八种(小类)文献也都构成了一个相对独立的整体。

再就《六艺略》文献和《诸子略》文献之间的关系而言,《汉志》认为诸子十家"术不同而道相侔",共同依托于六艺文献,形成了跨"略"文献之间的整体性关联。诚如《诸子略》序所云:"诸子十家……虽有蔽短,合其要归,亦六经之支与流裔""若能修六艺之术,而观此九家之言,舍短取长,则可以通万方之略矣。"可见,在《汉志》作者看来,诸家之"异"是建立在儒经大同基础之上的,是同中之异,是《易·系辞传》所谓的"天下同归而殊途,一致而百虑"。这就很好地处理了儒家思想主导性与诸子学说多元性的关系,最大限度地形成思想文化共识,为建设社会文化和谐奠定了认识基础。

总之,古代书目系统中的每一层次都是一个小整体,其内部文献也呈现出多种因素的普遍联系,表现出整体的层次性,进入书目的文献存在是一种环境化的存在。

不仅如此,这种整体性还表现在整个书目及其所著录的全部文献之中。中国古代目录学是一种从体系看类例,从类例看文献单元的,以大观小的综合性理解的目录体系。由此实现了由文献的机械物理秩序上升为文化的有机理想秩序的目录学飞跃。人们所最为关注的是目录系统的整体精神。目录体系中的每一种具体文献，都不是在形态上自足的、与其他文献断然不相涉的封闭单位，而是在超文本内涵上彼此密切联系的自足的开放体系。它不追求文献单元在形式上的绝对明晰，而是根据超文本内涵，将文献一一部次条别在某个适当位置上。然后，所有具有"适当"位置的文献单元共同构成一幅天人一致、物我相谐的人文景观。由此，古代书目基于当时的所有文献，为我们勾勒出当时文化的全部。它站在哲学的高度来表述、组织和认识文化，并使我们在其自足的整体价值中成功地建构和组织起我们知觉、概念和主观的世界，具有一种真正的整体能量。有了相对于单篇文献而言的、稳固的书目分类体系，任何个别文献都不再是个别的，而是始终处于和当时所有其他文献的对比和衬托之中，获得了一种大文化背景意义上的全新定位和整体关怀。

二、文献信息网络的思想

从结构网络的高度规范大千世界纷繁复杂的信息，一直是中国先贤的重要信息学思想之一。中国古代的《易经》用64卦爻符号表征宇宙万物，形成了"范围天地而不过"的信息网络体系；中医经络穴位理论和脏腑系统理论则涉及有关信息网络全息控制的思想。作为传统文化的产物，中国古代书目也包含着有关文献信息结构的深刻内容。众所周知，"分类"一直是古代书目组织的唯一形式。古代目录学家通过分类把众多文献信息区分为若干层次有别、"不失条绪"的类别，从历时和共时两个维度揭示文献信息之间的结构关联，形成了一个绳贯珠联的文献信息的网络体系。

文献是书目系统中相对独立的部分，某类文献在结构和功能上与其他文献有相对明显的边界，其内部又有着结构和功能上的相对完整性。因而，书目针对文献个别化而形成了排他性，不允许非本类文献进入。如《四库总目》春秋四《春秋繁露》提要云："案：《春秋繁露》虽颇本《春秋》以立论，而无关经义者多，实《尚书大传》《诗外传》之类，向来列之经解中，非其实也。今亦置之于附录。"但是，从个别文献的结构和功能可以清晰地看到整个书目的整体结构和功能，具有全息性特征。即：个别与整体相互规定，部分是整体的全息元。因此,对书目世界本体的理解既是实体性的又是关系性的。系统不能仅仅从元素的角度来理解,而更应当从元素结成的关系的角度来理解。这种认识事实上重构了文献的生存环境,把文献放在与环境的相互联系中进行考察,从而提出了文献信息网络的思想。其要点有二:

(一)整体决定个别

正因为整体决定个别,所以需要按照社会文化环境的变化来调节书目乃至个别文献。

这种有机整体的观念和认识方法充分体现了一种全息综合的复杂信息整体系统观。总体上,整体环境对个别文献的塑造既有外部形态层面上的,也有内容层面上的。从古代书目来说,作为文献与文献之间"关系"性表征的古代书目系统既是整体思维的产物,又体现出了整体思维的一般特征。整体并非各部分的机械相加的总和,而是多层次的有机统一。古代书目没有西方近现代目录引以为豪的那套形式框架和理论形态,它和近现代西方目录学的差异,本质上正是源自各自哲学观的不同。就其思维指向而言,中国古代的三教九流、不同宗派的学术思想,虽然对于和谐的对象所指有不同的侧重(如儒家重社会和谐、道家重天人和谐、佛家重身心和谐),但整体观意义上的众多要素之间的协同性、统一性,都以重视和强调多元素协调统一的整体思考为其重要特征。

今以《汉志》对文献名称的改易为例,略作分析和说明。《汉志》将一批文献归入某个相同的"略"或"种",从而也认可了这批文献在内涵或形式上的某个(或某些)方面的共同点。因此,书目著录的文献命名有时需要考虑到该"略"或"种"的同一性和普遍原则。例如,古有《士礼》十七篇,该书之称为《士礼》,殆因十七篇中的前三篇《士冠礼》《士昏礼》《士相见礼》皆有"士"字。《史记·儒林列传》云:"于今独有《士礼》,高堂生能言之。"《汉书·儒林传》云:"鲁高堂生传《士礼》十七篇。"可以肯定,在汉代"士礼"是该书的通用名称。《汉志·礼类小序》亦云:"汉兴,鲁高堂生传《士礼》十七篇。"可见,班固也非常清楚"士礼"是该书的通名,但在《汉志·礼类》中班固却将该书著录为"《(礼)经》十七篇"。无疑,班氏此举主要是考虑到该"略"(即六艺略)其他相关文献命名的普遍规律——《汉志·六艺略》中,易类著录有《易经》、书类著录有《(书)经》、诗类著录有《诗经》、春秋类著录有《(春秋)经》等。同样,《礼类》著录的"《周官经》六篇",本名《周礼》,亦称《周官》,颜师古注云:"即今之《周官礼》也。"《汉志》之所以著录为"周官经",也是为了与六艺略其他相关文献著录的统一性起见。总体上,选择不同的文献名称对文献的内容信息会有不同的侧重。例如,《士礼》之被改题为《(礼)经》,乃是书目作者通过文献组织的方式传递该文献作为"经"书特征的一面,而暂时放弃或忽略其作为施礼对象的"士"的特征的另一面。

(二)个别影响整体

由于文献是根本,对它的定位及其关系的确认又影响到社会自然环境,所以,文化生态的健康与否便与文献定位、文献关系、层次结构等是否失调统一起来了。由此构成的复杂性关系,阐释了一种天人相参、天人相应的全息综合理论。书目中的文献结构显示,书目不仅是一种技术范式,更是一种社会观、哲学观、文化观意义上的信息论。其意义集中表现在:首先,对书目而言,可以从信息视角对其做出具有解释力的说明。其次,对文献而言,具有作为一种世界观的信息思维的价值,在一定意义上可能成长为解释世界的新的支点,从而为哲学创新开辟新的领域。再次,书目以信息结构化发展为取向,追求知识的积累,以及信息处理更高层次的复杂度。它重塑了文献生成的基础和环境。对全部社会生活以及相应的制度产生了深刻而重大的影响,导致了社会结构的变迁,书目因而被视为整个文献信息世界中最有决定意义的历史因素。

此外,上面述及的"本原文献",也是个别影响整体的具体形式。可以认为,在古代书目中的任何一个类名之下,都至少有一个本原文献构成直接焦点,它具有"协助"类名组织其他文献的能力。因而,书目组织并不是完全以类名为核心,而是基于表达功能和事理逻辑,将每一个本原文献视为一个自然单位,通过本原文献反映出清晰流畅的结构脉络。

例如,《汉志》春秋类中有"《太史公》百三十篇"(按即司马迁所著的《史记》),而该类的本原文献是《春秋》。到了《隋志》,《史记》则成了整个"史部"的本原文献。诚如阮孝绪《七录序》云:"刘氏之世,史书甚寡,附见春秋,诚得其例。今众家纪传,倍于经典,犹从此志,实为繁芜。"换言之,降及《隋志》,《史记》这个个别文献直接影响到了"正史"这个二级类目乃至"史部"这个一级类目的产生。古代书目,由于本原文献的变化而导致书目结构的改变,这样的例证十分繁富。

又如,《总目·诗文评类》小序云:"文章莫盛于两汉,浑浑灏灏,文成法立,无格律之可拘。建安、黄初,体裁渐备。故文论之说出焉。《典论》其首也,其勒为一书传于今者,则断自刘勰、钟嵘……。"《总目》遂以刘勰的《文心雕龙》列于该类之首,成为本原文献。其他所有"究文体之源流,而评其工拙"的文献悉置该类下。而此前,《文心雕龙》等文献"《隋志》附总集之内,《唐书》以下则并于集部之末",《文心雕龙》乃是作为普通文献,接受其他本原文献——如《隋志》"总集类"的虞挚《文章流别集》——的规范。方孝岳先生说:"虞挚的《流别》,既然已经失传,我们就以昭明太子的《文选》为编'总集'的正式祖师。……凡是选录诗文的人,都是批评家,何况《文选》一书,在总集一类中,真是所谓'日月丽天,江河行地'。那么,他做书的目的,去取的标准,和所有分门别类的义例,岂不是在我国文学批评史中,应该占有一个很重要的位置么?"[1]确实,总集对收入的作品必有所选择,因而涉及文学观;对文体必有所区分,因而涉及文体分类的具体意见。总集与文学理论和文学批评密切相关。所以《隋志》等将《文心雕龙》一类著作收入"总集"并非"体例不淳",而只是理解问题的角度和分类表达方式不同而已。

《文心雕龙》从普通文献上升为本原文献的过程,也是"诗文评类"从"总集类"中独立出来的过程;同时还是"文学批评"作为一个独立的文化现象或学科被广泛认可的过程。显然,通过对本原文献之历史流变的揭示,可以折射出特定时代的文化取向。

可见,本原文献是随着时代的发展而变化的。本原文献的变更不仅导致类例的相应性变更,而且还是文化发展的一面镜子,可以折射出不同时代的文化价值取向。本原文献确定类名和类别,它可以作为同一区别特征驾驭若干不同的文献,突出它支配其他文献义类的类例特征。但是,本原文献和其他文献之间的这种决定关系并非单向度的。事实上,正像《文心雕龙》在《隋志》是普通文献,而到了《四库》由于"宋明两代,均好为议论,所撰尤繁"被称为"诗文评"的文学批评著作大增而成了本原文献一样,本原文献之产生,很大程度上

---

[1] 方孝岳.中国文学批评[M].上海:三联书店,1986:63.

是同类的其他普通文献共同推动的。正是由于普通文献在数量上的增加,使得古代目录学家在编制目录时不能回避或无视它们的现实存在,从而在主观心理现实之上确立了本原文献、进而确立了相应的分类类别,然后再反过来由本原文献统摄、规范其他普通文献。

三、文献结构的语义和语用取向

我们知道,自1897年美国人杜威编制的《杜威十进分类法》(DDC)诞生以来的西方图书分类,直到当前的元数据、知识地图、知识本体、描述逻辑、主题图等,现代情报语言都是以明确化、形式化和规范化为旨归的。其实质是将自然科学理性运用于文献(知识单元)标引和描述,以期在单元(概念)及其关系这两个层面上改进自然语言的演算方法。这一取向作为理性逻辑的突出反映,忽略了一个根本事实:人类认知的优点。比如"Benzene"这个词,对化学师而言是"苯",但对消防人员而言,则意味着另一个意思。因此,当知识组织取决于以技术形式出现的若干精确规则时,也与用户基于自然语言的习惯性提问渐行渐远。正是在这一意义上,人们相信现代情报语言取得突破的关键之一便是:"知识信息的计量必须从语法层次向语义和语用层次发展。"[1]

饶有趣味的是,中国古代书目认为知识组织更多地取决于认知主体的认知背景、心理结构和思维方式,凸显的不是科学理性意义上的"语法"而是人文信念意义上的"语义和语用"。其中,类名作为古代书目系统的枢纽,集中反映了这一人文旨趣,对于纠偏现代知识组织的一般理论、方法和原则不无启迪。首先应该说明,目前为止"对语用学和语义学的划分还有种种争议"[2]。但可以肯定,它们都致力于研究如何在情境中取得话语意义,具有颠覆语法理性的共同特点。因此,本书拟以语用学中的四个主要论题[3]为对象,重点讨论中国古代书目分类的语用学特征。

1. 指别

指别,亦称索引词语,是指在不知其使用语境时便无从确定其所指语义的词或句。现代情报语言词汇是一种可定义的概念,而古代类名多为"指别"意

---

[1] 马费成.在数字环境下实现知识的组织和提供[J].郑州大学学报(哲学社会科学版),2005(4):5-7,14.
[2] 沈家煊.语用学和语义学的分界[J].外语教学与研究,1990(2):26-35.
[3] 戚雨村.语用学说略[J].外国语,1988(4):14-21,39.

义上的存在。如《七略·六艺略》下有小学(语言文字学)类,这一分类结果从六艺略序或小学序中找不到答案,唯有放在汉人"识字通经"的认识论背景下才能得到说明。南宋赵希弁《读书附志》以《弟子职》之类并入小学,又以《蒙求》之类相参并列。这只能在自朱熹作小学以配大学、宋后往往以洒扫应对进退为小学的特定"语境"下寻找原因。众所周知,朱熹所作《小学》六篇,所录皆宋儒所谓"养正之功",《弟子职》之类文献正属此类。

2. 预设

预设,即任何命题总有一个明显的预设的观点,如"他的汽车是豪华型的"预设"他有一辆汽车"。预设是作为言语活动参与者的共同知识进入活动的语义中的。如《七录》"伪史"和《隋志》"霸史"两个类名一脉相承,都是著录四方割据的政权史,其基本预设是割据政权是"伪"政权、是通过"霸"道手段而获得的。正是在这一"正统"观念下,书目类序无需对"伪史"或"霸史"下定义而能直接指涉一批文献。

3. 言语行为理论

言语行为理论,即通过说话人和听话者在交际中行为的关系来分析话语内涵。和述事话语有真假之分不同,行事话语是用来实施某种行为的,因此无真假之分,只有合适不合适之别。如"这儿很冷。"在特定语境下往往表示"请打开暖气"或"请递一件外衣给我"。古代书目中的类名也往往超越了词汇的本义而借助于语境另有指涉。如唐刘知几《史通·古今正史》中的"正史",与"偏记小说"相对,所以,纪传体的《史记》、记言体的《尚书》、编年体的《春秋》、国别体的《国语》等皆为"正史",可谓名实相符。但《隋志》首列"正史",专收官方认可或官修的纪传体史书,并不是在"正史"本身的语汇意义上使用这个类名。这里,《尚书》《春秋》《国语》等不入该类固然有书目分类上的考虑,但更多的是在强调其"正"的政治内涵,诚如《四库总目·正史》指出:"盖正史体尊,义与经配,非悬诸令典,莫敢私增,所由与稗官野记异也。"显然,就是非对错而言,刘知几是"正确"的,但就应然与否而言,《隋志》或《四库总目》是"合适"的。

4. 合作原则

合作原则,即人们的交谈之所以能够顺利进行,是因为双方都遵循一定的目的,相互配合默契,它包括量的准则(提供充分而不多余的信息)、关系准则

(话语与主题有关注)等。古代书目中,文献编码与解码也是符合合作原则的。如,《七略·形法》:"形法者,大举九州之势以立城郭室舍形,人及六畜骨法之度数、器物之形容以求其声气贵贱吉凶。"这是《七略》(乃至整个中国古代书目)中少见的关于类名的定义。然而,这个定义是以揭示外延的办法来说明其内涵的,它对应于该类实际所收的六种具体文献:《山海经》《国朝》《宫宅地形》指涉"九州之势以立城郭室舍形",《相人》《相六畜》指涉"人及六畜骨法之度数",《相宝剑刀》指涉"器物之形容"。无疑,这里的"形法"与其说是一个逻辑概念,不如说是一个主体范畴,它以"合作原则"来表达从主体范畴到完整思维的任何东西,并按照本书目特征所能容许的程度,把完整思维的质料包括多一些或少一些。

综上,活跃在"语义和语用"层面上的古代书目分类,对于努力通过"语义化和语用化"而寻求自身突破的现代情报语言是有启迪价值的。它表明,中国古代的文献组织的传统并未耗尽能量,许多命题至今仍有活力,轻易地抛弃传统是不明智的。

第六章 古代文献信息生态中的个人身心和谐与人际和谐

中国古代文献信息生态观认为,信息生态和谐的范围和层次是多维的。而这个多维和谐结构中,又以个人身心和谐为其基本核心。应该说,这一认识在当今欲望横流的信息社会中更有现实意义。

第一节 文献信息生态环境中的个人身心和谐

中国古代文献信息观把文献视为作者主体的信息化在场,因而与作者具有统一性。而人的本质是精神,因而人书合一的本质是人书合德。由此作为出发点,中国古代的文献学家借助于对文献与人的关系的理解,确立对信息生态环境中各层次之和谐关系的认识基础,甚至家国和谐、天下和谐,都可以在文献信息的和谐构建中获得底蕴指认。其基本思路是,建立在文献与人合一基础上的所谓"合一",本质上是人与书的"合德"。然后,在对个人德行的约束和规范的基础上,实现人际和谐从而最终实现社会乃至天人的普遍和谐。

一、人书合一:文献是作者主体的信息化在场

人与文献合一,也就是认为"人如其书""书如其人",人与书之间具有深刻的内在一致性,这是中国古代文献信息生态思维中的最高原则。

(一)文献突破肉身的时空局限虚拟主体人的在场

作为人工制品,所有的文献都是某个(某些)作者的主体创造,文献因而成为记录有人工信息的载体性存在。在文献甚至文字产生之前,主体人的唯一存在方式是自我肉身的显现,因而受到特定时空条件的限制。肉身意义上的"真实"存在,决定了人与人之间的交际也要通过交际双方的肉身在场才能完成,时间当下性和空间境遇性是无法突破的宿命。所谓"独恃口耳之传,殊不

第六章　古代文献信息生态中的个人身心和谐与人际和谐

足以行远或垂后"❶。不仅如此,口耳交际在传递过程中还易于失真,《吕氏春秋·察传》所谓:"数传而白为黑,黑为白。"

而文献能够突破时空限制,虚拟人的在场,并以信息化的方式实现人与人之间的交际。从这一意义上说,文献甚至就是为了突破"活生生"的人的现实存在局限性而刻意创造的结果。《史记·老子韩非列传》曰:"其人与骨皆已朽矣,独其言在耳。""言"超越了"人与骨"的肉身存在局限性。曹丕《典论·论文》则曰:"年寿有时而尽,荣乐止乎其身,二者必至之常期,未若文章之无穷。是以古之作者,寄身于翰墨,见意于篇籍,不假良史之辞,不托飞驰之势,而声名自传于后。"活生生的人,能够通过文献而将自我个体的在场疆域通过信息化的方式获得扩充。同时,文献还是"今之所以知古,后之所以知今"(《隋书·经籍志》)的信息中介。牛弘《请开献书之路表》曰:"(经籍)圣人所以弘宣教导,博通古今,扬于王庭,肆于时夏。故尧称至圣,犹考古道而言;舜其大智,尚观古人之象。""古道"与"古人之象"都可以通过文献而存现。明唐顺之《荆川稗编·叙学》也指出:"今之去古远矣,众人之去圣人也下矣。幸而不亡者,大圣大贤惠世之书也。"文献作为作者的信息化在场,能够重现昨日、复制今天,并能够虚拟未来。阮元《虞山张氏诒经堂记》记述清代大藏书家张金吾藏书事迹,并评论说:"古人实赖此与后人接见也,后人亦赖此及见古人也。是诒经堂、诗史阁、求旧书庄诸之,皆罗列古今人,使后人共见之地也。"

(二)文献不是价值中立的产物

中国古代的"文献"正是在"人"的信息化存在的意义上被生产、传播、识读和接受的。没有人即没有文献,人与作为人工制品的文献相比更具本原性和前提性,反映了记录在文献上的中国传统文化的深刻的人文性。众所周知,今天的文献被定义为"记录有知识的一切载体"。尽管,现代文献无疑也是主体人的创造,但文献以知识为对象,而知识是客观的。所谓客观知识,是"对事实或思想的一套有系统的阐述提出合理的判断或者经验性的结果,它通过某种交流手段,以某种系统的方式传播给其他人"❷。

显见,客观知识重视事实与经验,即必须经过观察或实验的验证;同时要

---

❶ 鲁迅.鲁迅全集:第9卷[M].北京:人民文学出版社,1981:343-344.
❷ 丹尼尔·贝尔.后工业社会的来临[M].高铦,等,译.北京:商务印书馆,1987:195-196.

合乎"合理的判断"和"系统的阐述",即必须能整合为一个严密的逻辑体系。由此,重视纯粹理智性的算计和操作的科学技术成为知识的主要内涵。具体而言,知识在自然科学领域主要表现为"那些当下获得普遍承认的重大理论成果",在人文社会科学领域主要表现为"历史上曾经有过的那些伟大的理论创造",在文学艺术领域主要表现为"训练和创作的方法、技巧、技术等通过人们长期实践总结出来的那些重要的带有规律性的东西"❶,它们被认为是文献记录的全部内容。

总之,现代文献观认为,主体人(作者)是在"价值中立"的规范下完成对客观知识的建构的,"客观性"要求作者努力获得关于客观对象的不以人的意志为转移的规律性认识,并将这一认识落实到一种与人的能动性和主观性相异在的文本之上。换言之,现代文献是在崇尚研究者和研究对象的主客二分并消除研究者的主体价值前见而构建的,仿佛"知识"可以脱离主体人的自觉自为的认识活动而独立生产出来,从而否认了文献内容的个体创见,也消解了作者之于文献的能动性。这样,所谓"文献"只是独立于作者的客观的知识信息和物理结构。与此同时,读者之读书也主要是学习书中的客观知识,既与对作者主体的认识无关,也与提升读者个人的涵养无关。由此,围绕文献而展开的人类所有知识创造和接受、文化传播与交流等,都只是一种"看不见人"的游戏。

(三)文献与作者的统一

中国古代的文献主要是复制作者本人,虚拟作者主体的信息化在场。扬雄《法言·吾子》曰:"在则人,亡则书,其统一也。"作为作者的人虽然去世了,但他的书还在,书与人是合二而一的。《后汉书·王充传》引袁山松曰:"充所作《论衡》,中土未有传者。……王朗为会稽太守,又得其书。及还许下,时人称其才进。或曰:不见异人,当得异书。问之,果以《论衡》之益。"这里,"异人"与"异书"具有同等价值。

尽管,古代文献和现代文献一样,一经创作完成就成了脱离作者的对象之物,但古代文献的本质始终是其背后的人,文献只是为了克服人的生命有限性和存在境遇性而迫不得已的替代性制品。这是古代文献的哲学依据和本体论

---

❶ 孟建伟.从知识教育到文化教育——论教育观的转变[J].教育研究,2007(1):14-19.

旨归，也是古代文献学的全部思想基础和前提。事实上，中国古代的"文献"一词就是文（文章、典籍）与献（贤才）的统一，文献即文贤，极为重视主体人及其创造性相对于"客体"文献而言的中心地位，魏何晏《论语集解》、宋朱熹《四书章句集注》皆持此说。虽然"文献"一词后来从文章、典籍与贤才的并列结构转向了偏指文章、典籍的偏义结构，如明代的《永乐大典》初名《文献集成》，这里的文献，实仅指文章、典籍，不包括人（贤才）。但这并没有改变古代文献的"人性"特征：文献是作者的主体创造，而不是客观信息的记录，因而不是知识论意义上的客观存在。只有在这一意义上，我们才能理解明儒邱睿在《访求遗书疏》中将《御注洪范》《御注尚书》等著作视为："皆我圣祖精神之所运，心画之所形，手泽之所沾溉者也。存之足以范百王，垂之足以鉴万代。其间虽或有成于众手，何者不本于圣心。"也才能够理解，孔门弟子在孔子生前主要通过与孔子的亲历交游而"学习"，在孔子死后，才将孔子的言传身教"辑而论之"为《论语》这一文本。诚如《隋书·经籍志》指出："《论语》者，孔子弟子所录。孔子既叙六经，讲于洙泗之上，门徒三千，达者七十。其与夫子应答，及私相讲肆，言合于道，或书之于绅，或事之无厌。仲尼既没，遂辑而论之，谓之《论语》。"

二、人书合德：文献是作者身心和谐的体现

文献以信息化的方式间接地虚拟了人的在场，改变了人的存在意义和存在价值。文献成为主体人延展有限生命、充分显现自我和完成社会担当的重要路径。而这种虚拟，主要是对作者主体精神境界的虚拟。亦即，文献主要是与人的精神合一，因而书人合一本质上是书人合德。

（一）人的肉身和精神

活生生的人是肉身和精神的双重存在，肉身是精神的寓所，没有肉身就没有精神。但是，文献复原的只是作者的精神而不是作者的立体性的肉身。与影视、视频等影像化的文本（它们也被称为广义上的"文献"）不同，文字记录意义上的狭义的文献只保留了人的心性等精神而无法使物质性的肉身存现，从文献的纸墨装帧或字里行间并不能看到作者主体的模样妍丑或音容笑貌，说明文献与其背后的作者主体之间在本体论意义上并不完全等同。动物也有肉身，精神才是人之为人的本质，人是通过精神将自己与动物区别开来的。

和谐信息生态环境构建——以中国古代文献信息生态观为视角

正像精神是人区别与动物的核心标志一样,文献作为"属人"的产品,也是在这一意义上被认识的。邱睿《访求遗书疏》云:"天下之物,虽奇珍异宝,既失之皆可复得。惟经籍在天地间,为生人之元气,纪往古而示来今,不可一日无者。无之,则生人贸贸然如在冥途中行矣。"认为文献凝聚着人之为人的"元气"。而清儒孙庆增《藏书记要·购求》则曰:"夫天地间之有书籍者,犹人身之有性灵也。人身无性灵,则与禽兽何异?天地无书籍,则与一草昧何异。"诚然,"人对'形上本体'的确立是同人的本质规定相吻合的。人总是要寻求一种'超越',表达一种'追求',内蕴一种'可能'。从这个意义上说'形上本性'乃是人的超越本质"[1]。

(二)文献虚拟了作者的精神信息

文献恰恰虚拟了作者主体的精神信息,所谓"文如其人"主要是就文章、典籍与主体的精神气质之间的相符性而言的,物理性的身躯并不在考虑之中。亦即:只有在主体精神意义上,文献才"等于"甚至"就是"作者。明唐顺之《荆川稗编·叙学》曰:"东汉史成于范晔,其人诡异好奇,故其书似之。"所谓"诡异好奇"主要是就范晔的精神气秉而言的。《史记·孔子世家》曰:"余读孔氏书,想见其为人。"司马迁从"孔氏书"中所"想见"的"孔子",无疑也是就孔子的精神和心性而言的,孔子的体貌特征自然不在话下。《旧唐书·经籍志》引毋煚《四部都录》之语云:"经坟之精术尽探,贤哲之睿思咸识,不见古人之面,而见古人之心。"也是要强调,从"经坟"中获得的是"精术"、是"睿思"、是"心",而不是肉身意义上的"面"。

综上,文献作为作者主体的信息化在场,主要虚拟了人的精神信息,从而也将人的存在从物理肉身性存在过渡到了意义性存在。这意味着,文献是一个关于"人"的精神问题,而不是"纯客观"的知识论问题,文献具有"人"性,甚至就是为了显示人性而生成的。更进一步,也强调了文献所记录的文化内涵的人学意义。相应地,古代称之为"校雠学"的文献学不仅是关于校雠技术发展的问题,更是人的发展问题。例如,"互著"表面上是关于书目著录的技术,即章学诚《校雠通义·互著》所谓"至理有互通、书有两用者""不以重复为嫌,其于甲乙部次之下,但加互著,以便检稽";然而,"互著"的最终目标却是"部次流

---

[1] 陆杰荣,王雅.逻辑论证与主体体验:中西哲学"形上本体"之比较[J].哲学动态,2007(8):37-41.

别,申明大道",兑现其超越层面上的精神价值。同样,"经古文学家认为'六经皆史',孔子只不过对六经这些前代传下来的文献典籍作了校释整理而已;今文学家则认为六经是孔子本人的著述,其中处处贯穿着孔子的思想观点"[1]。显然,古今文的不同"文献学"理念,本质上预设了作为"人"的孔子的不同历史地位和文化功绩。

(三)"敬惜纸字"就是对作者精神生命的尊重

由于人书合德,文献主要显现作者主体的精神信息,因此,古人普遍具有"敬惜纸字"的情怀。这一情怀反映在文献信息学中,集中表现为对图书的无比珍爱。胡应麟《少室山房笔丛》记载元代赵孟对藏书的爱护有所谓"六勿四随"之说,"勿卷脑,勿折角,勿以爪侵字,勿以唾揭幅,勿以作枕,勿以夹刺,随损随修,随开随掩。"这是对图书载体的爱护。而据《晋书·应詹传》记载,晋人应詹在打败杜弢后,面对杜府所藏溢目的金宝,"詹一无所取,唯收图书,莫不欢之"。应詹此举堪称与汉初萧何"沛公至咸阳,诸将皆争走金帛财物之府分之,何独先入收秦丞相御史律令图书藏之"同风。而据叶德辉《书林清话书林余话》所录《上善堂藏书记要》记载,"得一善本为美事者,何也?夫天地间之有书籍也,犹人身之有性灵也","故书籍者,天下之至宝也"。为此,藏书家们往往"菲饮食,恶衣服。减自奉,买书读"。清人咏吴骞拜经楼诗则云:"人生不用觅封侯,但问奇书且校雠。却羡溪南吴季子,百城高拥拜经楼。"[2]反映了与人合德的文献能够助推人生境界的提升,而世俗意义上的"封侯"反不如文献能够决定生命的高度。

反过来,对文献的不敬或破坏也就是对"人"自身的不敬与破坏。在此意义上,古人认为不仅要认识和合理利用图书,还应该对图书有所"敬畏",把保护图书视为神圣的责任。甚至为了"得一最难得之书籍,不惜典衣、不顾重价,必欲得之而后止"[3]。古代有许多学者嗜书成癖,爱书如命,他们淡泊明志,但以读书为乐。不仅如此,古人还认为人对图书应该肩负一种道德责任。南宋著名藏书家尤袤云:"吾所抄书,今若干卷,将汇而目之。饥,读之以当肉;寒,

---

[1] 孙钦善.中国古文献学史简编[M].北京:高等教育出版社,2002:8.
[2] 郑伟章,李万健.中国著名藏书家传略[M].北京:书目文献出版社,1986:111.
[3] 徐雁,王燕均.中国历史藏书论著读本[M].成都:四川大学出版社,1990:516.

读之以当裘;孤寂,读之以当友朋,幽忧而读之以当金石琴瑟也。"[1]这些都显示了古人视书如宝、珍爱典籍的精神指向。总之,古人敬书爱书,把书奉为神明。明代文学家归有光《题石录后》云:"夫典籍,天下之神物也。人日与之居,其性灵必有能自开发者。玉在山而草润,渊生珠而崖不枯。……书之所聚,当有如金宝之气。"

三、作为文献整理者的馆员本质上是道德主体

读者并非直接面对文献,而是经过了一个馆员文献收集和整理的中介。而馆员往往对"违碍"文献规定了严格的去取标准。《隋书·经籍志序》曰:"其旧录所取文义浅俗,无益教益者,并删去之。"《四库总目·凡例》云:"辨厥妍媸,严为去取。"直接限定着读者的文献获得,从而使读者"读好书、做好人"。同时,读者借由查找文献的书目,也被馆员设计成了"大弘文教"和"为治之具"的工具,读者在由书目而文献的查找过程中,不能不受书目所构建的人伦境界所左右。例如,读者涵泳于馆员的独特的类目设定,在文献检索的同时体会到道德的崇高。而馆员对一本本文献所做的提要,作为干预阅读的重要方式,也先入为主地训导读者在具体文献阅读过程中如何超越文本,深刻体会超文本的道德内涵,并转化为读者个体人格的提升。例如,《四库总目》别集末按语云:"考奏议皆关国政,宜与诏令并为一类,不宜列于集……今移奏议入史部。"将奏议诏令合为一类并提升到史部。这种将文献之收集、整理和传递的整个信息交往过程与现实的人伦理想和政治教化功用完美地结合起来的目录学取向,并不是要从原子分析主义的观点出发来追求某种可验证的信息编码与解码效果,它没有形式或性质上的"真"。相反,古代目录学中有"善"——编码者对解码者以及对人生处世的诚意,上升为伦理规范,是一种文化精神极其充沛、人生境界极其高尚的学术标准与追求。从而,最终提出了主体人在目录学理论与实践中的终极目的以及目录学对人生的意义和功用问题。

从现存九篇刘向撰作的叙录内容来看,刘氏对书籍的评骘完全是以儒家六经为根据的。如评论《晏子》说:"皆忠谏其君,文章可观,义理可法,皆合六经之义。"评论《申子》云:"申子学号曰刑名。刑名者,循名以责实。其尊君卑臣,

---

[1] 郑伟章,李万健.中国著名藏书家传略[M].北京:书目文献出版社,1986:16.

崇上抑下,合于六经也。"《列子叙录》云:"其学本于黄帝、老子,号曰道家。道家者,秉要执本,清虚无为,及其治身接物,务崇不竞,合于六经。"

今天,知识论意义上的文献,能够从物理形态和主题概念的逻辑类项上加以打量,成为类似于牛顿的苹果一样的纯粹客观之物,主体人可以对它们进行测量、制造和控制。相应地,馆员的职业训练和工作准则也主要是客观、公正、形式化地收集、整理、编码和保存文献。比如,在文献整理和编码方式上,应该标准化分类和著录,"天才著作和下流作品同样都是书目中的一个类号",等等。所谓合格的馆员,就是熟悉文献资源建设、分类编目工作等具体业务的技术人员。事实上,这也是当今图书馆学教育的全部旨趣。古代馆员也有现实层面的业务要求,"典籍""正字""校勘"等等,甚至成为他们的职业称谓。然而,由于古代文献并非知识论存在,古代馆员们的文献工作也不局限于仅仅提供知识服务的现实层面,而是致力于某种价值层面上的突破与超越。

可见,古人书目业务管理的本质是一种崇尚礼乐教化的管制而不是理性和科学的管制。相应地,在古人"必试而后命"的馆员职业准入和任职要求中,道德是主要条件之一,馆员只有作为道德主体才能胜任形而下的具体文献工作。只有首先"做人"和"成人",然后才能充任馆员。"做人"就是要做一个有修养的文明人,"成人"就是造就文明人应有的完美人格。今天的馆员,是崇尚具体图书馆业务的"技术训练狗",如何让图书馆业务活动与教化传统相联系,让人道教化成为图书馆员最高的价值自觉,应成为我们思考的方向。

四、读者身心和谐的建构

古代馆员在文献收集、整理和保存中呈现的人道指向,施之于读者文献解码(检索)和文献阅读的整个过程,让读者在形而下的文献获得和利用之中,提升个体人格,成为道德高尚的人。这与馆员作为道德主体的主体干预诉求有关。

1. 读书的目的是求道而不是求知

中国古代文献不是立于我们面前的纯粹客观之物,而是主体人(作者)的心性显现。扬雄《法言·吾子》:"在则人,亡则书,其统一也。然则五经不亡,无异仲尼常在,故去圣五百年而其人若存者,书在则然也。"书(文字记载)和人

(作者)是一致的,五经之不亡,犹孔子(仲尼)之常存,五百年后的"今天",孔子还能"活着",是因为孔子的书(五经)还能读见。表明文字记载(立言)是圣贤功德和志业的反映,其本质是价值论而非知识论。因此,和今人"求知"的读书目的不同,古人读书是为了"求圣贤之道"。

事实上,知(智)在古代也是一个道德伦理范畴,主要表征为对天理人伦的理解。如清孙庆增《藏书纪要·购求》云:"夫天地间之有书籍者,犹人身之有性灵也。人身无性灵,则与禽兽何异？天地无书籍,则与一草昧何异？故书籍者,天下之至宝也。人心之善恶,世道得失,莫不辨于是焉。"这里,书籍不再是简单的客体存在,而是和主体人此包彼摄、主客互渗的意向性存在。对书籍的认知也要服从于"人心之善恶,世道得失"的伦理约定。显然,古代的文献观也是文化观,其核心特点是突出了人文精神但缺少科学精神,具有自身不可克服的局限。然而,古人的超越追求,对于我们反思西方式的理性文化是有积极意义的。从图书馆学的角度而言,也有助于我们今人重新考量文献价值之单一知识取向的固有弊端。总体上,在数据(data)、信息(information)、知识(knowledge)、智慧(wisdom)、道德(moral)这五种元素中,其等级是逐级提高的。大量拥有data、information和knowledge的现代图书馆,如何在知识服务的基础上提供智慧服务(使人获得高明,达到彻悟与制胜之道)和道德服务(使人砥砺人格,成为有修养的人),应成为我们思考的内容。

2. 文献的知识内容应转化为对"道"的体悟,并落实为相应的行动

作为人工制品和相对成熟的信息类型——文献——更多地表现为一种价值理性和伦理精神,而有关文献的"知识"则应该落实到具体的人伦世界,从而规范人的精神生活,实现身心和谐。文献信息生态的和谐,应该指向现世和人类的现实生活。孔子所谓"志于道,据于德,依于仁,游于艺"(《论语·述而》),强调道、德、仁的本体地位,"艺"只能在上述本体基础上规范,从而使人格向上发展,既不离开"艺"的现实世界,又要超越现实的局限,培育真善美相统一的理想人格。正如邱濬《访求遗书疏》指出:"人臣为治之道,非止一端。然皆一兴一时之事。惟所谓经籍图书者,乃万年百兴之事。是皆自古圣帝明王、贤人君子,精神心术之微,道德文章之懿,行义事功之大,建置议论之详,今兴赖之以知古,后兴赖之以知今者也。凡历几千百年而至于我今日,而我今日不有以修

茸整比之,使其至今日而刻坠放失焉。后之人惟厥所由,岂不归咎于我哉? 是以自古帝王,任万世世道之责者,莫不以是为先务。"

知行合一既是儒家修身的重要内容,也是身心和谐的实践路径。从而既重视学习书本中的间接知识,也强调实践是获取真知的重要途径,"指引人们的道德践履和修身之路"。"知"要求"读万卷书","行"要求"行万里路","把读书求知的过程变成追求德性之知的过程"。正如孟子所说:"学问之道无他,求其放心而已矣""尽其心者,知其性也;知其性则知天矣。"(《孟子·告子上》),从而达到"修其身而天下平"(《孟子·尽心下》)的目的。杜维明认为:"儒家的修养纲领,正如大师的生活现实所示范的,就是逐渐学会做人。简言之,这意味着我们能在普通人的生存中认识到生命的最终意义。我们在日常基本生活中的普通行动,恰好是人性获得最充分表现的活动。对此时此地生活着的人来说,要完成学习做人的全过程,就要在道德成长的每一关头始终把自我修养放在第一位。这一主张隐含着这样一个命令,即我们应当完全对我们的人性负责,这不是出于任何外在的原因,而是出于我们都是人这个不可更改的事实。"❶南怀瑾说:"我们上古传统教育的主要宗旨,就是教导你做一个人,完成一个人道、人伦的本分。不是只教你知识和技能,而不管你做人做得好不好。因为做工、做农、做小贩、做官、做学者、做军人、做皇帝,那都是职业的不同。职位虽不同,但都须要做人,才是本分。"❷做人的核心就是人格的培养,建立在人格培养基础上的身心和谐,作为生命个体永恒的价值追求,也是中国传统和谐文化的价值目标。事实上,中国古代哲学"从来不单是一个提供人们理解的观念模式,它同时是哲学家内心中的一个信条体系";哲学家的哲学信念"要求他身体力行,他本人是实行他的哲学的工具。按照自己的哲学信念生活,是他的哲学的一部分"❸。

五、古代文献信息生态中个人身心和谐的现代价值

中国古代文献信息生态中有关个体身心和谐的建构的智慧,对我们今天和谐信息生态环境的构建具有十分重要的启迪价值。

---

❶ 杜维明.儒家思想新论—创造性转换的自我[M].南京:江苏人民出版社,1995:55.
❷ 南怀瑾.原本大学微言[A].南怀瑾选集[C].上海:复旦大学出版社,2003:126.
❸ 金岳霖.中国哲学[J].哲学研究,1985(9):38-44.

首先,信息人并不是基于专业分工的职场科层制存在。

人自身的和谐——作为人的身体、思想和行为处于健康协调的状态——是一个表征人自由和全面发展的范畴。现代社会中人的身份更多地表现为一种基于专业分工的职场科层制存在,例如从信息管理的角度将人区分为信息生产者、信息整理者和信息使用者等。他们的职位与责任紧密相连,因而需要学习和运用专业知识,主要包括处理信息"客体"的技术知识,以及应对"他者"客体的社会规范知识。例如,信息收集者既要掌握信息采集的基本技术和技能,又要谙熟与信息采集有关的法律和规范。分工的实质是以效率为取向,以信息的客观性为预设,通过专业知识的学习与运用,改造信息世界中的客体信息,努力把客体对象转变成我们需要的物质性产品,例如把特定内容的信息整合为特定专题的数据库。它没有对作为心性存在的人的自我改造和自我完善,好似韦伯所说的"专家没有灵魂"。中国先哲致力于构建"君子"取向的人格,《论语·为政》说"君子不器";《庄子·山木》强调"物物而不物于物",因为像器物一样提供工具理性的专门用途是和人的全面发展相违背的,因而不是"君子"之所为。"君子"取向的人格追求"使人作为人能够成为人,即成为人本身而不是成为'某种人'"[1]。相反,专业化的职场科层制只能使人成为"某种人",因而只能以专业知识为原则追求"正确",但却丧失了"全面人"的素质、教养和境界,从而形成《老子》所谓"为学日益,为道日损"的目的—手段之间的"吊诡"(paradox)。既然信息的人文性决定了信息不是像水电一样的匀质物质,信息生态中的差别和等级就将是永远消除不了的。因此,"和谐"表面上是指一种客观的外在状态,实质上是一种主观的内在状态。通过西方式的形式法、市场经济、政策倾斜乃至技术手段等只能实现外在和谐,只有"全面人"的君子人格才能构建自我身心的内在和谐。

其次,个人的身心和谐是人际和谐乃至社会和谐与天人和谐的前提和基础。

《论语·八佾》说:"人而不仁,如礼何?"在传统儒家看来,"正心"是修身的前提。孔子以降,孟子倡言性善论,将人的先验本质与伦理道德统一起来,认为自身道德修养是社会和谐的基础性条件。荀子倡言性恶论,认为通过个人

---

[1] 安希孟.智慧与知识[J].现代哲学杂志,1999(3):38-41.

"化性起伪"的道德修炼,可以达到"人皆可以为尧舜"的身心和谐之圣贤人格,从而成为构建和谐社会秩序的基础。可以肯定,无论性善、性恶,个体的身心和谐都是社会和谐的基础和前提。中国儒家以"仁者人也"的信念相号召,重视道德是中国传统文化的根本特征。所以《大学》强调,"自天子以至于庶人,一是皆以修身为本"。"仁"不是知识论,而是一种内在的"身心结构""是一种经由自觉塑造的心理素质即情理结构"。

换言之,"仁"作为人的身心和谐之体现,不是由"真值性"的知识来承载的。所以,《论语·述而》认为:"我欲仁,斯仁至矣。"以仁为指向的人的身心和谐,通过心性之学(德性之知)和礼义之学(见闻之知)的学习,扩展为包括信息生态和谐在内的社会全面和谐的基础。根据心性之学,只要尽心尽性就能知天,不必向心性之外求天道(客观规律)。例如,处于较低势位的人(如低学历层次的大专生)也能通过自我身心调节而获得"和谐"。礼义之学则要求通过自身不断学习的过程而改变身份等级。例如,通过自我提高学历层次获得相应的信息生态地位。显见,中国古代以"仁"为指向的君子,是信息生态和谐的人格担当者。个人修养是包括人际和谐在内的社会普遍和谐的前提。"期望在社会交往中出现和谐的事态以作为自我修养的有利条件,在儒家看来,不仅是不现实的,而且是不合理的。自我修养是根本,和谐的人际关系是分枝,无论从时间上还是从重要性方面看,孰先孰后的次序都是不可颠倒的"❶。因此,个人修养的完满程度,直接决定着社会总体和谐。明末清初胡承诺《读书说》指出:"好书藏书莫不有正有邪。淮南王安好书,所招致率多浮辩之士。河间献王所好,皆经传说记七十子之徒所论。邪正不同,故立身亦异。厥后淮南王以叛终,河间称贤王。"好书藏书内容的选择直接与修身、与人生成败相关。明薛瑄《读书录·论学》曰:"凡不正之书皆不可读。自有文籍以来,汗牛充栋之书日益多。要当择其是而去其非可也。郑声乱雅乐,杂书乱圣经。"

第二节 文献信息生态环境中人与人的和谐

社会是由人组成的,没有每个个体的和谐,就不可能达到社会总体的和

---

❶ 杜维明.儒家思想新论——创造性转换的自我[M].南京:江苏人民出版社,1995:55.

谐。在人与信息、信息与信息、人与人的多重和谐界域中,个人身心的和谐是全部和谐的根本前提。"中国古代的先哲们着眼于'心平德和'的伦理思考,得出了思想和谐才能使品德行为和谐,从而促进事物全面和谐的规律性认识。这一认识强调了主观能动作用对于实现和谐所具有的重要作用,揭示了和谐是人的思想协调和主观努力的结果"。这一认识成果的现实意义在于,"从和谐主体的角度弥补了西方哲学单纯描述和谐状态的不足,阐释了西方学者们所忽视的和谐的另一个重要的本质规定性"[1]。

而个人自身的修养,又是个体身心和谐的基础,因而身心和谐也是一切和谐的起点。通过个人修养的提升,不仅可以成己,实现个人身心的和谐,还可以安人与成物,并精进为齐家、治国、平天下的境界,表现出明显的以修身(个体身心和谐)为本的内倾性取向。这样,由个人身心的和谐,必将精进为文献信息生态环境中人与人的和谐,也就是传统所说的群己和谐,或社会和谐。

相比而言,西方式的社会关系是建立在"科学"的立场上的,相应地,人与人之间的和谐在信息生态环境中主要表现为:

一、西方理性主义信息生态环境中人与人的和谐

信息生态是人类信息实践的产物,实践决定了人的"类"存在,人与人之间"必然会发生各种各样错综复杂的关系",而"这种复杂关系的理想形态便是和谐"[2]。为了实现人际和谐,西方通过非人格化的、与人的自主意识无关的理性系统来规范人的行为,并调节人际关系。形式化的法律以及市场经济原则都是这一思维的产物,它们注重以"真"为取向的知识准则,形成了人与人之间的外在效用关系。但由于没有形成指向道德实践的内在规范知识和指向审美实践的主观知识,因而不可能真正实现人际和谐。诚然,现代文献是知识论意义上的,文献信息成为类似于牛顿的苹果那样的纯粹客观之物,主体人可以对它们进行测量、制造和控制。与之相应,信息工作人员的职业训练和工作准则也主要以客观、公正和形式化为准的。

(一)形式化的信息法

---

[1] 康渝生.和谐发展的理论渊源及其在当代的实践[J].学习与探索,2006(1):144-148.
[2] 李明元,陈瑶瑶."和谐学"论纲[J].中央社会主义学院学报,2007(6):66-69.

第六章　古代文献信息生态中的个人身心和谐与人际和谐

在西方式的理性思维规范下,形式化的信息法成为调节信息实践中人际关系的主要依据。例如,诉诸"制定和实施公平和均衡的信息政策和法律",实现"所有信息传播与接受主体的信息获取机会的公平、信息资源配置的公平和信息渠道利用的公平,进而实现所有信息传播与接受主体对所需信息资源的各取所需和所需能取"[1]。作为西方理性文化的产物,信息法和其他类型的法律一样,具有严格的形式化特征。它是从纯粹目的论的角度定义的,法律与伦理的区别甚严。法律的井然有序往往以伦理内涵的缺失为代价,出现所谓"法不容情"的尴尬。例如,"当信息资源具有某种稀缺性和利益性,就具有了排他性和竞争性,也就具有了专有性或垄断性,信息共享就十分困难,有时制度甚至要认可和保障这种专有性或垄断性(如知识产权)"[2]。信息垄断与信息共享之间的这一矛盾,源自信息生产者与用户之间人际对立关系的"真实性"预设。事实上,信息生态环境是社会个体共同建构的,个体与个体之间的关系是共同文化背景下的关系,是一个包括认知、表达和道德等多重因素的系统。因而,在认知的真实性之外,还存在心理的真诚性及主体对规范之认同的正当性。例如,知识产权(包括著作权、信息网络传播权等)的最终目标既在于给作者的劳动以回报,又必须以方便用户的使用为归宿。二者之间不是"非此即彼"的选择,而是"亦此亦彼"的合理平衡。而那个具体的平衡"度"并不是基于是非对错式的二值逻辑判断,而是与"善"、与"美"有关的主体之间共识的达成。

在中国古代,信息的人文性定位预设和谐信息生态构建的伦理原则,从而为信息生态的诉求提供道德和审美手段,形成一种主观实质性(而不是客观形式化)的制度设计。人际关系是交互主体的关系,人际和谐的建构是通过共识真理(而不是认知真理)建立的。古人强调"礼法一体","法"与"礼"都是重要的伦理范畴。而伦理本体的实质是关系本位,相互间是一种义务关系而不是二元对立关系。这决定了"存在者之本质并不是由纯粹自身来决定,而是在与其他存在者相对应的关系中生成的"[3]。例如,就知识产权问题来说,"给作者的劳动以回报"和"方便用户使用"是互为因果、相辅相成的整体。只有"给作

---

[1] 邵培仁.信息公平论:追求建立世界信息传播新秩序[J].浙江传媒学院学报,2008(2):25-29.
[2] 邵培仁.信息公平论:追求建立世界信息传播新秩序[J].浙江传媒学院学报,2008(2):25-29.
[3] 李英灿.儒家社会学何以可能[J].孔子研究,2003(1):26-33.

者的劳动以回报"才能刺激信息生产,从而更加"方便用户使用";同时,只有"方便用户使用",信息生产者的劳动才有了目的和指向,从而获得更大的回报。可以认为,正如知识产权面临着作者和用户两者之间的"关系"一样,信息生态中的一些基本问题都是关系问题,而不是"非此即彼"的二值逻辑选择问题,任何单一取向的舍此取彼或舍彼取此都是不完整的。

(二)市场经济原则

在西方式的现代科学思维中,信息研究往往被简化为从技术和管理的角度计算出一个状态稳定的最优目标并指出达到这个最优目标的各种可行路径,实现"帕累托最优"(Pareto Optimum)或"帕累托有效"(Pareto Efficiency)。由此,人与人之间形成了市场式的公平、互惠和利益关系,这是一个与道德无关的领域。所以,重利轻义或利欲熏心虽然不"道德",但却非常"合理"。因此,"在市场经济条件下,信息资源的稀缺与过度膨胀之间的矛盾会持续地存在""至少在商品社会里,一切信息的简单化地无偿共享是不现实的,信息的贫富差别是不可避免的,'信息平均主义'在短期内是不现实的"❶。

道德文化是中国传统文化的重要内容。从个人角度说,它强调道德是人之为人的根本,人的价值取决于个人道德的修行而不是个体能量的外化。在此理念下,强调"君子聚财,取之有道",从而把"利"的获得纳入到道德范畴的审视之下。强调在经济活动中"讲信修睦""以义制利""义之和处便是利"(《朱子语类·卷六十八》)等,对于合理调节经济活动和经济行为是有积极意义的。事实上,中国古代经济不依赖市场的调节。这种经济形式尽管没有现代市场经济"理性",但其中的若干智慧对于市场经济规约下的和谐信息生态诉求却是有借鉴意义的。《老子》指出:"天之道,损(减少)有余而补不足;人之道则不然,损不足以奉(供奉)有余。"市场经济导致的马太效应是典型的"损不足以奉有余",这在信息生态领域直接表现为数字鸿沟。数字鸿沟已经并仍将随着经济差距的扩大而日益扩大。而基于信息公平理念的"损有余而补不足"又往往通过无原则的政策倾斜乃至"劫富济贫"追求绝对平均,从而导致迄今为止的信息公平理念大多流于情绪表达。它缺乏对信息公平的现实基础和实现条件的分析,也没有考虑到信息获得与满足程度直接跟信息主体的信息接受能力相

---

❶ 肖峰.信息生态的哲学维度[J].河北学刊,2005(1):49-54.

第六章 古代文献信息生态中的个人身心和谐与人际和谐

关。例如,一个不懂德语的人,即使拥有全部德语文献信息,他的实际信息获得也是零。

我国先哲提出"均无贫"(《论语·季氏》)的分配制度,追求"建构一个既有情感精神世界的仁爱和谐,却又不因此而流于无差别、无目的之等级的平庸的人性状态"❶,在构建社会和谐中曾发挥过重要作用。"均无贫"中的"均"不是绝对的平均,而是基于不同等级和不同身份的相对平均,从而表现出人伦关系中"各得其所"的序位伦理;而"无贫"则是要避免过度匮乏。"均无贫"的高明之处在于将经济分配与身份等级联系起来,强调各得其分与相安和谐,既不搞绝对平均,也不主张过度悬殊。无疑,"均无贫"是古代实行"礼乐"制度的必然结果。《礼记·乐记》:"乐者为同,礼者为异。同则相亲,异则相异;乐胜则流,礼胜则离。合情饰貌者,礼乐之事也。礼义立,则贵贱等矣;乐文同,则上下和矣。"礼乐秩序通过"分"与"和"表达人际关系,既强调人与人之间存在明确的等级差别,又强调社会共同体的总体和谐。一方面,"礼"所表征的"分",是"乐"所表征的"和"的前提,也是形成社会秩序的基础;另一方面,"分"又必需以"和"的理念为追求,接受"和"的规范与调节,从而使"分"能够达到理想的和谐状态。由此,社会成员虽存在差别,但这种差别又是有限度的。它不是整齐划一,而是求同存异,从而实现整体上的协调与统一。这对当代信息生态和谐诉求是有借鉴价值的。例如,我国高校图书馆对博士生、硕士生、本科生、大专生普遍实行借书数量递减原则。有人基于信息公平的善良愿望,认为这是对低学历学生的明显"不公"❷。事实上,不同层次的学生有不同的学习任务和科研要求,他们的文献使用能力也大相径庭(例如,低学历层次的读者相对缺乏阅读外文原版书或古籍线装书的能力)。因此,与其好高骛远地追求不同学历身份的片面平等,不如根据图书馆实际,有效地协调差异,让差异本身构成有序的和谐等级。

然而,现代信息学中的人与人的关系是理性对立的关系。例如,信息生产者与信息用户之间就被设计成了一种基于不同"利益"的对立关系。又如,现代图书馆学视域下的馆员与读者也是一种对立关系,因而只寻求以文献收集

---

❶ 陆自荣.儒学和谐合理性:兼与工具合理性、交往合理性比较[M].北京:中国社会科学出版社,2007:240.

❷ 宗红侠.对院校图书馆促进信息公平的思考[J].现代情报,2007(8):119-120.

和谐信息生态环境构建——以中国古代文献信息生态观为视角

整理为一端以检索使用为另一端的、对立两极式的符号转换规律。作为沟通两者桥梁的知识组织,往往借助于语法规则(如逻辑规则、学科属性)标引知识,知识组织行为成为程式化的纯粹符号活动。例如,DDC或《中图法》都无视知识组织的思想性和创造性,而只是从逻辑性和实证性出发,形成了一种与现实文献和文化世界相隔离的符号活动。

二、中国古代文献信息生态中的群己和谐

人的存在是一种群体性的存在。"人的本质不是单个人所固有的抽象物,在其现实性上,它是一切社会关系的总和"[1]。社会和谐就是群己和谐。但是,正如上文所言,在现代,形式化的信息法是调节信息实践中人际关系的主要依据、市场经济原则是规范人与人之间关系的另一个重要的策略性原则,而它们在和谐信息生态的人际和谐诉求中都存在一定的局限与不足。在我国天人合一哲学背景下,当文献成为作者主体的信息化在场,文献本身遂成为个人身心和谐的建构者;并且,文献之于读者,成为一种主体间的关系,因而,人与文献的关系就演变成了人与人的关系。这其中所隐含的若干智慧,值得今人珍视。总体上,中国古代的文献信息观的核心是要强调人与文献的合一关系,它是由主客一致、物我一体的本体论思维决定的。

人与文献的关系不是主客关系,而是主体之间的关系,它追求的是主体与主体间的统一性。这种致思取向把主体人置于客体文献对象之中,直觉地而不是理性地把握对象。从哲学上说,是没有区别精神与物质。因此,中国古代文献学主要关注:一是由书知人、由人及心,二是由人知书,三是人与书之间可能存在的矛盾对立及其化解等问题。由此,形成了关于"人"(包括作者和读者)的研究,文献的知识内容本身并不是研究的核心和本位。

显然,西方式的信息客观化以及由此而来的人与信息的主客对立,直接导致了信息生态构建的"科学"认知方向。它主要包括旨在确立逻辑知识的形式化和确立规律知识的行为准则,为信息生态的诉求提供知识手段。中国式的信息人文取向以及由此而来的信息与人的交互主体关系,直接导致了信息生态构建的伦理方向,其实质是从人与信息的对待关系出发,建立兼具道德实践

---

[1] 马克思恩格斯选集:第1卷[M].北京:人民出版社,1995:56.

第六章 古代文献信息生态中的个人身心和谐与人际和谐

合理性与审美实践合理性的体制。由此形成两套外在的规范知识,成为中西方两种不同的制度设计。

(一)作者从"为己"到"成人"与读者形成人际和谐

文献作为作者的间接在场,必须得到读者的认可,只有作者的间接在场和读者的直接在场之双重在场,才能营造在场之"场"。

从文献学的角度说,文献取代肉身的在场,既是作者主体的一种存在状态,也涉及与读者主体的交互关系。在这一意义上,文献一方面是作者的在场,另一方面是针对读者的在场。从作者主体的角度说,作者以文献的方式所谋求的信息化在场,始终期待着读者的参与从而完成"交际"。几乎不存在不期待读者的文献,甚至可以说,文献就是为了与读者的交际而创作完成的。司马迁在《太史公自序》和《报任安书》中都交待了他的《太史公书》(即《史记》)对读者的期待。《自序》曰:"凡百三十篇,五十二万六千五百字,为《太史公书》……藏之名山,副在京师,俟后世圣人君子。"其《报任安书》亦曰:"仆诚已著此书,藏之名山,传之其人通邑大都。"正像《史记》一样,文献具有影响读者或促使读者"应对"的明确目的,显现了作者与读者之间的一种"关系"存在。离开了读者的接受或回应,作者通过文献而设计的自我信息化在场也就失去了意义。《乾隆三十八年五月十七日上谕》所谓"柱下史专掌藏书,守先待后",虽是从藏书者的角度而言的,但"守先待后"何尝不是作者的旨归呢?同样,老子《道德经》中有大量诸如"侯王"或者"王""万乘之君"等字样,而且还明确地提出了"圣人处无为之事,行不言之教"和"圣人之治也"等问题。可以肯定,老子说话的对象并非普通的百姓,而是君主们。扬雄《法言·五百》中曾经说:"史以天占人,圣人以人占天。"班固《汉志》说:"道家者流,盖出于史官。"并认为道家的要旨是强调"秉要执本,清虚以自守,卑弱以自持",成就"君人南面之术",也从一个侧面证明《道德经》的关注所在,以及对其特定读者"君人"的期待。

孔子在《论语·宪问》中曾说过一句耐人寻味的话:"古之学者为己,今之学者为人"。"为己"与"为人"相对,"为己"是为了"成己",即成就自己的道德;"为人"是指迎合他人以获得外在赞誉,是权自他操。从"为己"到"成己"再到"成人","礼之用,和为贵"(《论语·学而》),从成己到安人最终实现社会和谐,体现了超越自身而指向群体的价值认同。"事实上,在儒家那里,成己往往以安人为目的,孔子便提出'修己以安人'(《论语·宪问》)的主张。'修己'即自我的涵养,'安人'则是社会整体的稳定和发展。道德关系上的自我完善('为己'),最终是为了实现广义的社会价值(群体的稳定和发展)。后者所确认的,乃是一种群体的原则"❶。

至少从效果的角度说,没有读者主体的在场,文献作为作者的信息化在场的意义是显示不出来的。因此,古人读书特别强调"用心",要与古人"神交"。清儒左宗棠"身无半亩,心忧天下;读书万卷,神交古人",清代诗人、书法家何绍基"读古人书,须设身处地以想;论天下事,要揆情度理三思"❷,都强调读者应从自我主体性的角度积极回应作为另一个主体的作者的精神信息。这种回应本质上是一种"对话",它是以读者主体与作者主体的"同时"在场为条件的。所以明儒胡广《性理大全·读书法》反复强调,"开卷伏读,必起恭敬如对圣贤,掩卷沈思,必根义理以闲邪";"读《论语》如对孔门圣贤,读《孟子》如对孟子,读《杜诗》《苏文》则又凝神静虑,如目击二公。如此用心,虽生千载之下,可以见千载人矣"。所谓读书表面上是以"书"为对象,实质上是以作者为对象的。当然,正如上文所云,文献只是虚拟了作者的精神在场,因而,所谓"如对圣贤""如对孟子"等,其所"对"并非圣贤的肉身而只是圣贤的"心"。《性理大全·读书法》反复申论读者应该用主体之"心"与作为另一个主体的作者之"心"进行"心与心"的交流,斯为读书的根本大法。《读书法》曰:"观书必总其言,而求作者之意。……至于读书则平心定气,端庄严肃,须以吾心默观圣贤之语,常使圣贤之意自入于吾心,如以镜照物,妍丑自见,镜何心哉。今人所以不善读书,非是圣贤之意难明,乃是吾心纷扰,反以汨乱圣贤之意。读书只是沈静精密,则自然见得分明。"又曰:"读书者,当观圣人所以作经之意,与圣人所以为圣人。而吾之所以未至者,求圣人之心。而吾之所以未得焉者,昼诵而味之,中夜而思之,平其心易其气阙其疑,其必有见矣。"由此,读者也成为在场的主体,与作者主体形成了海德格尔所谓的"主体间性"。

中国古代文献向来将道或真理视为待阐发的文本。任何文献只有经过读者的识读,才能实现它的社会意义,它隐含着的圣贤志业、哲学冥思、天人本

---

❶ 张岱年,方克立.中国文化概论[M].北京:北京师范大学出版社,1994:412.
❷ http://zhidao.baidu.com/question/122103201.html.

体、形而上境界等才能得以落实。文献之"道"隐含在字面文本之中,期待着后世的读者在不同社会结构中将其具体化。它规定了文献具有"可解释"的潜力,从而也规定了文献阐释的可能性。而著述者的工作本质上正意味着在识读或"述"的过程中对文献文本潜力的实现。

(二)读者从"为己"到"成人"与作者形成人际和谐

孔子"述而不作""我非生而知之者,好古,敏以求之者也""盖有不知而作者,我无是也"等表述,都是强调他自己只是文本的阐释者而非创作者。所以,无论是《论语》还是六经,都既是一种业已生成的客观文本,同时也是对于"道"的一种诠释。其他文本亦可作如是观。而众多文本通过圣人的阐释(而非创作),有些文献就成为经典,但经典的作者却否认自己的原创性。这种仅仅以诠释者自居的谦逊,对后世的思想家影响很大,致使原创("作")和阐释("述")之间的界限混沌不明。例如,王阳明《传习录》曰:"夫道,天下之公道也;学,天下之公学也,非朱子可得而私也,非孔子可得而私也。"再如,东汉郑玄、南宋朱熹、清儒焦循等为代表的历史上几乎所有的著述者皆继承了孔子"述而不作"、但又将个人见解隐藏于"述"中的做法。同样,根据《史记·孔子世家》,孔子删诗,是"去其重,取可施于礼义"。而孔子死后,墨分为三,儒分为八,但都坚持认为,自己才是最纯正的阐释者。由此形成了中国古代文献学史上独具个性的阐释成规。

1.文献作为圣贤志业的表征,需要作者"以意逆志"的创造性阐释

中国先贤以阐释而不是发现原创性的真理("作")为本务。阐释的对象是文献,而文献既然承载着圣贤志业,那么,对文献的识读也必然且只能强调言志说。《尚书·尧典》《左传》《论语》《庄子》《孟子》《荀子》等先秦著作无不涉及言志说。以《孟子》为例,其《万章下》云:"故说诗者,不以文害辞,不以辞害志。以意逆(案:逆训迎)志,是为得之。"孟子强调,面对文本,读者千万不要因为它所采用的众多艺术表现形式而迷失方向,影响到自己对辞意的理解;更不能仅仅抓住文字符号的表层意思就以为这些作品内涵的全部。相反,读者应该充分发挥欣赏主体自我的审美能力和心理要素(意)去揣摩、体验(逆)作者的原创意图(志),从而把作者文本化了的心灵通过具体的艺术语言还原回去,这样才能把握作者的创作意图,理解作品的深层思想意义。

言志说虽是就《诗》立论的,但是,其强调超文本内涵的文献观具有十分普遍的意义。所以后人总结说:"书不尽言""言不尽意""易无达诂""诗无达言""尽信书则不如无书",并主张"得意忘形""得意忘言"等等。

2. 充分张扬识读主体的主体地位

郑玄注《仪礼》,看似完全以文字音韵训诂为本务,以名物制度诠释为主要内容,表面看来只是刻板而又枯燥的翻译活动,但如果将郑玄所注的《三礼》通观并读,则可读见他"以礼治天下"的学术主张和社会理想。换言之,正像郑玄注《仪礼》一样,读者对文献的识读和理解,隐藏着十分强烈的阐释目的,绝非只是注解原典字句而已。而朱熹对整套理学的陈述,其实就是他个人体悟以《四书》《周易》为代表的经典的历程。朱子之参透"中和",事实上采取了注疏形式来表达自己的理学见解,由近至远,切问近思,进而推展为一种具有宇宙论和形而上学特征的学问体系。这里,朱子表面上只是在从事一种单纯的文献阐释活动,但实际上阐释的过程也是他精神体验的过程。同样,清儒焦循的《孟子正义》,看似借用汉学古文学家注疏训诂的手段,力求"客观"地还原《孟子》的原貌,但实际上,焦循的注解却隐藏了他自己的个人观点,并将这种个人所见融合到了诠释性的文本翻译工作之中。

3. 作为主体的读者与作者主体通过文献实现沟通,达成和谐

中国古人十分强调对文献背后的人的认识,甚至认为认识文献就是认识作者。由此形成了由书知人、书人合一到人与人交融的一种和谐模式。因此,"读书"在努力复原作者主体的同时,还需要读者主体的积极互动。《论语·尧曰》:"不知言,无以知人也。"强调言论对作者起到反作用。明唐顺之《荆川稗编·叙学》曰:"近世学者,往往舍传注疏释,便发诸儒之议论。盖不知议论之学,自传注疏释出,特更作正大高明之论尔。传注疏释之于经,十得其六七。宋儒用力之勤,铲伪似真,补其三四而备之也。故必先传注而后疏释,疏释而后议论。始终原委,推索究竟,以己意体察,为之权衡,折之于天理、人情之至。"认为在阅读儒家经典传注时,只有读者主体"以己意体察,为之权衡"的主动作为才能有所得,从而才能实现文献作为作者主体的信息化在场的意义。明薛瑄《读书录》的《体认》篇指出:"读书之久,见得书上之理与自家身上之理一一契合,方始有得处。读书体贴到自己身心上,方有味。"《论学》篇又曰:"读

第六章 古代文献信息生态中的个人身心和谐与人际和谐

圣贤书,于凡切要之言,皆体贴到自己身心上,必欲实得而力践之,乃有益。不然,书自书、我自我,虽尽读圣贤书,终无益也。读书不于身心有得,懵然而已。"又曰:"圣贤之书,神而明之,在乎人。不然,书特尘编耳。书能神而明之,则活泼泼地。圣贤之书,所载皆天地古今万事万物之理,能因书以知理,则理有实用,不然书自书、理自理,何以有实用哉。"只有读者主体结合自我生存境遇用心参悟,才能完成"交际",从而实现圣贤之书作为圣贤的信息化在场的意义。其《论学》篇又曰:"程子曰:予所传者,辞也。由辞以得其意,则在人焉。尔读书之法,皆当由辞以得意。徒得其辞而不得其意,章句文字之学也。《四书》顷刻不可不读。人果能诚心求道,虽五经四书正文中亦自有入处。若无诚心向此,虽经书一章反复以数万言释之,人亦不能有得也。"读书不是要从文字词句中获得认识论意义上的知识信息,而是要用"心"去意会作者积淀在文本中的精神。这样,读者不再是被动地去接受"客体"文献的知识内涵,而是要主动在主体心性的层面上与作者实现"沟通"。没有读者的主动作为,文献将丧失其存在的价值。所以,明薛瑄《读书录·论学》曰:"为学第一工夫,立心为本,心存则读书,穷理躬行践履皆自此进。孟子曰:学问之道无他,求其放心而已。程子曰:圣贤千言万语,只是欲人将已放之心收之。"读书学习就是为了把因受环境等各种因素影响而丧失("放")的"良心"找回来,具有超越客观知识的主体心性维度。

总之,在古人的现实文献信息交往中,每个人都以自我为目的,形成真正的主体与主体之间的关系,具有互为主体及同时互为客体的关系属性。这一结论启发我们,信息生态并不是"我个人的世界,而是从一开始就是一个主体际世界,是一个我与我同伴共享的世界"❶。因此,只有以人的自身和谐为基点,扩展、提升和不断突破自我限制,从而推及人际社会,才能实现自我在人伦秩序与宇宙秩序中的和谐。例如,黄色信息的产生既与生产者的利益驱动有关,也与消费者的需求刺激有关。只有在生产与消费的关系中,才能认识黄色信息存在的真正根源,并进而对其加以有效控制。事实证明,单一向度地通过"加强对信息生产的监控","对信息实行'计划生育''优生优育'"❷并不能真正

---

❶ 阿尔弗雷德·许茨.社会实在问题[M].霍桂桓,译.北京:华夏出版社,2001:409.
❷ 张寒生,等.和谐信息生态分析及其构建研究[J].现代情报,2009(3):66-70.

消除黄色信息。

而古代馆员在文献收集、整理和保存中呈现的人道指向,付诸读者的文献接受和理解的整个过程,让读者在形而下的文献获得和利用之中,提升个体人格,成为道德高尚的人。

(三)馆员对作者和读者的双重治理

馆员作为个人首先也是读者,同样与文献作者存在上文所分析的"主体间性"。但从专业分工的意义上讲,如果说,作者大致对应于信息生产者,读者大致对应于信息消费者的话,那么,馆员则兼具信息传递者和信息分解者之任,甚至具有信息监管者的性质。

既然文献肯定不能作字面理解,那么,识读者因个人兴趣、爱好、学识及时代特征的不同必然导致文献阐释的多途和异趣。陶渊明在其自况文《五柳先生传》中说:"好读书,不求甚解。""不求甚解"正是一种文献的识读方式和阐释方式。因为"文,典籍也;献,贤也"。中国古代文献不仅是文本之"文",而且还是超文本之"贤"。文献并不是作为物理世界的一部分而现实地存在,它们的真正任务不是要描述事物的现象和性质,因而也不具有可供知性分析的确切含义。古代文献是一个更为本体的意义性和价值性存在,旨在激发人们的情感,服务于现实的政教人伦。因而,古代文献不再是自足、独立和绝对的存在,不再是立于我们面前,供我们从学科属性、逻辑类项或其他形态特征上加以打量的"客观"对象。

这种非客观性为读者的主体性发挥提供了空间,也为馆员从管理者的角度,如何规避读者(甚至作者)的误读提出了专业性的课题。

1. 通过书目分类等各种软件性的技术要素,评点人物,净化社会风气

古代书目通过各种软件性因素,对作者进行必要的"治理"。例如,从现存九篇刘向撰作的叙录内容来看,刘氏对书籍的评骘完全是以儒家六经为根据的。而对文本的评价,本质上就是对文本背后作者的评价,而评价的依归又是政治教化和人伦彝常。

这一评价标准,一方面使得千差万别的文献在本体论层面上构成了一个统一的存在依据——所有类型或内容的文献信息都是伦理学存在,伦理(而不是知识层次上的学科属性)成为古代书目的文献价值观的真正基础;另一方面,

第六章 古代文献信息生态中的个人身心和谐与人际和谐

要求作者以伦理学为基本底蕴显示自己的信息化存在。这一认识对后世影响很大,例如,《七略》以"易经"居六艺略之首,是因为《易经》既是"诸经之源"又是"道之源";刘宋王俭《七志》首列"孝经类",因为"孝乃百行之首,实人伦所先"。这里,文献基于分类而形成的秩序,直接对应于社会理想秩序。

又如,《四库总目·凡例》指出:"人品学术之醇疵,国纪朝章之法戒,亦未尝不各昭彰瘅,用著劝惩。"《四库总目·办理四库全书圣谕》指出:"(文献)其钜者羽翼经训,垂范方来,固足称千秋法鉴。即在识小之徒,专门撰述,细及名物象数,……可为游艺养心之一助。"都是要强调文本及其背后作者的伦理学依据。所以,清《四库全书》著录作者时,方以智(1611—1671)为明人,而年长29岁的钱谦益(1582—1664)却是清人。因为入清(1644年)后,方出家为僧,避免和清廷合作;而钱则降清,官礼部侍郎。因钱氏违反了"忠臣不仕二主"的伦理约定,所以没有资格做明朝的臣子。

众所周知,在古代书目中,著录、分类、序言、提要、小注乃至案语等,都是基本的技术性软件,这些软件无不致力于体现出馆员主体对作者主体的治理。例如,《七略》用校勘提要的方法来阐发学术史,旨在以治经来巩固国家政权;《隋志》着重说明图书的兴衰与学术的关系,最终目的是要"经天地,纬阴阳,正纪纲,弘道德""其教有适,其用无穷"。《四库全书·职官类》云:"(职官)厘为官制、官箴二子目,亦足以稽考掌故,激劝官方。"《四库全书总目提要·凡例》也强调:"至诗社之标榜声名,地志之矜夸人物,浮辞涂饰,不尽可凭,亦并详为考订,务核其真。庶几公道大彰,俾尚论者知所劝戒。"古人将具体文献活动"进之于道",而不是满足于对操作层面上的"为信息而信息"的消极默认,从而提升了文献信息内容的可能空间。

在古代书目的众多技术软件中,提要又是重中之重。《孟子·万章下》云:"颂其诗,读其书,不知其人,可乎?是以论其世也,是尚友也。"《孟子》指出的知人论世原则可以说是中国古代目录学"提要"中的核心成分和主要特色。如刘向《雅琴赵氏叙录》云:"赵氏者,勃海人赵定也。宣帝时,元康、神爵间,丞相奏能鼓琴者。勃海赵定、梁国龙德,皆召。入见温室,使鼓琴,待诏。定为人尚清静,少言语,善鼓琴;时燕闲为散操,多为之涕泣者。"只有了解作者其人,进而了解作者创作文本所处的特定历史环境,才能准确、客观地把握文献内涵。

和谐信息生态环境构建——以中国古代文献信息生态观为视角

所以,毋煚《古今书录序》云:"览录而知旨,观目而悉词,经坟之精术尽探,圣哲之睿思咸识,不见古人之面,而见古人之心。"可见,知人论世、识得古人之心,进而阐释文献之意,论其指归,辨其讹谬。这构成了中国古代目录学源远流长的阐释策略。而南朝之际的目录学家王俭所撰《七志》更是"于书名之下,每立一传",从而形成了中国古代目录学三大解题类型之一的"传录体"形式。传录之"传"虽并非完全是人物列传之"传",但其内容多在介绍人物。这可以从李善注《文选》所引七条《七志》传录文字中看出。例如,《经典释文序录》引"蜀才是王弼后人",就是例证。

显见,古代提要虽然类型繁复而不一、内容多途而无定,但通过评价文本进而评价作者,最终让文本和作者回归特定的伦理约定则是其不变的主题。

2. 通过书目分类等各种软件性的技术要素,对读者进行治理

古代书目通过特定的技术,对图书进行过滤,确定某种"适者生存"的标准。这首先表现在收书范围的确定上。例如,《隋书·经籍志序》曰:"其旧录所取文义浅俗,无益教益者,并删去之。"《四库总目·凡例》云:"辨厥妍媸,严为去取。"对"违碍"文献一般都规定了严格的去取标准,直接限定读者的文献获得,从而使读者"读好书、做好人",形成一种典型的主体干预。它在本质上意味着文献信息实践中主体"人"的存在,信息认识不是什么"客观"行为。

此外,分类等技术,如类名对图书位置的确定,对读者也有一定影响。乾隆皇帝《办理四库全圣谕》指出,"读书固在得其要领,而多识前言往行以畜其德",特别重视在读书过程中,通过对作者主体"前言往行"(信息化在场)的认知而获得"畜德"的个体精神境界的提升。又如,现代"摘要"强调客观性,它是"全文的高度浓缩",要求"包含着几乎与论文同等量的主要信息"。与摘要不同,中国古代的提要(亦称叙录、解题)强调知人论世,不以"客观"见长。例如,《四库总目》在为《常建诗》所作的提要中,没有把重点放在对常建57首诗内容的客观分析上,而是强调常建"名位不倡",所作57首诗"与王(昌龄)、孟(浩然)抗行",最后以"盖恬淡寡营、泊然声利之外者,宜所造独深矣"的主观认识作结❶,其最终目标是要张扬一种淡泊名利的品行。可见,作为"全文的高度浓缩"、"包含着几乎与论文同等量的主要信息"(GB7713-87)的摘要,实质上是认

---

❶ [清]纪昀,等.四库全书简明目录[Z].上海:上海古籍出版社,1985:589.

第六章　古代文献信息生态中的个人身心和谐与人际和谐

为所有文献都能够进行"客观"处理；而中国古代以"知人论世"为主要特征的提要，本质上强调文化回归主体尺度的必要性和可能向度。

综上，理想境界是古代书目理想追求的一个特殊方面，它同人格修养有密切关系。从馆员在文献收集和整理中构成的形上境界，到读者查找和使用文献的形下践行，始终追求从精神状态和生活方式上提高人对世界的自觉理想。馆员的文献工作实质是从现实生活出发，对大道、天理和人的生命存在进行哲学反思，而又具体以"天人合一"为理想目标与理想状态。读者文献使用的实质是从形上返回到形下的一种精神呈现。这两个方面，完整地构成了对大道、天理和人的本质在文献形器层面与日常生活中的实践。既在思想上把握了天道性命之理，又能在实践中显得自然而然，成为一般君子普遍追求的理想目标。

主体干预式的古代文献信息实践，既是一种活动，也是一种信念；既是一种职业，也是一种事业。因此，在古人"必试而后命"的馆员职业准入和任职要求中，道德是主要条件之一，馆员只有作为道德主体才能胜任形而下的具体文献工作。只有首先"做人"和"成人"，然后才能充任馆员。这其中所呈现出来的精神境界既高妙，又具有现实操作性，对人类文明的发展有积极意义。而今天的馆员，更多的是崇尚具体文献信息业务的"职业匠人"。从这一意义上说，如何让馆员的业务活动与教化传统相联系，让人道教化成为馆员的价值自觉，应成为我们的思考内容。

第七章　古代文献信息生态中的社会和谐与天人和谐

第一节　文献信息生态中的社会和谐

人们在信息生态中总要结成一定的社会关系,主要包括人与人的关系及人与社会之间的关系,而人与人的关系又是跟人与社会的关系交织在一起,并在人们所结成的各种社会关系中得到体现的。所以,在中国古代,正像人与人的和谐是由"成己"的个体身心和谐为起点的一样,从社会的角度看,"成己"的个体身心和谐也是社会和谐的前提。《论语·颜渊》:"樊迟问'仁'。子曰:'爱人。'""仁"既是人的内在身心结构,也是"爱人",即推己及人,由身心和谐扩展为人际和谐,从而"把群体关系的协调建立于个体心理调节与内心道德自觉的基础上,以保证社会的稳定和人际的和谐"❶。

一、从群己和谐到社会和谐

"仁者人也"指定了个体人应该具有的理想境界;而"天下归仁"则要求在个体理想境界提升的基础上,实现整个国家组织和社会关系的和谐有序,使左右上下的人我之际达到心理沟通、思想理解和情感体谅,建立一种协调、融洽的社会人伦关系。

在孔子为代表的儒家看来,作为身心结构的"仁",本质上是人际和谐的心理基础。《论语·八佾》:"人而不仁,如礼何?人而不仁,如乐何?"显见,作为个人身心结构的"仁",乃是作为人际关系调节系统的"礼乐"秩序的根本性前提。而群己关系的进一步拓展和放大,就转化成为个人与社会的和谐,它以社会整体和谐为最高旨趣,而其奠基则是个人的身心和谐向社会的扩展,由此构

---

❶ 刘宗贤.儒家伦理:秩序与活力[M].济南:齐鲁书社,2002:4-5.

第七章　古代文献信息生态中的社会和谐与天人和谐

建出一个和谐的理想社会。这一思路"表现为个人自由与社会认同相适应,个人的利益与需要的满足和整个社会的利益与需要的实现相适应"❶。诚如美国人本杰明·史华兹所说:孔子眼中的最高公共目标是"为世界开太平",即努力"创建一个所有人都享受和平、经济安全和和谐的社会。当然,君子自我价值的实现也具有同等重要的意义,可在孔子的通见之中,却显然要服从于普遍的社会目标"❷。因此,个人修身的身心和谐,必须服务于社会和谐的终极指归。《论语·为政》曰:"《书》曰:'孝乎!惟孝,友于兄弟,施于有政。'是亦为政,奚其为为政?"在孔子看来,个体修身范畴的"孝悌",本质上也是从政,即净化社会、促进社会和谐的体现。而对社会的理想预期就是"治",因而不仅是入世的,更是普世的。

就文献信息而言,中国学者普遍接受文献的本质是一种"道器观",即认为所有的文献都是一种体道,它包括治身和经世两大内容。所以,牛弘《请开献书之路表》指出:"治国立身,作范垂法。"从治身的角度来说,其本质是要强调,通过对人类社会文化信息的同化将作为个体生命的人培养教育成社会化的人类社会的一员。从治世的角度来说,古人视文献为治国安民之本,极力张扬其社会价值。唐人毋煚《古今书录·序》总结云:"夫经籍者,开物成务,垂教作程,圣哲之能事,帝王之达典。"章学诚《校雠通义·原道》说:"由刘氏之旨以博求古今载籍,则著录部次,辨章流别,将以折衷六艺宣明大道。"

总之,理想境界是古代文献学追求的一个特殊方面,它同人格修养有密切关系,所以层次更高。今天知识论"此在"层面上的信息实践总是具有太多的真,而缺少善、缺少美、缺少神圣。从这一意义上说,古代书目的文献信息观可以启发我们:将文献信息实践与教化传统相联系,以强烈的使命感与责任感,参与推动社会和谐与进步,追求在具体信息实践之外担当更多的社会道义。

中国古代书目从文献信息统一性的高度来认识、组织和表述文献。从知识论"此在"到本体论"彼在"的超越,使得古代书目本身被设计成了"大弘文教"和"为治之具"的工具,成为张扬人的主体精神的一面旗帜。

---

❶ 李明元,陈瑶瑶."和谐学"论纲[J].中央社会主义学院学报,2007(6):66-69.
❷ 本杰明·史华兹.古代中国的思想世界[M].程钢,译.南京:江苏人民出版社,2004:142.

二、古代书目中的社会和谐

古代书目往往从理想的角度,提出社会和谐目标的预设。

一方面,古代书目的学术旨趣包括文献检索(尽管,检索不是唯一目的,用章学诚的话说,"不徒为甲乙部次计")、考辨学术("辨章学术,考镜源流")等现实层面的内涵;另一方面,也包括"申明大道"的超越旨趣。古代书目通过对不同内容文献的刻意分类和排序,在文献规整性的"小序"的基础上,揭示了社会人伦的"大序"。如,《七略》乃是用"人事演进"的考察、用校勘提要的方法来阐发学术史,旨在以治经来巩固国家政权;《隋志》则着重说明图书的兴衰与学术的关系,最终目的是要"经天地,纬阴阳,正纪纲,弘道德""其教有适,其用无穷";《通志·校雠略》体现了郑樵"会通"的史学哲学思想,最终目的是要会通天地人三材之道,实现"寻纪法制""可为后代有国家者之纪纲规模"(《夹漈遗稿·寄方礼部书》)的社会理想;《校雠通义》反映了章学诚"道不离器"的史学哲学思想,他说:"盖部次条别,申明大义。"❶

具体举例来说,如《七略·诸子略》的编次:因为儒家者流,"游文于六经之中……于道最为高",故位列诸子略之首;汉初与民休息,"窦太后又好黄老之术"(《史记·儒林列传》),到《七略》著作时,儒道合璧的余绪尤在,故道家者流居次;阴阳家居第三则与董仲舒所宣扬的阴阳五行及揉儒经与方术纬书于一体的天人感应思想有关;法家者流紧随其后,与"孝文帝好刑名"及宣元以来"霸王道杂之"的法治精神有关……从而用次序先后的形式充分地反映了当时特定的政治思想面貌。古代目录学从不固步自封地将研究领域局限在纯粹"为目录学而目录学"的学术范围之内,而是密切联系当时社会政治和人伦生活的一种更为广泛而深邃的学术标准与追求。

总之,古代书目是入世的传统文化的一部分。它注重政教人伦上的实用性,不仅是一种文献行为,更是社会伦理概念。它将书目和整个社会的伦理道德融为一体,反映了汉民族意识中的实用理性精神。古人从道德观念勾画和推演文献(进而是文化)的大同理想,提供了道德至善、天下为公的社会图景,代表了人类有史以来最美好的理想。

---

❶ 引自《校雠通义·互著》第三之一。

三、"道器合一"的文献分类理据

古代书目指引人们始终把和谐美好的社会建构作为书目工作不懈追求的理想目标,书目对理想社会的构建还具体表现在文献分类的理据上。相应地,古代分类学作为一种逐步完善的知识组织模式,本质上是一种极其理智的文化行为。

(一)中国哲学中的道器及古代文献的道器关系

在中国哲学史上,较早提出道器范畴的,要推《周易》了。《系辞上传》云:"形而上者谓之道,形而下者谓之器。"规律、原则、道理等为形而上之"道";天地、动植、器械、事件等为形而下之"器"。唐人崔憬以体、用喻道、器。李鼎祚《周易集解·系辞上传》引其语曰:"凡天地万物,皆有形质,就形质之中,有体有用。体者,即形质也;用者,即形质上之妙用也。言有妙理之用以扶其体,则是道也,其体用,若器之于物,则是体为形之下,谓之为器也。"这里,形质为器,为体,是第一性的。形质之上为道,为用,是第二性的。另一方面,道和器又互依互存。朱熹在《朱文公文集》卷72《苏黄门老子解》中指出,"道器一也,示人以器,则道在其中""道与器之未尝相离也"。王夫之《周易外传》卷5《系辞上传》云:"无其道,则无其器,……无其器,则无其道。"章学诚《章氏遗书》卷2《原道(中)》亦云,"道不离器,犹影不离形""道因器显"。这些论述无不反映了道和器之间的辩证关系。

上述这种道器关系也同样存在于古代文献中。古代所有文献都可以分析出道和器的两个层面,其中,文本内涵之器是第一性的,超文本内涵之道是第二性的;并且,道器两重内涵也相依相存,彼此对立统一。

中国古代文献的一个最根本性特征在于它的"简易性":任何文献都是通过对具体事物之"简"的描述,而达到对抽象大道理之"繁"的知解的,本质上符合中国古代哲学中的"道器"关系命题。反映在文献中,具体的、可感的文献文本内容为"器"。而对于文本的意义理解,亦即识续主体赋予文献文本内容的意义和价值为"道"。举例来说,《诗经》首篇《关雎》的文本内涵为:通过水鸟和鸣起兴来歌咏男女求偶。《诗毛氏传疏》给出了它的超文本的意义内涵:"乐得淑女,以配君子。忧在进贤,不淫其色。哀窈窕思贤才而无伤善之心焉。是关雎之义也。"不仅具体篇章如此,整个《诗经》也包孕着超文本的大道理。所以,孔子说:"《诗》三百,一言以蔽之曰:'思无邪'。"《汉志·六艺略》序则说:"《诗》以正言,义之用也。"

《诗经》的这种兼具文本内涵和超文本内涵的两重性,在中国古代文献中是有代表性的。任何文献皆可从道器两个层面上加以体认。作为文献文本之"器",具有客观性的一面,而对于器背后的超文本之"道"的体认则多由行为主体赋予,具有一定的主观随意性。

(二)基于文献道器关系的书目分类

我们认为,道器关系原则不仅是古代文献的一个重要特征,同时也是中国古代图书分类学的总的纲领性分类标准。今以《七略》为例予以说明。

首先,基于对某文献基本内涵的道器合一的辩证知解而分类文献。

《汉志》总序开篇云:"昔仲尼没而微言绝,七十子丧而大义乖。故《春秋》分为五,《诗》分为四,《易》有数家之传。战国纵横,真伪纷争,诸子之言纷然殽乱……"显然,汉成帝于河平三年(前26)组织的、由刘向刘歆父子领衔负责的全国性大规模图书整理活动,其最终目的除了要"改秦之败,大收篇籍"保存文献文本之外,更为重要的是,还要"删去浮冗,取其指要",梳理出超文本的形而上之"道",即对隐藏于文本背后之"道"做出恰如其分的理解、表述和认识。由此可见,刘向刘歆等人的工作重心不限于对文献文本事实的整理,而是对超文本的文献价值和意义的理解。

刘氏父子确立以恢复"仲尼法度"为旨归的文献整理标准,因此《七略》是在首先确立了目录体系的整体文化精神之后才着手组织、整理具体文献的。它要通过整体观意义上的目录系统传递出一种哲学、文化和精神方面的含义。它不局限于单纯的文献整序和排检,因而也不以单个文献分类的当否为着眼点。事实上,《七略》容忍了在今天科学主义的分类法(如《中图法》)看似错误的编目秩序。诸如"小学"(语言文字学)分入《六艺略》,《蹴鞠》(足球的雏形)分入《兵书略·兵技巧》等皆是。而实际上,《七略》正是超越文献内涵的形而下的文本层面,努力追求文献整序过程与整个文教政策、时代思潮的协调和兼容。这才是《七略》为之着力的最高目标。建立在主体人的生理感知基础之上的分类标准(如时间顺序原则)不是、也不可能是古代分类学类别原则的全部内涵。事实上,它们只是古代分类学标准中的一个侧面,仅仅在极小的范围

第七章 古代文献信息生态中的社会和谐与天人和谐

之内发挥着效用。古代分类学中的更为重要、更为纲领性的类别标准应该是理性的原则。

具体来说,《七略》在类分文献时,并不追求文献必然归于何类的必然性,而是追求应该归于何类的应然性。由于任何文献都表现为某种"道器"合一的基本特征和精神,因而道和器的两重性使得具体文献经常性地处于一种道器相互对立、统一的场景之中。所以,《七略》中所谓的某类文献,往往是行为主体对某个文献文本之基本内涵的道器合一的辩证知解。例如,《七略》将我们今天称之为文字学的"小学"列入"六艺略",视其地位与儒经同等。显然,小学入经类,并不是小学书籍文本内涵(器)表现出的某种必然性,而是其文本背后之"道"的某种应然性。诚如《汉志》所云,文字可以"宣扬于王者朝廷,其用最大",借此可以"百官以治,万民以察"。可见,小学入经类,是由它超文本的、在政治教化和人伦彝常中的作用而决定的。这种体用兼备、意义和功能相对相依的分类思想,实为传统哲学"道器合一"原理在分类学中的必然反映。

其次,文献进入分类类别后获得了道器兼备的功能。

一般地,某文献归入何类,最初可以从文献之"道"或"器"的某一个层次来确定。比如,"小学"入《六艺略》就是首先着眼于"道"的分类结果。然而,一旦某一(类)文献进入分类类表的特定关系结构之中时,它(们)就同时获得了道器兼备的功能。《七略》中"凡小学十家,四十五篇"因为都类归于"六艺略·小学类",所以,它们不仅在文本之"器"上具有一致性,而且,在超文本之"道"上也无疑具有相同特征。显然,这种先道而后器,举体以该用的方法是《七略》类别组织的一个重要原则。文献文本中的义类在道器合一、体用兼备的作用下,在保持文献义类基本内涵的同时,也激发了道、器或者体、用的另一个侧面。这里,文本义类本体构成了文献的道器本体和体用本体。比如,"蹴鞠"的义类本体是指用脚踢(蹴)那个"以韦为之,实以物"的球(鞠),是足球运动的雏形。但《七略》并无"体育类·足球"的类名。《七略》是将《蹴鞠》二十五篇(今佚)列入了《兵书略·兵技巧》类之中的。为什么呢?因为蹴鞠在中国古代不仅是一项纯粹的体育项目,而且还是一种"陈力之事",承担着"习手足,便器械,积机关,以立攻守之胜者也"的职能。可见,《蹴鞠》的类别归属,使得蹴鞠游戏活动在道体和器用两个层面上的内涵相互发明,彼此衬托,形成了道器合一、体用兼备的辩证统一体。

《七略》对具体文献的标引编码或检索解码,往往只能从文献道或器的一个层面上来加以分析,而当文献进入特定的类别结构和文献环境之后,由于道器关系和体用关系的相互作用,使得文献同时凸显出另一个层面的内涵。可见,文献的道器本体只有在分类系统的组织结构中才能得以表现。因此,类别文献,本质上即是要能够充分显现出文献道器合一、体用兼备的全部信息和全体意义内涵。而《七略》本旨正是要推本溯源,对孔子及其七十弟子以降的再传弟子之"退而异言"、对文献超文本大义的任意发挥进行检验和校正。《七略》特别注意通过各种大、小序;以及通过文献类别的釐定或分并改隶来诠释某类文献文本之道器、体用的两个层面的全部信息。比如,《诸子略·道家》序云:"道家者流,盖出于史官,历记成败存亡祸福古今之道,然后知秉要执本,清虚以自守,卑弱以自持,此君人南面之术也。"这里,"然后"之前是道家及其相关文献的文本内涵,是"器",是"体";"然后"之后则是超文本之"道"、之"用"。可见,《七略》作为一种"当时"所有既成文化的表述和组织之认知模式,是一种解释性、应然性的系统,而不是一套描写性、必然性、可验证的形式系统。所有进入《七略》类分视野的文献,都不能用现代分类学所惯用的逻辑方法来处理。古代文献不能进入形式逻辑规约下的、由形式代码标识框定的非此即彼的"小方格子"。比如,如果用现代分类学中的学科属性依据将《蹴鞠》归入"体育类·足球"之下,那么就仅仅抓住了《蹴鞠》的文本内涵,其超文本的内涵就会丢失。亦即,不能够凸现出道器合一、体用兼备的另一个侧面。本质上,是没有能够对文本背后的全部文化内涵进行有效的疏通和理解。因此,我们坚信,以《七略》为代表的中国古代分类学暗含着对文献真正全面、正确的理解,这一点是现代分类学所无法企及的。

综上,古代文献的文本之别体现了文献意义的根本区别。《诗经》就是《诗经》,"在心为志,发言为诗"。而文献一旦进入类表组织环境之后,由于道器关系的互动而获得了道、器内涵的两重特征。比如,所有进入《六艺略》的文献都同时具有"观风俗,知得失,自考正"的功能。"小学"也不例外。被《七略》类分的文献,从义类到类表组织再到功能表述,基本上不受形式主义或结构意义上的语法限制。并且,从义类到类表组织再到功能表述,体现了文献本质递减的

第七章 古代文献信息生态中的社会和谐与天人和谐

层次,其中,义类是第一性的,是最根本的。所以《六艺略·诗》小序说:"孔子纯取周诗,上采殷,下取鲁,凡三百五篇,遭秦而全者,以其讽诵,不独在竹帛故也。汉兴,鲁申公为《诗》训故,而齐辕固、燕韩生皆为之传。或取《春秋》,采杂说,咸非其本义。与不得已,鲁最为近之。"孔子删《诗》可谓是一个用心良苦的文化"圈套"。后人的自由发挥则背离了其本义。《七略》的任务就在于通过确定文献类别来恢复某种文献本义。

再次,分类学家的类别造境对读者文献认知的影响。

《七略》提供的文献类别组织结构(环境)帮助了检索者从道器合一、体用兼备的角度来充分识别文献各个层面的义类内涵。例如,《诸子略·道家》小序云:"及放者为之,则欲绝去礼学,兼守仁义,曰独任清虚可以为治。"《七略》中像这样非难"放者"的言辞十分普遍。诸如"及拘者为之""及刻者为之""及蔽者为之""及邪者为之"等。其目的,正是要从道器合一的角度,实现对文献内涵由器及道及其相反、互动过程的准确无误的知解,达到道、器互依互存、彼此发明的境界。因此,《七略》组织结构环境与其说是提供给不同内涵文献以某个分类类别位置,毋宁说是赋予其特定的"道器合一"的功能。《七略》提供的文献类别环境,正是对文献的"道器合一"的评价。宏观上,则是对当时所有文化的梳理,反映了秦汉时期的文化知识结构。在这个结构体系中,文献的理解和阐释占据了重要地位。如果说,哲学是一种对我们人类精神加以反思的产物,那么,《七略》则是先贤对当时所有书本文化进行反思的产物。

《七略》分类编码者的类别造境渗入了主观;解码者的解境也要从主观、情感以及传统文化思维特征出发,结合文献的文本内涵和超文本内涵实现对文献的检索。这里,彻底的经验主义导致了彻底的人本精神。本质上反映了《七略》文献组织模式与汉民族文化心理结构的深层通约和兼容。盖中国传统文化始终以人为本位,"万物皆备于我"。同样,《七略》也以主体人为分类本位,把人类主观精神视为分类的出发点和归宿点。一言以蔽之,在现代分类学"逻格斯"(logos)把持的地方,《七略》则用一种人文主义的道器合一的"道统"来诠释。这反映了和现代分类学在分类特征上的关键性区别。

最后,古代书目道器分类原则的简要评价。

《七略》以文献内涵在道器关系上的特征信息作为原则性的分类标准。这种分类学价值取向,不以任何形式逻辑意义上的主题概念的概括与划分或者综合与分析为坚强后盾,而只能向主体人的主体意识全面认同,表现出一种以事理逻辑(而不是形式逻辑)为依据、天人合一的全息性文化观照。道和器的相互转换在本质上是以器为前提的,而"器"意义上的文献一旦进入了类别环境,意义就获得散发,并凸现出"道"的隐含层面,导致《七略》类表结构功能突出,相关的语法原则则告贫乏。道器合一的传统哲学命题既使得《七略》文献组织的主体体认性特征得以加强,同时又有效地限制了形态主义的语法原则。《七略》的语法功能被一种更为重要的、更具价值的社会文化功能所取代,导致《七略》书目分类系统对文献类别的确认往往立足于社会政治功能和人伦彝常价值。亦即,功能取代了结构。确切地说,《七略》只见功能,而没有结构。

班固以刘向、刘歆《七略》为蓝本,"删其要,以备篇籍",成就了中国古代现存第一部体系完备的图书分类学系统——《汉志》。由于中国古代有着"依刘向故事"一以贯之的分类学理论和实践,这样,《七略》的上述类别特征,其实也构成了整个中国古代图书分类学的类别特征。这个命题,应该是不证自显的。而由于以儒家为代表的中国传统文化是把"道器合一"之"道"设定在现实的政治教化和人伦彝常层面上的,故此,文献内涵的政治教化和人伦彝常取向遂成为古代分类学的真正核心的分类标准。

四、以文献的政治教化和人伦彝常为分类标准

如上如述,古代书目学家基于对某文献基本内涵的道器合一的辩证知解而分类文献。器作为知识论层面上的"客观"标准,往往让位于作为价值论层面上的道的"主观"标准。而所谓"道",又是以政治教化和人伦彝常为旨归的。因此,"道器合一"的文献分类理据,本质上就是政治教化和人伦彝常的分类依据。后者是对"道器合一"的文献分类理据的具体落实。

首先,每一文献都具有多方面的特点,而古代文献则可简括为是道器合一的存在。古代文献除了具有文本内容(器)之外,还具有超文本内容之"道"。传统哲学中的道器关系的辩证性命题,确证了中国古代的一切文献都具有契入大道的价值和能量,以及进化为本体的可能。而这个"道"的基本取向又是政治教化和人伦彝常,这样,人伦价值遂成为中国古代分类学系统最为优先选

第七章 古代文献信息生态中的社会和谐与天人和谐

择的分类标准。这在本质上是肯定了文献的政教人伦存在。古代分类学系统高度重视对文献政教人伦内涵的阐述,并据此给不同文献以特定的类别定位。因此,古代分类学中的每一"类"文献都不是形式、逻辑或学科专业上的一致,而是文献内涵在政教人伦上的充分性一致。"类"是表义功能类,超文本的意义结构成为知解古代分类学的真正视角。

其次,这种独特的分类标准是以通过对文献内涵所反映的政治教化和人伦彝常之功能价值大小的比较来实现对文献的组织和排序的。功能大的文献排在功能小的文献之前;功能大小相同或相近的文献在分类结构中的位置也趋于靠得比较近。亦即,中国古代图书分类学是根据文献深层的信息内涵进行分类的,旨在凸现出文献内涵在生活意义、人性价值上的功能,本质上意味着对文献的"道"学认可。

例如,古代四分法一以贯之的尊经、重史、轻子、鄙集的传统,其文献编码用意是不彰自显的。而入经部的所有文献也不是同一性质的书,将它们列为一类,是就其重要性而设置的。它们都是"经秉圣裁,垂型千载,删定之旨,如日中天"(《四库总目·经部总序》)的万世教科书。其他史、子、集部文献的情况亦然。这种重"道"思想(最终是重视政教人伦价值)落实到分类学理论和实践之中,成为入世的传统文化的一部分。它有力地制约了古代分类学的类别原则。如《四库总目·史部》有"诏令奏议类"。该类类序针对《千顷堂书目》将制诏放在集部的做法,责难道:"涣号明堂,义无虚发,治乱得失,于是可稽。此政事之机枢,非仅文章类也,抑居词赋,于理为亵。"又如,《四库总目·艺术类·杂技》凡讲博奕、歌舞、射法、投壶的书入本类。但编者却用尊卑的标准区分这类图书。如《羯鼓录》《乐府杂录》二书,《新唐志》入经部,编者认为是"雅郑不分"而把它们分到本类来了。所谓"射义投壶,载于《戴记》,诸家所述,亦事异礼经,均退置艺术于义差允"。这些分类都十分明显地遵守了政教人伦原则。

我们拟从以下几个方面进一步理解古代分类学分类理据中的这种政教人伦特征。

第一,远在公元前26年刘向、刘歆父子领衔负责进行第一次全国性大规模图书整理活动之前,中国的学术分类传统即完全着眼于文献的政教人伦价值。例如,孔子校订六经就是以文献的政教人伦价值为标准的。《史记·孔子世家》正义引《尚书纬》云:"孔子求书,得黄帝玄孙帝魁之书,迄于秦穆公凡3,240篇。断远取近,定可以为世法者百二十篇。"《世家》又云:"古诗三千余篇,及至孔子,去其重,取施于礼义……"从孔子学派校定六经到《史记·儒林列传》形成中国古代历史上最早的经典书籍学术分类系统,而从《庄子·天下》《荀子·非十二子》《韩非子·显学》《吕氏春秋·不二篇》《淮南子·要略》到司马迁之父司马谈《论六家要旨》则形成了中国历史上最早的诸子百家学术分类系统。

《七略》之前的这两类主要学术系统也是以文献潜在的政教人伦内涵为主要分类标准的。如《礼记·经解》假孔子之口曰:"入其国,其教可知也:其为人也,温柔敦厚,《诗》教也;疏通知远,《书》教也;广博易良,《乐》教也;洁净精微,《易》教也;恭俭庄敬,《礼》教也;属辞比事,《春秋》教也。"再如,《史记·滑稽列传》引孔子语曰:"六艺于治,一也。《礼》以节人,《乐》以发和,《书》以道事,《诗》以达意,《易》以神化,《春秋》以道义。"可见,传统的儒家六艺(六经)并非如姚名达先生所说"以古书对象分",而是以各自在"教"和"治"上所发挥的不同作用——亦即以其各自政治教化和人伦彝常之功能价值大小——来分类和排序的。前《七略》的这种学术传统,无疑对《七略》及其以降的所有中国古代图书分类学产生了深刻的影响。

第二,古代分类学文本多为封建政府组织的、收集和整理全国当时现存典籍活动的产物。分类行为与校书活动及官修制度相联系,实为执政者文教政策的重要组成部分,这在《四库总目》中表现得尤为突出。作为文教政策的组成部分,其政治色彩必然可想而知。私家目录虽然官方色彩疏淡,但其编撰者多为封建儒者,他们都自觉承担着"助人君顺阴阳明教化"的历史使命,其分类目录也都承载着这种政教人伦取向。

另一方面,《七略》《隋志》等本身也是一本书。宋人所撰《新唐书·艺文志》乙部有"目录"类,收书19家22部406卷,是采用目录为类名的开始。《孙氏祠堂书目序》云:"(目录)流传书籍,自有渊源,证以各家著录,伪书缺佚,不能妄托,宜存其目。"可见,古代书目分类著作本身也是一本本古代文献,也是兼具"道器合一"的双重实在。章学诚评《七略》说:"刘向父子部次条别,将以辨章学术,……非深明于道术精微,群言得失之故者,不足与此。"而《七略》的《辑略》"最为明道之要"(《校雠通义·自序》)。又说:"由刘氏之旨,以博求古今之载

第七章 古代文献信息生态中的社会和谐与天人和谐

籍,则著录部次,辨章流别,将以折衷六艺,宣明大道,不徒为甲乙纪数之需,亦以明矣。"而御定的《四库总目》大旨也是"即阴阳,往来,刚柔,进退,明治乱之依附,君子小人之消长,以示人事之宜",这才是"最为切要"的"帝王之务"(康熙御定《日讲易经解义》提要)。亦即,古代书目分类学著作也是"器",同时又"道寓于器",个中包孕着天地人伦大道。这一特征表明古代分类学能够而且必定是以文献的政教功能作为主要类别依据的。分类学著作全息着政教人伦内涵,而这种内涵既是一本本文献赖以具体类分的精神纲领,又是文献具体类分过程中被重点强调的意义和价值之必然旨归。这使得古代分类学著作具有一种深层的哲学本体论意识。所以,章学诚《文史通义》内篇四《答客问上》认为,分类学著作是"纲纪天人,推明大道,所以通古今之变而成一家之言者"。

第三,中国古代文献号称"浩如烟海""汗牛充栋",其实际数量异常大。并且,中国古代分类学结合具体文献,以有"撮其指意"的叙录和解题为上佳。因此,一个书目分类学系统往往并不能将当时所有的文献都收罗殆尽。即便是成熟的《四库总目》也只收了3461种,加上《存目》6753种,也只有万余种。因而,确立一个收集范围,可视为广义意义上的分类。而这种"分类"也是以文献的政教人伦价值为重要根据的。如北魏道武帝曾采纳李充的建议:"唯有经书三皇五帝治化之典,可以补王者神智"(《魏书·李充传》),能够列入政府书目;《隋志序》云:"其旧录所取文义浅俗,无益教益者,并删去之","其旧录所遗,辞义可采,有所弘益者,咸附入之";宋代的政府图书馆成立了禁书书库;清代的《四库全书》"诋毁本朝之语,及此一番查办,尽行销毁,杜遏邪言,以正人心而厚风俗,断不能置之不办"[1],具有一种强烈的崇儒重道的思想。尤其《四库全书》,是钦定的书,高宗皇帝亲自参与,严为去取。《四库总目·凡例》第三则云:"前代藏书,率无简择,萧兰并撷,珉玉杂陈,殊未协别裁之义。今诏求古籍,特创新规,一一辨厥妍媸,严为去取。其上者悉登编录,罔致遗殊;其次者亦长短皆胪,见瑕瑜之不掩;其有言非立训,义或违经,则附载其名,兼匡厥谬;至于寻常著述,未越群流,虽咎誉之咸无,要流传之已久,准诸家著录之例,亦并存其目。"若干文献被分成了"其上者""其次"等数等,而其标准只有一个"阐圣学,

---

[1] 乾隆三十九年八月初五日上谕,《档案》上册,页30下

明王道"。诚如《四库总目·凡例》19则云:"圣朝编录遗文,以阐圣学,明王道为主。"所以,《四库总目》对于怀疑《尚书》有问题而在注解时提出了自己看法的书,如王柏、贺成大、胡一中等人的著作,都"附存其目"入了"存目",旨在"庶不使旁门小技,淆乱圣经之大义"(《四库总目·书类案语》)。又如,《四库总目·集部·词曲类序》云:"词曲二体在文章、技艺之间。厥品颇卑,作者费贵。特才之士,以绮语相高耳。"对于曲,编者认为更"卑下",故《四库总目》只录品题论断的书,而不录曲文……可见,中国古代图书分类学中,对具体文献的收录范围、去取标准等,也是以文献在政教人伦上的功能为主要根据的。

第四,古代分类学理论,始终重视对文献意义内容的研究,强调从意义内涵出发,来"即类求书,因书究学"。而求书、究学的根本目的又是为了实现政教人伦理想。郑樵说:"学之不专者,为书之不明也,书之不明者,为类例之不分也……类例分则百家九流,各有条理,虽亡而不能亡也。"(《校雠略·编次必谨类例论》)类似这种强调类例之重要的言语,在《校雠略》中比比皆是。这儿,郑樵所谓的"学"并非今天科学意义上的严格的"学术"。事实上,中国古代从来就不曾有过为学术而学术的情况。章学诚说:"部次条别,申明大道,叙列九流百家之学,使之绳贯珠联,无少缺逸,欲人即类求书,因书究学"(《校雠通义·互著》三之一)。学术、类例、明道,这三者紧密相连。

通过上述对古代分类学分类标准的论述,以及四点补充性意见的分析,我们发现:古代文献(文化)、古代分类学"部次法"、古代分类学文本等,这一系列不同层面的文化现象,完全是全息性的传统文化大背景规约下的必然产物。各个文化层面的现象和特点都来源于传统文化"道器合一"的本体论命题,同时又都回归于这个命题。

总之,作为传统文化的产物,中国古代文献信息工作始终致力于对人类尊严的肯定和人类精神的提升。因此,在文献信息活动中充满了主体人的干预,必要时甚至置客观性于不顾。书目是为了人和整体社会的健康发展而编制的。《礼记·中庸》说:"唯天下之至诚,为能尽其性。能尽其性,则能尽人之性。能尽人之性,则能尽物之性。能尽物之性,则可以赞天地之化育。可以赞天地之化育,则可以与天地参矣。"起步于个体身心和谐的道德养成,不仅具有"成人"、实现人际和谐的目的,而且还可以"与天地参""赞天地之化育",有助于消解近现代西方式的主客二分思维模式。

第二节　文献信息生态中的天人和谐及其哲学意蕴

古人将作为一种具体技艺的文献活动"进之于道",这既表现在参与个体人格理想的构建之上,也表现在参与全体理想社会和理想生态的构建之上。换言之,在古代文献学家看来,文献的结构关系不仅与社会人伦关系(如五常等)具有同构性,而且与自然之天也具有同构关系。

一、文献信息生态中的天人和谐

中国古代的先哲,无论是儒家还是道家都坚持"天人合一"的学说,把人类视为自然的产物,肯定人类与宇宙万物的有机联系。因此,人类的一切活动都"参赞化育"(《中庸》),力求与天地自然的协调与和谐,达到理想化的生态平衡境界。

1. 中国传统哲学的天人观

众所周知,中国哲学普遍持世界整体统一性的观点,在中国古代,天、道、阴阳、五行、理、气、心等都是用于描述世界整体统一性的哲学范畴。正像它们的字面含义不尽相同一样,尽管对于世界到底统一于什么,中国哲人的意见存在分歧,但在承认世界具有统一性的问题上则是一致的。周敦颐"形异理同",程颐"理一分殊",朱熹"人人有一太极,物物有一太极",中医"人体小宇宙"等认识,都是对世界整体性认识的具体表述。

而这种整体性是通观天(宇宙自然)、人(人类社会)的。虽然中国古代天人关系中的"天文",包含有一定程度的神道内容,但其根本和主体仍是强调尊重宇宙本身的实在性以及敬畏自然法则的不可抗拒性,同时,也强调天作为道德之源对于人的既超越又内在的价值特征。因而,天的神秘性已经被创造性地转化为主体人的内在道德律令。例如,孔子"获罪于天无所祷也""天生德于予,桓魋其如予何""文王既没,文不在兹乎?……匡人其如予何""吾谁欺,欺天乎""天丧予,天丧予"等,看似留有天命论的尾巴,没有对天命的权威加以限制的意图。然而,孔子同时认为,个体的主观努力正是天给予他的使命,对人力的作用予以一定的地位。

总之,儒家天人之学把人类看作自然界的产物,肯定人类与天地万物的有机联系,追求人类活动与自然界的协调与和谐,这是一种理想化的生态平衡。

人类的文明(主要是文献文化)参赞其中,让自然万物按照宇宙规律变化、发育,达到人文与天文的优化平衡。"参赞化育"不是单纯的一种理智行为,而首先是一种道德行为。是把仁德从社会人际推广到一切生命和自然宇宙,反映出特有的生态伦理与生态哲学。"民胞物与(友)"的命题要比单纯的"生态平衡"高明。同时,"人为贵"的思想旨在强调人贵于物,但却不赋予人具有主宰宇宙、征服自然的能力,因此,不是什么人类中心主义。而是要在对天道的参悟中,"尽心知天",自觉地践行源自天道的个体道德义务与道德责任,充分发挥认知物理、化裁万物的能动性,达到"继善成性""开物成务"的理想。所谓"继善成性"是指,人承天道之气,继道而参与、赞誉天地万物,就是善,成就天道的事业正是人的本性;所谓"开物成务"是指,开创事业,成就天下事务,以人道赞助天道,德业双修。

这种人的主观努力,集中体现为"与天地相参"的一种道德践履行为,其最终目的是为了"立人道以合天德",把仁德和谐的理想从社会人际领域(人)推广到所有生命和自然宇宙(天),反映了中国古代特有的生态伦理与生态哲学。它不是一种二元对立的机械自然观,而是一种有机论,并暗合于现代系统论、耗散结构理论、协同学的一些基本观点。人及人类社会作为自然系统中的子系统是与它密切联系的。人不是、也不能与自然对立,甚至也不能割断这种联系并以一种立法者的身份站在自然系统之外。

2. 古代文献信息观中的天人合一

中国古代的文献信息观,作为中国传统文化的产物及其重要组成部分,也包括并体现出独特的天人合一思考,并构成中国古代文献信息思想的重要内容之一。

古人的文献行为同样参赞天地,努力按照宇宙天地的规律而变化、发育,达到人文与天文的优化平衡。例如,清孙星衍《孙氏祠堂书目》分为十二个大类,是以十二月为计,"以应岁周之数";《四库全书》选用四种不同色彩的包背绫衣来区别四库图书,乾隆皇帝在一首诗里这样写道:"浩如虑其迷五色,挈领

第七章 古代文献信息生态中的社会和谐与天人和谐

提纲分四季。终诚元矣标以青,赤哉亨哉史之类,子肖秋收白也宜,集乃冬藏黑其位。"大意是说,为了易于识别,用象征四季(亦配东南西北四方)的颜色来标志书的部别。经书居典籍之首,如同新春更始,应标以绿色;史部著述繁盛,如火如炽,应用红色;子部采撷百家之学,有如秋收,以白色或浅色为宜;集部文稿荟萃,好比冬藏,应用黑色或深色,以期"合四时之序"。

"从文渊、文源、文津、文溯四阁书的装帧情况来看,与诗中所描述的情况虽然稍有差别,但大体上还是不错的"[1]。事实上,我国首部书目《七略》,其所使用的范畴、推理程序、论证方式和逻辑思考等都与汉民族的本体论哲学有整体协同的关系。这一整体性哲学观虽然由来已久,但肯定与汉初以《吕氏春秋》的"十二纪"、《淮南子》的《天文训》、《时则训》《礼记·月令》、《史记·天官书》及孟喜、京房的"卦气说"所提供的看待宇宙万物和社会人文的世界图式密切相关。清高宗《文渊阁记》引宋儒张载的观点认为,《四库总目》旨在"盖如张子(张载)所云:'为天地立心,为生民立道,为往圣继绝学,为万世开太平'"[2]。

可见,在对文献关系的理解中,我国先哲认为,众多文献的排列状态可视为文化整体乃至天人关系的缩影。反映在中国古代的书目中,其强调的文献类别的"合四时之序"从而"与天地相参",缺乏将文献活动(人文)与天文的具体对应关系细化,具有十分明显的附会和机械对应的性质。然而,这种附会和机械对应的背后是肯定文献活动和所有其他形式的人文活动一样,直接参与社会和自然运行的规律(道)和秩序(纲纪),甚至成为这一切赖以存在和发生的条件和环境。从而,最终参与社会、自然(天人)的和谐的过程,体现出书目所表征的文献系统的整体观和全息综合观,具有辩证分析和复杂思维的成分。换言之,在我国先贤看来,书目的文献行为作为人类实践的一个重要内容,不是人类中心主义式地强调和凸现主体人主宰与征服客体对象世界的能力,而是要自觉地承担自己应尽的道德义务与道德责任,发挥认知物理、化裁万物的能动性。

我们知道,美国J.H谢拉等学者提出图书馆哲学,本质上是西方后现代思

---

[1] 华立.四库全书纵横谈[M].上海:上海古籍出版社,1988:70.
[2] 袁咏秋,曾季光.中国历代国家藏书机构及名家藏读叙传选[Z].北京:北京大学出版社,1997:64.

潮基于对理性滥用而引发的一种忧虑和反思,是要在科技层面之外,思考作为科技之理论根基的形而上层面的一般问题。但是,西方原子分析和主客二分式的学术范型,决定了谢拉等关于图书馆哲学的思考只能局限在"人文"层次,而缺乏对于"天文"层次的深刻洞见。

二、古代文献信息和谐思想的哲学收益

中国古代文献信息和谐思想集中反映在古代的书目之中,而中国古代书目的超越旨向,使得整个书目系统构成了一种文化氛围,它旁及和广涉古代文化生活的各个领域,统摄又消融于中国人的思维和情感之中。古代书目系统反映了汉民族的整体文化风貌,文献的整序方式可以非常鲜明地折射出汉民族情感和生活的特定方向。

总之,古代书目在文献整序过程中,帮助我们指定和分辨了日常生活中的各种对象,统一和系统化了人们的经验,由书目可以帮助人们获得对外部世界的基本认识。天地人被浓缩在了书目系统之中,我们可以通过书目系统之有限为媒介,去把握天地人三道之无限。古代书目遂成为人和世界相互沟通的一种形式;成为人类生存和发展的内涵和必要条件。这样,对古代书目的研究,就不仅具有书目自身的收益和价值,而且还具有一种根本的哲学收益和价值。

(一)书目的实体论和哲学的实体论

一本本文献是古代书目系统的最终类分对象。古代书目学家理解文献的方式,本质上等同于中国古人理解外部世界之实体的方式。古代书目不满足于从文献的实然存在状态去认识、界定它们,即不满足于被动地接受它们,而是以动态的意义去理解,力求表现出它们的价值和深度。文献并不被看作是一种现实的东西、一种机械的给予之物;而是被看作一种时刻不停地实现着的活动,是一项任务,负载着我们意志和个性的全部力量。所以,古代书目对文献的理解,总是全力以赴于对文献背后各种文化形式得以产生的各种精神能量加以全面反省。书目的真正任务不是要描写文献的客观事实和成分,而是要激发起人们的情感,促使人们去行动。显然,古代书目理解文献的方式,并非只是要揭示出文献内涵的某种观念或思想,而是要借助分类的过程,创造出

第七章 古代文献信息生态中的社会和谐与天人和谐

超越文献存在之机械秩序的东西。文献不再是一个客观性存在问题,而应该是主体性价值问题。

古代书目对文献的这种实体论审度,可以折射出中国先人对一切实体对象的基本理解:一切客体实在也都不再是一个客观性存在问题,而应该是主观性价值问题。现实人不是生活于一个僵死的物理对象世界之中,而是生活于一个人性的、文明的世界之中。外部事物除了具有物理的含义之外,还是一种审美存在。它们成为我们的情感、感受和旨趣的暗示,它们是"比"(朱熹云:比者,比方于物;以此物比彼物也);是"兴"(朱熹云:兴者,先言他物以引起所咏之辞);是"象"(王弼云:夫象者,出意者也;《易传》云:"立象以尽意。"),其背后还有"理""义"等更为本体的价值存在。生活和自然不再表现为它们的经验或物质形态,不再是透明的、不可入的事实,而是注入了形式的生命活力,它们携带着诸种形象和特定的旨趣。因而,一切看似客观的实在,都不仅打动着我们的理解,而且还打动着我们的情感和想象。《庄子·齐物论》云:"非彼无我,非我无所取。"准确地概括了人与客体世界的关系以及由此而来的认识论关系。客观性不再是一种出发点,而是一种结果。对客体事物实体的理解不再局限于对其本身形式和性质的描述,而是要超越表象和名言,切近事物最深层的内涵。实然物理的事实特征成了无关紧要的成分,这使得我们的观念时刻处于一种主观的想象之中,由此可以获得一个"主观"的精神领域。中国传统文化艺术皆强调象中有意、目击道存,这与古代书目中的文献实体论一脉相承。

现代书目从形式主义和逻辑完满性的角度对文献加以界定和说明,它对应于西人主客二分的认识论传统。主客二分,所以要去认识客体。于是,必须以实然的理性态度去固定认识对象,寻找客体世界并执着认识世界。西方文化的目标就是思考不变的实体,谨慎细致地认识和分辨整个物质世界和心灵世界——这也是整个西方科学的本质所在——一切事物皆是自足、独立和绝对的存在,人类理智在认识事物的过程中起到绝对统摄作用。而这一点无疑压抑了人性的其他能量。所以,西方书目以及西方哲学方法论所坚持的实体论,本质上是一种极其片面的活动。这种片面性把我们引入一个客观的事实世界,力求必然地考察对象,它使我们的观念处于一种纯粹客观性的联系之中,由此我们可以发现一个"客观"的世界,它超不出事实的领域。而假如我们要获得对实在的价值把握,要恢复人的主体地位,那么就需要一种新的活动和努力,需要我们从根本上认识到一切实在都不是现成、给定和外在的,它们背后皆有价值和意义——这就像我们在古代书目中看到的一本本古代文献那样。《诗经》不仅仅是一部文学意义上的诗歌总集;《蹴鞠》不仅仅是单纯体育意义上的足球专著……价值和意义必须依赖于人类独立的、完全自律的活动才能获得,它们以人类自身的尺度为标准,以"尽善"(而不是"求真")为旨归。价值和意义本质上是主体范畴,它们不可论证和推理,而是心灵的一种体验过程,一种创造性的想象过程。这个过程散发出了在西方那儿被纯粹客观和逻辑压抑着的人性成分;并在这种发散性解释中重新确立了一种审美本体。

显然,古代书目学家不单纯是文献意义内涵的诠释者,而且还是他们个人生命意义的诠释者,是主体人作为创造性主体的自由的显现。当然,古代书目学家并非不尊重文献意义内涵之"客观"性的一面,他们只是不拘泥于此,不屈从于它们的客观形式和性质,而是要能够制约它们,并使它们连同它们的"客观性"全部转向为一种崭新的、服务于主体价值论的目的。同样地,中国古代音乐家对于音符、文学家对于作品、哲学家对于实体乃至农夫对于谷粒、锄头等,都不拘泥于它们的形式和性质,而是视它们为一种生命的启示。它们已经卸下了物质的负累,铭刻着人类主体心灵的印记,人们总是从中看到情感、欲望、痛苦、希冀、理想,看到一个个主客一致、物与民胞的境界。这种实体论,业已超越了客观实在,超越了宿命,进入了自由意志的境界。

(二)书目的建构论和哲学的建构论

中国古代书目的独特的文献实体论,必然导致书目之组织结构上所特有的变动不居、富于弹性的建构论特征。古代书目通过文献内涵之功能大小来确立其分类位置和各种可能情况,它要创造一个应然的、各具特色、互不相同的文献价值世界。古代书目的这种文献建构方式,折射出了汉民族整个世界观的建构,从而使得我们后人可以从一种崭新的视野(即书目的视野)去观照世界。

书目借助于不同的标识符号,使得若干文献成为可辨别的单元,然后从书目系统的总体系的意义关联上来确证每个个别文献的意义。标识符号带来的

第七章 古代文献信息生态中的社会和谐与天人和谐

稳固化,维系着理智的统一坚实,借此,才谈得上对文献进行把握和认识。西方现代书目对文献实体的基本认识,必然要求每一个个别文献都比较严谨地对应于不同的类别符号,并经由逻辑思维或经验推论的过程,构造出文献世界的概念体系。对文献的这种质实把握和具体理会,必然要求现代书目也相应地形成一套抽象的概念体系,通过观念思维以达到书目理论的形成。因此,意义的界定、从定义到推理就显得极为重要。由这一建构论作支撑,现代书目自诩能够以一种系统的形式提供出对于不同文献的先验综合认识。其全部思路在于:让文献屈从于某种客观规定性,即屈从于关于文献形式和性质之规则性的规定。所有的文献都只能作必然的物理界定和理性说明,文献之间的各种关系最终被还原为若干附加的准则和规范。整个书目研究的根本目的即在于探讨这种理性规则。

  现代书目提供给了我们某种普遍的陈述和规则,它们感兴趣的是关于文献的事实和形质,力求以概念思维为原则,依靠概念在根本上的确定性及证明的尽量精确,机械地建构起客观文献的世界。这在本质上乃是植根于借助一组逻辑形式的几何运动去把对象世界符号化、代码化。现代书目视野下的文献,采取一种理性建构方式。为了维护和保持文献的客观同一性,分类标识符号的同一就显得非常重要。于是,人们创造出一系列的人工分类语言,每个类名都是以确定的方式被界定的,由此可以描述出观念之间的客观关系及文献之间的理性联系。人工语言所带来的固定性,意味着在对文献的领悟和认识过程中所必须依赖的理智的稳固性。现代书目遂提供了一个理智符号的系统,"形式化"成为现代书目的最终归宿,也构成了现代书目的根本优点。

  与此同时,"形式化"还是现代书目的根本局限所在。因为,逻辑并非文献的唯一本质。我们理解文献,不是要让它们受制于普遍的分类概念和规则,而是要在其个别、具体的形态中直观它们的内蕴。所有文献都同时携带着特定的情感和价值,它们是一个个心理的单元,是一个个艺术的对应物,仅仅凭借逻辑是不能够揭示出文献内涵之全部的,逻辑总是远离它旨在勾勒和表现的东西之根本意蕴。这启发我们,所有纯概念的力量都应当而且必须效力于相反的课题,它必定不使我们跳出经验世界,而使我们更深入地步入经验世界。它应当使经验本身以及它们的逻辑结构和规律、它们的普遍原则和条件等为我们所理解和感知。诚然,现实人并非被动地表述、组织和认识外在客观实在,而应该是以心灵中的一种特殊的积极力量去体验它们。应该能够显现出人之主体性的终极存在。

中国古代书目正是通过感知和文献发生关系的。文献不是以一种抽象的方式被理解的,因而古代书目体系也不表现出严谨的逻辑等级结构,而是一种伸张性强、极具可塑性的动态体系。古代书目所建构的文献世界是一个经验性的世界,它不受客观成分的约束,而只能用动态的方式去理解。即用关系、活动、运用的方式去理解。书目系统在文献整序过程中,为思想建构起一个崭新的焦点,所有被类分的文献都不是一种静态的存在,而是表现出文献本身的动态的力量和生机,那是一种浸润到我们心灵所有活动和能量中的力量。这就将客观文献的世界提升到了依目的和理想的建构性秩序之深刻反思上来。这种建构性包含着古代书目的根本含义,塑造着古代书目的本质及其最具代表性的特征。

古代书目并不从文献之物理或形式上的内涵入手,而是把人的世界、文明的世界作为出发点。文献不是作为一种"客观"而存在,它们必须由人类心智之持续不断的努力所建构。因而,在古代书目的文献之建构过程中,人们试图奋力达到的目标,就是使人类自身的情感和情绪、欲念和知觉、思维和观念等等诸种主体精神的客观化。分类的过程始终将人类的精神世界作为自己的出发点。因此,书目所建构和组织的文献体系永远是知觉、直观的世界。而科学思维以及由此产生的现代书目,却试图发现文献之内在性质和形式关系,思维的条理性更多地限定在逻辑的而非情感的层次上。因而不会有任何主观选择的余地,亦不会有真正的创造性和建构性。可见,不同的书目系统总是向人们传递出不同的意味。它们以不同的方式辨别和组织文献,进而启迪人们对其他经验材料之不同的辨别和联系方式,并最终导致对各种经验对象的不同的理解方式。

西方现代书目中的每一个分类标识都以清晰和明白的方式加以定义,这是客观化过程中具有决定性意义的一步。其代价却是其直接的、具体的生命体验荡然无存,所剩的仅为一理智符号的世界,而非一直观体验的世界。古代书目并不走类似的普遍化和抽象化道路,而是一种主体价值选择趋前、知性分析

第七章 古代文献信息生态中的社会和谐与天人和谐

滞后的建构过程。这一独特的文献建构方式,令我们领悟到:人已经不再生活于单纯的、自然的和物理的世界之中,而是生活于一个人类自己创造的、人自己赋予它们以各种意义的"实在"之中。这种赋予的过程,显现了人类自己的想象力和心智,它使人所面临的世界发生了变化。整个"客观"世界被情感和人性的统一性所湮没,整个宇宙成为一个巨大的生命一体化的社会。这种变化,体现了现实世界和可能性世界、物理世界和目的性世界之间的区分过程。

(三)书目的目的论和哲学的目的论

古代书目不满足于按文献的实然存在状态去描述它们,而是要竭力追问文献背后的意义和价值。所有的文献皆存在于人格的世界而不是物理的世界之中。书目系统不是要将文献纳入形式主义的构架之中,而是要呼唤出、并激发起我们最隐秘的情感。古代书目从来都不允许我们把文献视为直接性的材料,视为牢靠的和真实的事实。从哲学分析的角度来看,我们称之为客观性的东西并非一种直接而不可怀疑的材料,它们的背后皆可体察到一种永恒精神。所以,古代书目并不以文献分类的是否科学作为着眼点,表现出分类组织结构上圆润融通的整体性特征,要求"因其变而观其通"。我们只能从古代书目的动态过程中把握其总体精神,追求融会贯通的全面,而不是分门别类的精确。

古代书目的目标不是要去探求真理,而是为了实用的目的。书目系统只以人自身的标尺衡量文献对象,以价值应然性而非理性必然性为旨归,具有"科学"的现代书目所无法比拟的内在价值。现代书目仅仅把文献视为自足、独立和绝对的存在,而我们从古代书目中看到的文献却恰恰是一种双重实在:文献的实在和人性的实在;或曰:类名的语义存在和主体人的审美存在。古代书目作为一种超越现实的文化活动,其目标是欲揭示出人性存在和审美存在的统一性。亦即,通过若干文献之规整性的呈现,为人们确立一个统一的情感交流对象,然后,再使人从这个统一的目光来看待自己、他人和世界,从而最终把人的生活引导到一个崭新的高度,使他们在自己身上发现一种肯定的力量:个体人不是孤立的,而是与世界的正义、道德联系在一起。这正像个体文献不是孤立的,而是和作为"明道之要"的整个书目体系联系在一起一样。人应该为一种神圣的力量而生活,并使生活获得这种神圣的意义。分类文献的过程,将永

· 179 ·

远是人类精神之持续不断的劳作过程,永远不会有一劳永逸的结果或定论。而现代书目却始终以某种"结果或定论"为自身的追求目标。

古代书目以儒家伦理道德为终极价值,这种理性的伦理理想既是一种整体世界观的产物;同时又必须依赖于书目自身的内在力量获得确证。被分类的文献没有必然的逻辑类项、书目系统也没有严谨的几何构架,这些都表明古代书目所划分的各个类目并非人类心智中严格分割的区域。每一"类"都有一种整体功能和整体能量之依托。这样,把不同的人类心智现象归结到一个普通的名目之下不仅是允许的,甚至是必需的。从客体而言,我们用不同类目划分的文献并非具有分类的功用,并非真的是分类的实体。从主体而言,现实人并不是由单一和孤立的功能混合而成的,他们的活动虽然可能趋向于不同的方向,但这些活动并不划分为不同部分。在这些活动中,表现了人性的整体。程子说:"万物皆是一理。"杨简说:"夫道,一而已。"人类文化的每一个分支,都被感受和情绪、想象和冥思、思维和理性共同分享。我们在所有这些活动中,发现了人性之整体。

古代书目注重唤起人们的主体普遍心理感受,它超不出人格的范畴。书目系统正是要使人们的生活获得这种普遍的、超越的意义。它表明人类心智可以超越经验个体的范围,追求一种普遍的人格理想,一种所有不同的人类心智力量可以参照并在其中获得统一和谐的理想。书目的编码者或解码者都在统一的人格背景中,经由不同文献之用心良苦的类别釐定,领会到人性之本体价值:儒家伦理理想。

总之,古代书目为我们提供了对世界的崭新理解。它表明一切实在皆是一种经验实在,必须依照经验的原则加以考察。而这种经验的原则应当在伦理意义上而不是在物理意义上去理解。诚然,人类劳作的最终归宿即为普遍向上的人格道德,因而,我们应当从道德的意义上去理解文献,理解一切。正是这个关涉到道德律之精粹和人的基本价值的问题,构成了人类文化教育最本质的特征。就中国古代书目而言,它的形式和表述,在面临最透彻地分析时,也将只能归结为和简化为道德原则。伦理化不仅是古代书目的某种标志,而且,伦理化的程度也是衡量其价值的唯一标准。

书目作为一种文化反省形式,总是致力于对文化的全部加以理解。古代书

第七章 古代文献信息生态中的社会和谐与天人和谐

目并不把文献囊括在一个抽象的公式中,而是要竭力透察它们的具体意义。这种意义是以一般伦理道德为基础的,它们不过是书目整体伦理理论背景下的一种表现和解释,显现出古代书目独特的目的论特征。因而我们只有在伦理学体系中才能找到古代书目的根本原则。而这些原则,遂成为古代书目中提要、类序、案语、凡例等的具体任务;也成为古代书目系统之类别鏊定的根本取向。这是书目编码主体和解码主体作为创造性主体的自由的显现,是对生命的充实,是生命的具体展开形式,是自由的、逐步推动自我解放的活动,古代书目因而演绎了人类文明进程的本质。

第八章 结 论

第一节 古代和谐理念的信息生态学价值

中华民族是讲"和"的民族,"和"即"谐","谐"即"和","和谐"是中国先贤念兹在兹的基本社会理想。而构建信息生态环境的全部旨趣就是要以和谐为取向,强调平衡、协调、有序、互补在信息生态系统中的价值。

一、古代和谐理念的主要特征

中国古代先贤积聚了大量有关"和谐"的智慧,和谐也是中国传统文化的核心价值。中国古代的"和谐"思维具有以下几个重要特征。

1."和"是系统"生"的基础和依据

古人"和实生物,同则不继"的命题强调"和"是系统"生"的基础和依据。"和"的本质是多样性的统一,只有多样并统一(而不是简单的"同")才能产生新质,创生新物。这就需要把不同信息本体和信息人的平衡与互补视为认识信息生态问题的基本原则和标准。所谓"以他平他谓之和,故能丰长而物归之;若以同裨同,尽乃弃矣"(《国语·郑语》),只有以不同的元素和谐搭配,才能创生万物;而如果只是以相同的事物相杂集,则不会产生新事物。诚如成中英先生指出:"在儒家哲学中,'和'既是一种状态,也是一个过程,它是一种创造生命、创造新事物的积极力量。"❶

2."和"以异质要素的存在为前提

差异和对立是"和"的前提,只有在差异和对立中,和谐才能得以存在与发展。因此,信息生态不是追求没有差别和矛盾,而是要把差异、对立、斗争、冲突作为和谐的内生要素来对待,应该在对立与差别中把握和谐,和谐并非一模一样、一潭死水、一团和气。《国语》泛言"和实生物,同则不继",这些精辟论断

---

❶ 成中英.儒家和谐论的六个层次[M].赵长江,译.河北学刊,2006(6):26-30.

的意思均是指若无系统要素之间的开放与流动就无和谐可言。相比而言，"同"只会增加事物的量，不会使事物发生改变；而"和"能够借助于不同事物特别是相互矛盾的事物之间的协调配合而使万物生长繁育。

3. 追求和谐并不等同于追求平等

序列与等级是和谐的常态，追求和谐并不等同于追求平等。任何事物的内部都存在阴阳对立的两面性，从而表现为某种等差与分层状态，这是事物有序和谐的基本结构特征。同样，人、信息、社会等这些信息生态系统中的每一个序列和因子，其内部也时刻分化为某种层级结构，它要求我们在构建和谐信息生态环境时，必须维持一个基于健全法制和伦理道德规范的等差序级结构，才能真正保持信息生态的和谐与稳定。"和"的基础是"不同"，这个"不同"就是多样性，在不同的基础上形成的"和"，才能使事物得到发展。因此，就是要达到"万物并育而不相害，道并行而不相悖"的理想状态与和谐境界，追求和谐并不等同于追求平等。

4. 在动态的相对和谐中促进理想信息生态的构建

古人倡言"生生之谓易""不和不生"，本质上是强调和谐既是一个"动"的过程，也是一个在"动"中达致的平衡状态，集中反映了平衡和不平衡的共轭特征和辩证关系。因而，在信息生态的研究中，要把和谐视为生生不息的相对和谐，并善于在不和谐中把握和谐，在动态的相对和谐中促进理想信息生态的构建。

二、古代和谐理念的信息生态学价值：以信息公平为例

古人的上述和谐思维对于我们今天建构和谐信息生态环境是有启发意义的，今以信息公平为例略作说明。

信息公平是社会公平理念在信息领域的延伸。由于信息公平的概念内蕴着公正、平等之类的正面价值而被赋予天然的和毋庸置疑的正当性，在没有厘清其复杂内涵的情况下即成为人们竞相追逐的目标。我们认为，信息公平的真实意蕴并不如我们想象的那样"顾名思义"。相应地，怎样实现信息公平、以及实现怎样的信息公平，也变得远没有想象的那么简单。

(一)怎样理解信息公平

信息公平是信息权利之一,而信息权利又是以基本人权之一的姿态出现的。如何理解这个弥漫着西方"民主"国家话语霸权的术语,应成为我们的研究焦点。总体上,信息公平可被界定为是"在信息获取、分配、应用等信息活动中,人们处于地位平等,机会均等的状态"❶。但是,那个充满诱惑力的"公平",只能是相对的公平,而不是绝对的公平。并且,信息公平还是一个动态的实现过程,没有静止的、永久不变的公平。

1. 信息公平是相对的而不是绝对的

这个世界没有"绝对",信息公平也不是绝对的,而只能是相对的。

(1)信息公平的衡量标准是相对的。信息公平的最终目标是为了所有信息的合理分配和使用。在社会信息总量、社会信息能力等发展的不同阶段,信息公平的标准是不一致的。例如,某公共图书馆在购书经费不充裕、电子化水平不高的时代,必须结合该馆自身的定位、办馆使命和宗旨,合理拉开不同层次读者的信息权利差距,追求有限信息的高效率使用。而在购书经费相对充裕、电子化程度不断提高的情况下,则应审时度势地缩小不同层次读者的信息权利差异,形成合理有序的信息配置模式,由此形成不同语境下的不同的信息公平标准。

(2)信息公平的实现手段和方式是相对的。在不同的时空背景下,信息公平的实现手段和方式可谓大相径庭。例如,某公共图书馆针对纸质文献和数字信息资源的不同存量及其不同的供给能力,可以制定纸质文献和数字信息资源的两套不同的公平标准。甚至同为纸质文献或同为数字信息资源,也可以针对不同内容的文献信息制定相互区别的公平准确。例如,在高校图书馆,和教学有关的文献的借阅制度可以师生一视同仁,实现"平等";而科研类文献资料(尤其是珍贵古籍等"稀缺"文献)则可以针对不同的读者层次制定相对合理的差别性标准。

(3)不同利益主体对信息公平的范围具有不同的期待,突出反映了信息公平的相对性。例如,对中国广大农民朋友而言,更为期待与自身利益攸关的信息(如农业技术信息、党和国家的农业政策信息、农副产品的市场行情信息等)的公平问题。只要这部分信息能够相对全面、及时、准确地获取,他们就会处

---

❶ 兰小媛.信息公平与公共图书馆制度[J].图书馆学研究,2006(4):2-4.

于信息公平的满足状态。又如,全息数字化技术的出现提高了原始书刊数字化的效率。然而,不少用户为了能够"逼真地"看到原始版面,仍习惯于使用的PDF(Portable Document Format,便携文档格式)文档资料扫描存贮系统,即使PDF文档具有缺乏数字化信息的检索功能、占用空间大、显示效果较差、不能从版面上摘录文字等缺点也在所不惜。这样,是否能够获得PDF文本,而不是更先进的全息数字化技术文本,将成为这一部分用户衡量公平与否的依据。

2. 信息公平是动态的而不是静态的

信息公平是一种理想,其最高境界是任何人在任何条件下都能够自由地获取他(她)所需要的任何信息。从这一意义上说,信息公平永远处于一种"得寸进尺"式的待实现状态,正如蒋永福先生指出:"信息公平是人们面对信息资源的获取和分配过程所产生的价值期望。"[1]这样,现实中的所有信息公平都只能是暂时的、低层次的公平,都只是处于奔赴某个"更加公平"的动态过程之中。

(1)信息公平作为被追逐的理想,是不断变化的。在社会信息发展和个人信息能力发展的不同阶段,往往会有不同的公平期待。例如,民国时期的"新图书馆运动"向往通过建立对公众开放的新式图书馆来实现信息公平。而在藏书规模和现代化手段日益发展的今天,公共图书馆反而没有能够承载起全社会基本的信息公平诉求。显然,这直接跟人们在不同时期对信息公平的不同期待有关。这说明,作为一种"心向往之"的心理状态,信息公平只能是一种动态的公平。

(2)信息公平的程度是不断变化的,开始往往只是在社会部分成员之间、针对部分信息谋求公平,然后才逐步扩大到更大范围的人群和信息之间。例如,只能在有条件和有能力上网的信息主体中追求网上数字信息的公平配置。与此相鼓桴,信息公平开始往往只是针对部分信息的公平,然后才逐步扩展到更大信息范围的公平。例如,人们总是首先考虑中文普通文献信息配置的公平性问题,然后才会逐步扩展到诸如外文原版文献信息之配置的公平与否。显然,所谓信息公平,始终存在一个范围问题,它总是处于由针对部分人群和信息逐步扩大到更大部分的人群和信息的动态变化过程之中。所以,那种认为"在图书馆具体的服务过程中,存在'差异'服务和'分流服务',这实际

---

[1] 蒋永福,刘鑫.论信息公平[J].图书与情报,2005(6):2-5,22.

上体现图书馆信息权利的不平等和不公正"[1]的看法,是值得商榷的。

（3）信息公平时刻处于一个非常复杂的对比过程中,表现出明显的动态性。一般地,信息主体是否感受到公平,既与自身的纵向对比有关,也跟与他者的横向对比有关。例如,1998年上海的信息网络建设指数为127.94,而西藏仅为0.09[2]。设想10年后的某天,西藏如果能够猛增100倍（达到9),则会在纵向对比中容易满足公平期待——尽管,它只相当于上海10年前的7%。而上海即使在10年里停滞不前,当她与西藏横向相比时,也会处于相对满足状态。而不顾背景差异的简单的信息公平追求,恰恰忽略了公平的纵横二维性。

信息公平的动态特征表明,人类对信息公平的追求是无止境的,它总是要从一个相对的公平,走向另一个更高层次的公平,如此反复无穷,而根本不存在静态的和永久的公平。

（二）怎样实现信息公平

西方式的"民主"思维,习惯于把政府视为能否实现信息公平的主要责任主体,这在一定程度上也左右着我国学术界的基本认识。学者们普遍认为,"维护信息公平是信息时代的政府责任"[3];"落实信息公平取决于政府是否选择信息公平的制度",并要求政府在诸如"建立信息公开制度""保障弱势人群的信息获取""制约商业活动中的信息不对称现象"[4]等问题上有所作为。诚然,政府在建立信息公开制度、防止权力机关或个人垄断信息等方面具有举足轻重的地位,但政府无法包揽一切。总体而言,信息公平既取决于有关公平的信念,也跟社会和信息主体的信息能力有关。因此,政府之外的信息提供者和各类信息主体应该肩负起自身的担当。

1. 信息公平是在特定社会信息能力下的公平

信息公平能否、以及在多大程度上兑现,直接与社会信息能力有关。从物质基础的角度来说,具有相对性和动态性特征的信息公平,是与社会信息提供机构（如图书馆、档案馆等）的信息能力密切相关的。这里的信息能力主要包括信息资源的数量和质量、存量和增量,以及用于信息整序和信息传播的物质

---

[1] 施强.图书馆制度伦理探微[J].中国图书馆学报,2007(1):100-104.
[2] 宋铃.信息化水平测度的理论与方法[M].北京:经济科学出版社,2001:39.
[3] 袁峰.信息公平与政府责任[J].政治学研究,2005(4):75-82.
[4] 范并思.论信息公平的制度选择[J].图书馆,2007(4):1-5.

基础和技术手段(如 ICT,即信息与通信技术)等。只有信息能力提高了,才会有信息公平的基础。因此,在信息公平诉求中,除了要将眼睛盯在政府身上,还应大力发展社会信息提供机构的信息能力和信息水平等。没有社会信息能力的保障,公平将只能停留在愿望的层面上。

2. 弱势群体应该主动增强自身的信息能力

现有信息公平理论往往以弱势群体代言人的姿态出现,倡言制定有利于弱势群体的倾斜性政策是实现信息公平的主要渠道。但是,信息的使用不同于一般物质的使用,它对使用者的素质和智能条件(例如英语能力、专业知识、电脑水平、网络技术等)有很高要求。仅仅通过政策倾斜乃至"救济"等手段谋求公平,并不鼓励弱势群体的自身努力,是不足取的。诚然,"信息的富有与贫乏,在某种意义上,是信息技术的富有与贫乏"[1]。因此,弱势群体只有不断增强包括信息技术在内的信息能力,才能扩大自身的信息权益,最终获得可持续增长的信息公平。清儒袁枚《黄生借书说》曰:"书非借不能读也。"这表明,个人在信息获取中付出的劳动增加时,信息的使用价值才会提高。而别人的帮助或"劫富济贫",终究只是第二性的外因,具有很大的依赖性和不确定性。而在数字环境下,信息资源保障能力正被具体化为信息资源的可获知能力和可获得能力(而不是传统印刷型的"收藏和拥有"),这需要提倡"公平共享",即:为系统提供了较多资源的成员,在申请使用其他成员的资源时,能够获得较高的资源访问优先级[2]。显然,数字环境下信息公平的实现,更需要以提升信息主体的信息能力为前提。

综上,追求信息公平,除了政府需要肩负重任之外,还需要发展社会总体的信息保障能力和供给能力,并提高和激发信息主体(尤其是弱势群体)的信息能力。

(三)实现怎样的信息公平

信息公平所向往的"人们处于地位平等,机会均等的状态"[3]的平均主义无

---

[1] 袁峰.信息公平与政府责任[J].政治学研究,2005(4):75–82
[2] 李宝强,孙建军,成颖.数字信息资源配置中的资源共享机制与市场交换方式[J].图书情报工作,2007(7):57–61
[3] 兰小媛.信息公平与公共图书馆制度[J].图书馆学研究,2006(4):2–4.

和谐信息生态环境构建——以中国古代文献信息生态观为视角

差等同,以及社会所有成员都能够无条件地"各取所需""所需能取"❶他(她)所期望的任何信息,都带有"信息共产主义"意义上的乌托邦色彩。当不得不把公平的范围局限在"强调的是信息获取机会的公平和信息资源配置的公平"❷之后,仍不能摆脱其乌托邦特征。我们认为,现实层面上的信息公平,永远只能是相对的和有差异性的。这样,如何使差异性公平趋于合理,应该成为信息公平的主要追求目标。

1. 从主体来看

信息主体作为自然人和社会人的总和是存在个体差异的,是不以人的意志为转移的,因此,信息公平只能是差异性的公平。信息公平的逻辑起点是承认不同主体的信息需要是有差异的,同一信息的价值也会因不同主体的不同使用方式而大异其趣。而如果基于公平原则,将我根本不需要的信息"平等"地配置给我,这样的公平非我所愿。并且,在信息资源和传递技术等尚未极大发展的情况下,还会造成对真正需要该信息的人群的不公。此外,还应承认不同主体因自身信息能力差别而形成的获取差别和使用差别。这些差别是以权、责、利对称原则和高于信息公平小理想的社会公正大理想为基础的,体现了人们之间正常的信息权利差别,因而在更高层次上体现了公平。例如,我国高校图书馆对博士生、硕士生、本科生、大专生普遍实行借书数量递减原则。有人认为,这是对低学历学生的明显"不公"❸。事实上,不同层次的学生有不同的学习任务和科研要求,在图书馆文献保障能力有限的情况下,与其好高骛远地追求片面的"平等",还不如脚踏实地地考虑如何有效地协调差异,让差异本身构成有序的和谐等级。因此,信息公平问题毋宁说是信息差异的合理调节问题。亦即,如何分层疏理信息主体的层次差异,并有效地协调和组合这些差异,从而在信息总量和总供给力不变的情况下相对合理地分层使用信息。

2. 从信息本身来看

信息差异是客观存在的,信息不是一种匀质资源,不能论重量(像水一样)或论瓦时(像电一样)作统计学意义上的平均分配。此外,信息本身的差异还反映在信息的收集、整理、分配和使用的各个环节之中。因此,信息本身的差

---

❶ 蒋永福,刘鑫.论信息公平[J].图书与情报,2005(6):2-5,22.
❷ 施强.图书馆制度伦理探微[J].中国图书馆学报,2007(1):100-104.
❸ 宗红侠.对院校图书馆促进信息公平的思考[J].现代情报,2007(8):119-120.

异性,意味着信息只能是多样性的统一和异质差分要素的有机结合。很难想象不同内容和层次的信息源、信息量和信息获取模式能够平均地配置到主体手中。这决定了信息公平只能是差异性公平,信息公平不是要消除差异,而是要充分承认差异的存在,让互相差异着的信息主体更为合理地获得相互差别着的信息。只有承认差异性的公平,才能有效促进信息的合理使用,带来文化、经济和社会的全面进步。而无差异的信息公平盲目地反对差异,主张追求信息公平就是努力消灭信息差异,试图通过制度性倾斜人为地对信息的获取和分配进行调控,其结果只能带来类似"大锅饭"式的信息公平。

综上,学者们相信,"能够支持信息公平的最高制度保障就是民主政治制度"❶。应该指出,正像中国特色政治制度的"民主"形式不同于西方一样,中国语境下的"信息公平"也与西方式的信息公平迥然而别。这样,探讨一种超越西方话语霸权的,因而也是具有中国特色和具有现实可行性的"信息公平"理论、方法和原则,应成为中国学者坚持的皈依。

因此,系统梳理中国古代信息生态环境和谐观的内涵、特征、体系等内容,将会在理论上有助于深化今天和谐问题的探讨,在实践上有助于推动当代信息生态环境的建设。

第二节　圆融中西的和谐信息生态环境之构建

中国古代的和谐理念及其在构建和谐文献信息生态环境中所表现出来的若干智慧,对于我们今天的和谐信息生态环境构建的诉求,仍然具有借鉴价值。另一方面,中国传统文化中所强调的和谐观念以及有关文献信息生态和谐环境的设计,也存在若干不足和局限,堪称醇驳互见、得失相参,有精华、也有糟粕。汤一介先生指出:"古来圣贤的思想、理念并不能全然解决当今社会存在的所有问题,也并不能全都适应现代社会的要求,它只能给我们一些思考的路子,启发我们去用这些思想资源,在给以适应现代社会生活要求的新的诠释的基础上,才有可能为建设和谐的人类社会做出贡献。"❷同样,中国古代文献信息生态环境的和谐构建往往只是一个以观念形态存在的信念,这其中虽

---

❶ 蒋永福,刘鑫.论信息公平[J].图书与情报,2005(6):2-5,22.
❷ 汤一介.儒学的现代意义[M].光明日报,2006年12月14日.

和谐信息生态环境构建——以中国古代文献信息生态观为视角

然具有若干值得借鉴的思想资源,但不能作为解决现实信息生态问题的根本原则甚至指导思想。

一、古代思想认识的主要优点

正如本书第四章所指出,中国古代哲学思想的核心是天人合一思维指导下的人与人以及人与天(客体对象)的双重和谐。这一认识落实到和谐文献信息生态环境的构建中,表现为下述三大特征:

1. 重视信息的"彼在"内涵

"人文性"是古代文献信息最重要的特征。因此,文献反映的不仅仅是知识论,也是价值论。相应地,信息生态不可能只是一个认知问题,必须充分考虑到道德伦理、美学表达等与人相关的因素在和谐信息生态环境构建中的作用。文献信息的"人文性"启迪我们,应从信息的"此在"之在场中捕捉到"彼在"之不在场的东西,彻底摒弃那种以为凡是无法用逻辑、概念或用感觉把握的东西,也即无法现身在场的东西就毫无价值的形而上学偏见。古人强调文献兼具"此在"和"彼在"的双重内容,本质上是另一种存在论,是一种关于不可见、不可触、不在场之存在的存在论。"彼在"之存在,充分肯定精神内涵高于物质内容,内在价值高于功利价值。而现代西方式的信息客观化预设,过分重视信息生态的"真值性",导致对善和美的放逐,因而只能生成与"人"无关的所谓生态平衡。

2. 确立心平德和的个人身心和谐是一切和谐的基础

社会是由人组成的,没有每个个体的和谐,就不可能达到社会总体的和谐。"中国古代的先哲们着眼于'心平德和'的伦理思考,得出了思想和谐才能使品德行为和谐,从而促进事物全面和谐的规律性认识。这一认识强调了主观能动作用对于实现和谐所具有的重要作用,揭示了和谐是人的思想协调和主观努力的结果"。其现实意义在于,"从和谐主体的角度弥补了西方哲学单纯描述和谐状态的不足,阐释了西方学者们所忽视的和谐的另一个重要的本质规定性"[1]。应该说,中国传统的身心和谐观念就其对于道德人格的强调来说,无疑有着极其重要的积极意义,即便在当代条件下仍需要强调自我身心的

---

[1] 康渝生.和谐发展的理论渊源及其在当代的实践[J].学习与探索,2006(1):144-147.

和谐与人格的完善。例如,既然信息的人文性决定了信息不是像水电一样的匀质物质,信息生态中的差别和等级就将是永远消除不了的。因此,"和谐"表面上是指一种客观的外在状态,实质上是一种主观的内在状态。是主体人在体会或认为信息生态环境是否和谐,这样,个体身心的"心平德和"就显得十分重要。

3. 以"天下归仁"的社会和谐为最高目标

先贤从人与文献的关系上理解文献信息生态环境的和谐,就是要阐明文献作为人的合一对象与人本身的合理关系。为此,需要透过人看文献,借助文献谈人,并通过对人的理解表达对自然、社会和他人的理解;同时,在对社会和他人的理解中,关照人的生存价值、思考人的生活意义,最终形成反向可逆的双向理解,达到"天下有道"的理想境界,即人与社会的高度和谐。这种活跃在信念意义上的古代的文献信息实践,更为重视人文教育传统和道德教化,重视社会有序与和谐,从而将人的个人价值和"仁道"取向以及"天下归仁"的不朽目标联系了起来。这种超越旨趣,虽然带有一定的空想性质,但它能够启迪我们在文献信息传递效益之外,追求更大的目标、担当更多的道义。事实上,近年来业界提出的知识自由、信息公平等概念,就是表达了某种超越信息传递效率的诉求。这表明,中国古代先贤的信息学智慧可以和现代目标相衔接——尽管,古人的思想因缺乏现实基础而带有空想性。然而,我们不能简单地以其能否付诸现实社会实践作为评判思想的唯一标准。事实上,古代智慧恰恰在于它为批判现实提供了一面镜子和理想尺度,也成为面向未来,推动信息生态学进步的一种精神力量,值得我们今人珍视。

二、古代思想认识的主要不足

"古代哲人对于和谐问题的理论探索都不可避免地存在着时代的局限。首先,古代哲人关于和谐问题的理论诠释严重脱离现实生活世界,仅仅表现为一种奢谈和谐的理想精神境界,而不可能成为现实实践活动的奋斗目标。其次,古代哲人关于和谐问题的理论诠释大多是对于和谐范畴的理解,没有也不可能构建起完整的社会发展理论体系。事实上,理论研究的深入与系统化,必须以扬弃单纯的理论研究、实现理论与实践的有机结合为前提。和谐问题的理

和谐信息生态环境构建——以中国古代文献信息生态观为视角

论研究旨趣,恰恰在于对现实中不和谐现象的批判与超越。显然,古代哲人那种局限于理性领域的思考,是根本无法完成这项任务的"[1]。应该说,上述不足同样也表现在中国古代有关和谐信息生态环境建构的一般理论、方法和原则之中,具体而言主要包括:

1. 信息"彼在"内涵的不可论证

在中国古代,包括文献在内的所有信息都是一种双重存在,既有自然物理意义上的客观内容,又有主体心性意义上的主观内容。并且,这种双重性主要指向后者。因此,"信息"主要是道德理性而不是自然理性。其哲学依据是中国古代的天人合一,而所谓"天","诸家所论,均未超出哲学思辨范畴;至于结合实际,讨论真正自然之'天'(客体世界)与现实生理之'人'(主体世界),怎样相互作用,如何相生相养,诸家学说皆未涉及"[2]。亦即,有关自然物理意义上的"天"及其与人之间的现实关系,并不是古人讨论的对象。因此,"中国古代贤哲大量对于自然界的敏锐观察和新颖见解,结果总是一致地导向对人心的启迪,落脚到告诉人们某种社会人生的哲理……儒家这种崇尚政治人伦之'道'、崇尚天地万物通'理'而轻贱具体科学知识和生产技艺的趋向,将千千万万儒门学者永远隔在了自然科学的门外"[3]。在这一思维背景下,中国古代的信息主要是一种超越性的道德价值存在,甚至赋予信息以道德人格的地位,藉以强调人与信息之间应当建立的和谐关系。

所有文献都是作为作者的"人"的道德主体的显现,而不是(至少不仅仅是)"知识"的呈现。《淮南子·泛论》指出:"诵先王之书,不若闻其言;闻其言,不若得其所以言。"明儒焦竑《国史经籍志·制书类序》云:"古之圣哲,无意于文也,理至则文从之,如典谟、训诰是已。然或谓皋、夔、旦、奭代为属笔,盖间有之。若梁武、唐文,瞻于辞学,至与寒畯之士,竞为雕虫,何其小也。"都认为文本"此在"背后的作者精神价值之"彼在"才是更为重要的,而这种"彼在"作为主体(主观)范畴,往往是不可实证的,既不是可分析的概念范畴,也缺乏明晰性的话语体系,因而不能提供方法论意义。其要害在于:由于未能厘清"思想和思想的对象"而难以确立信息的"客观"知识的合理性。例如,《四库全书总

---

[1] 康渝生.和谐发展的理论渊源及其在当代的实践[J].学习与探索,2006(1):144-147.
[2] 谢承仁.中华传统思想文化渊源[M].北京:人民出版社,2004:118.
[3] 张岱年,方克立.中国文化概论[M].北京:北京师范大学出版社,1994:185.

目·五经总义类后语》曰:"盖《易》包万汇,随举一义,皆有说可通。数惟人所推,象惟人所取,理惟人所说,故一变再变而不已。《礼》具器数,具有实证,非空谈所能眩乱,故虽欲变之而不能。《诗》则其美其刺,可以意解,其名物训诂,则不可意解也。《春秋》则其褒其贬,可以词夺。其事迹始末,则不可以词夺也。"可见,《易》《诗》《春秋》等文献都有可能因读者的认读、翻译和诠释而出现"理惟人所说""其美其刺,可以意解"和"其褒其贬,可以词夺"的取向,因而无法对应认知方向,难以形成真实性的诉求。在这一意义上,古代的和谐文献信息生态环境的构建主要是诉诸内在主体的精神超越而不是外在的客观规范,因而更多地对应着内在和伦理的认知方向,形成了正当性和真诚性诉求,缺乏起码的真实性和客观性。

此外,在人的关于道德价值与知识价值的两重选择上,我国先贤基于人性完善与群体和谐,而格外强调道德价值,也没有充分重视自然物理知识价值,有一定的消极影响。

2. 基于个人私德的群己和谐缺乏公正内涵

从制度规范上来说,和谐信息生态环境体现为人们在和谐思想指引下,建立一系列调整社会信息关系、化解信息矛盾的制度和机制。既然信息生态环境中人与人的关系是以人的信息实践为中介的,那么,这一关系就不可能脱离人与人之间的社会关系。因此,不能孤立地看待信息生态环境中的人与人的和谐关系,而应该将这种"关系"放在社会关系的总体背景下来考察,作为前提和基础的社会关系决定着信息生态环境中人与人的关系走向。然而,在中国古代,人与人之间的关系是内在的,在个人之上,尚有更高的集体利益,"人"往往只是一种伦理学存在。集中表现为:在"群居合一之道"的名义下,过分强调个体从属于群体,从而事实上消解了个体,个体只有尽不完的义务。

(1)传统的群己和谐观念缺乏对于人的社会性的认识,因而未能充分理解人的社会本质属性。当人与信息的关系产生不适应的时候,需要人与人之间社会关系的相应性变革,因为只有在解决社会现实矛盾的前提下才能真正解决信息问题。但是,传统的群己关系以道德伦理为标尺,并不能真正解决社会矛盾。

(2)传统群己和谐观念重视个人道德而缺乏对人与人之间正当关系的合

理确认。总体而言,当人际关系面临不和谐的时候,中国人更习惯于观念地而不是现实地解决问题,只有意欲的和谐而不是现实的和谐。因此,如何将先贤强调的个人道德培养转化为社会正义,变个人私德为社会公德,依然是当代中国和谐信息生态环境构建诉求的重要课题。

(3)古人基于人性完善与群体和谐的追求,过分强调道德价值,重视个体自我完善以及个体独立意志和人格尊严的特殊价值,认为任何富贵、权位、名利皆不能与之相比,有一定的认识意义。但是,当人际关系出现问题时,古人更看重个人的自我内省,没有充分重视自然物理知识价值,有一定的消极影响。例如,孔子讲忠恕,一方面要求"己欲立而立人,己欲达而达人"(《论语·雍也》);另一方面又要求"己所不欲,勿施于人"(《论语·颜渊》)。其本质都是要强调个人的道德修养。这种重视自我要求的做法,表现出对于自己之外的其他人的极大宽容,具有很高的道德自律价值。但面对当今日益复杂化的人际关系和社会信息生态的多维取向,现代社会的"公德"概念无疑比传统文化所强调的私德更有价值。那种仅仅寄托于个人道德修养,希望通过个体的人格完善来达到社会和谐,显然是远远不够的。

3. 缺乏基于社会公德诉求的法律精神

固然,正当、和谐的社会关系必须以个人私德的饱满为前提,但又不能停留在私德层面上。古代"个人人格沿着情感道路发展,缺乏人格发展中的道德认知主义、科学主义因素;用道德情感代替道德认知,道德认知方式是体认、是情感(仁爱)的体验,以及通过移情(推己及人)来建立普遍的道德原则。个人人格是一种道德人格(或德性人格、义务人格),缺少认知因素和权利内涵。即只承认人的道德和义务,排斥人的利益和权利,只注重人的思想教化和人际和谐,进而压制人的自觉意识和创造精神"[1]。尤其在当代信息化社会的特殊语境下,信息分工日趋复杂,人与人的信息关系日趋多元化,因此借助于建立在理性基础上的法律手段来调节人与人之间的社会活动,积极寻求构建人际和谐的坚实路径乃是十分必要的。孔子说"不患寡而患不均,不患贫而患不安",墨子主张"兼相爱""爱无差等",这些崇高的社会理想给我们更多的启发是理想层面上的价值理念,而诸如权利平等、分配合理、机会均等、司法正义等,才

---

[1] 康渝生.和谐发展的理论渊源及其在当代的实践[J].学习与探索,2006(1):144-147.

是必不可少的硬件保障。此外,关于群体价值与个体价值的张力选择,中国先贤强调"群居合一之道",将群体价值放在第一,强调个体从属于群体价值,个体被消融于群体,只有尽不完的义务,压抑了个性的发展。

总之,民主法治是社会主义和谐社会的首要特征,也是确保信息生态环境和谐的重要尺度。因此,我们在充分肯定中国传统道德中的和谐观在当代和谐信息生态环境建构诉求中的重要价值的同时,也必须清醒地认识到古代思想因缺乏法制而存在的不足。应该说,古代历史上出现的许多有名无实的、虚假的和谐,其主要原因即是在于缺乏民主法治的根本保障。

三、中西互补是当代和谐信息生态环境构建的必由之路

作为人类迄今为止出现的建构和谐信息生态环境的两大策略类型,中国古代和西方现代的相关智慧都有一定的合理性,同时也都存在一定的局限和不足。因此,只有诉诸中西智慧的有机融合和彼此互补,才能真正实现和谐信息生态环境的构建。从这一意义上说,我们今天的有关和谐信息生态环境的构建诉求,既要立足现实又要回溯历史;既要立足世界又要恪守民族本位。为此,需要处理好历史性与现实性、民族性与世界性的两重"关系"。

1. 历史性与现实性的关系

人的文献信息活动和认识总是要受到特定历史条件的制约,呈现出马克思所说的"具体的、历史的"基本规定。中国古代的和谐观和整体思维方式以及与之相得益彰的古典文献信息理论与实践,乃是特定时空下的特定历史积淀,有其固有特点。总体上,古代和谐智慧在古代的特殊语境下具有其正当性和有效性。但是,随着时代的发展,信息生态环境无论是在事实层面上还是在价值层面上都发生了根本改变。例如,"数字和网络时代所提供的物质性技术基础更容易产生信息生态问题。因为在这样的时代,一方面'制造'信息变得非常容易,而且在一个信息崇拜的时代人们比以往任何时候都更乐于信息的'创造';另一方面,被个体制造的信息输入到信息生态系统从而产生'信息生态效应'也很容易,只要将电脑联网即可。当然,信息生态问题并不总是产生在信息爆炸的时代,它在信息匮乏时也会发生,只不过表现出的是另一种信息生态问题:一部分人垄断信息,一部分人无信息知晓权,信息在人群中的分布极不

平衡,社会的多数群体处于'信息荒漠化'的状况。因此,信息生态问题的产生是具有事实基础和客观条件的"[1]。这就需要我们针对信息生态的"新问题",提出相应的解决办法和解决手段。

事实上,现代信息生态研究本质上是西方学理的产物,它与中国古代文献信息生态环境不在同一个历史平台上,走的不是同一条路。因此,如何将古代思想和当下实践进行"无缝对接",而不是简单地强比异同,值得我们深入仔细地研究。一方面,传统的文献信息生态环境的和谐理念为我们提供了丰富的智慧资源,另一方面,也需要在将传统社会尤其是传统文献信息生态环境与现代社会尤其是现代信息生态环境作充分的异同比较的基础,亦即只有在坚持历史性与现实性相结合的基础上,才谈得上所谓"合理借鉴"古代智慧。我们强调中国古代和谐思想的现代价值,并不是基于"先前曾经阔过"的狭隘民族自尊,也不是认为中国古代思想十全十美,而是要在充分认识西方式的现代信息生态本质的前提下反思西方的不足,并引入先贤智慧以弥补其缺失,从而最终推动当代和谐信息生态环境的构建。

应该说,人类社会本身就是既有传统的延续,又在传统基础上不断突破与更新从而逐步发展起来的。这就需要将古代思想的诠释和现代信息生态学理论的重建相结合,寻求古代思想中对现代信息生态学仍有启发价值和指导意义的成果内容。我们只有站在时代的高度,对古代思想资源进行充分的选择、诠释,并致力于对它们的现代转换,才能真正将传统与现代结合起来,让优秀的传统思想在当代焕发出新的生机。它不是对古代资源的简单修补,而是根据崭新的信息生态实际的重新创造。同时,也只有站在今天信息生态学成果的高度,才能对古代思想的本质做出具有解释力的说明。

2. 民族性与世界性的关系

中国和谐生态文明是中国先贤基于自身文化特点和理想诉求而独自发展起来的系统,符合本民族的认识心理和价值取向,具有深刻的民族性。当今世界,经济全球化和世界信息化导致了世界范围内的、以西方强势文明为主导的文化一元取向,同时,民族意义的觉醒又导致了文化多元化成为普遍心声。因此,如何处理全球化和本土化(或者说民族性与世界性的关系)不仅是当今时

---

[1] 肖峰.信息生态的哲学维度[J].河北学刊,2005(1):49-54.

第八章 结 论

代文化的课题,也是信息生态构建原则与方法所不可回避的课题。德国汉学家卜松山指出:"中国人应以新颖的手法坚守他们的立场,这不仅会给无知的西方人提供——经过创造性诠释的——丰富的中国文化遗产,还会为纯粹以西方为中心的文化讨论增添全新的维度,从而对世界文化做出贡献。"[1]法国哲学家德里达相信,中国"有一个强有力的传统,世界不能没有她的参与"[2]。美国康奈尔大学校长亨特·罗林斯教授在第二届北京论坛上发言指出:"我们已经发现了必须始终铭记的一句话:我们双方(注:这里是指中美两国)都有很多东西可教,也有很多东西可学。"[3]法国前总理拉法兰访华期间在外交学院演讲时说:"20世纪思想的主流是对抗的思想。现在法国的很多学者都主张一种复杂性思维,他们认为在政治思想方面应当能够把反面的、对立的、冲突的东西纳入进来。这种思维归结起来,其实就是超越的思维,和谐的思维。而我认为,中国的古老文明为世界上和谐思想的发展做出了卓越的贡献。"[4]

西方有识之士的上述论述对我们正确认识和谐信息生态环境的构建无疑也是有借鉴价值的。例如,当今世界,伴随着现代资本逻辑向各个领域的无限扩张,私德价值遭遇到了空前的危机。相应地,"知识就是力量"的"培根设计"直接强调知识的工具理性价值,而知识经济时代"知识就是金钱"的理念则强化了知识的功利取向。于是,求知就是求力量和求金钱,人们的心理动因自觉地服务于经济利益。从而,知识论的信息定位导致人们的一切信息接受和理解都与人们的文化修养、生命体验和个人成长失去了联系,成为与提升个人品德无涉的单向度追求。有知识的人完全可以没有德性,而这已经不幸成为当今社会不争的现实。因此,我们今天重视法制公德,强调制度安排等有助于纠偏私德唯一性;反之亦然,基于高度分化的市场经济社会,公德也并不是唯一的解决手段,个人私德在调解人际关系中仍然具有不可忽视的作用。简言之,如果说在当代社会一味重视个人私德最终只能归趋于无力的道德说教,完全诉诸社会法制等公德而企求实现人际和谐也将是一厢情愿的无果而终。因

---

[1] 卜松山.在跨文化语境中对理论的反思:元理论浅释[A].中国大学学术演讲录丛书编委会.中国大学学术演讲录:2003卷A辑[C].南宁:广西师范大学出版社,2003:20.

[2] 杜小宁.德里达中国讲演录[M].北京:中央编译出版社,2003:50-51.

[3] 亨特·罗林斯.现代研究型大学:知识创新者与文化桥梁[J].北京大学学报(哲学社会科学版),2006(1):10-13.

[4] 拉法兰.中国的利益就是世界的利益[N].参考消息,2005年11月16日.

· 197 ·

为,作为一个信息生态环境,个人始终是"信息人"意义上的主体单元,包含着一套与所谓"政策""法律""法规"等相区别的非强制性的伦理约束体系,无可避免地涉及私人及其私德问题。因此,合理借鉴古代建立在私德基础上的群己和谐,将是信息生态和谐的重要渠道。无疑,充分挖掘中国文化的思想资源,有助于建构旨在解决人类信息生态之生存和发展所面临的共同性的文化问题。

四、结语

作为一种秩序和制度,人类关于信息生态环境的构建和设计约分中国古代和西方现代两大脉系,而中西方不同的信息观,分别提供了信息生态"仁式"和"智性"的不同慧根,成为和谐信息生态环境的不同建构起点。当然,无论是东方中国还是西方世界,迄今都没有真正实现社会和谐的终极理想,包括和谐信息生态环境的构建也都是遥遥无期。因此,对中华民族古代和谐智慧的褒赞,并不意味着无须汲取西方的和谐成果。应该说,作为人类社会的理想和终极范畴,和谐本身就是一个多元文化和价值理念的统一。中西方文化有关和谐的思考成果和践行标准,都是我们今天所要构建的和谐社会的重要参照。然而,我们今天在现代信息生态环境之和谐构建的理论探讨中,往往习惯于用西方的主客二分理念来分析问题,逻辑理性成为主体把握客体的"精神货币"(马克思语),也是信息生态学研究中唯一性的独白话语。在西方主客二分话语大行其道的今天,尤其需要格外重视和强调中国古代智慧。亦即,基于西方分析话语的现代信息生态环境构建所面临的固有缺陷,亟需中国思想资源的补充和纠偏。

总之,和谐信息生态环境的构建,无论是一元论的西方模式抑或诉诸单一中国智慧的构建模式,都有悖于"和谐信息生态"背景下的多元特征。

参考文献

[1]肖文海.信息化与经济社会协调发展的战略选择[M].北京:经济管理出版社,2004.

[2]曹凑贵.生态学概论[M].北京:高等教育出版社,2002

[3]叶平,武高辉.科学技术与可持续发展[M].北京:高等教育出版社,2004

[4]娄策群.信息管理学基础[M].北京:科学出版社,2005

[5]Thomas H.Davenport/Laurance Prusak.Information Ecology:Mastering the Information and Knowledge Environment[M].USA:Oxford University Press,1997

[6]Nardi,B.A.&O'Day,V.L.Information ecologies: Usingtechnology with heart[M].Cambridge,MA: MIT Press,1999

[7]卢剑波,杨京平.信息生态学[M].北京:化学工业出版社,2005

[8]岳剑波.信息环境论[M].北京:书目文献出版社,1996

[9]蒋录全.信息生态与社会可持续发展[M].北京:北京图书馆出版社,2003

[10]钱俊生,余谋昌.生态哲学[M].北京:中共中央党校出版社,2004

[11]金以圣.生态学基础[M].北京:中国人民大学出版社,1988

[12]李文华,赵景柱.生态学研究回顾与展望[M].北京:气象出版社,2004

[13]张金屯,李素清.应用生态学[M].北京:科学出版社,2003

[14]余谋昌.生态哲学[M].西安:陕西人民教育出版社,2000

[15]施维林,等.生态与环境[M].浙江:浙江大学出版社,2005

[16]陈天乙.生态学基础教程[M].天津:南开大学出版社,2004

[17]马费成,赖茂生,等.信息资源管理[M].北京:高等教育出版社,2004

[18]邬焜.信息哲学[M].北京:商务印书馆,2005

[19]岳剑波.信息管理基础[M].北京:清华大学出版社,2002

[20]胡昌平.信息管理科学导论[M].北京:高等教育出版社,2001

[21]戴维·申克.信息烟尘:在信息爆炸中求生存[M].黄锫坚,等,译.南昌:江西教育出版社,2001

[22]约翰·希利·布朗,保罗·杜奎德.信息的社会层面[M].王铁生,葛立成,译.北京:商务印书馆,2003

[23](汉)班固.汉书·艺文志[M].北京：中华书局，1962

[24](唐)魏征等.隋书·经籍志[M].北京：中华书局，1973

[25](清)纪昀等.四库全书总目[M].北京：中华书局，1965

[26]孙钦善.中国古文献学史简编[M].北京：高等教育出版社，2002

[27]徐雁,王燕均.中国历史藏书论著读本[M].成都：四川大学出版社，1990

[28]陆自荣.儒学和谐合理性：兼与工具合理性、交往合理性比较[M].北京：中国社会科学出版社，2007

[29]张岱年,方克立.中国文化概论[M].北京：北京师范大学出版社，1994

[30]刘宗贤.儒家伦理：秩序与活力[M].济南：齐鲁书社，2002

[31]本杰明·史华兹.古代中国的思想世界[M].程钢,译.南京：江苏人民出版社，2004

[32]谢承仁.中华传统思想文化渊源[M].北京：人民出版社，2004

[33]靖继鹏.信息生态理论研究发展前瞻[J].图书情报工作，2009(4):5-7

[34]韩子静.信息生态学与信息生态系统平衡研究[D].浙江大学硕士论文，2008

[35]田春虎.信息生态问题初探[J].情报杂志，2005(2):91-92

[36]张福学.信息生态学的初步研究[J].情报科学，2002(1):31-34

[37]王伟赟,张寒生.和谐社会的信息生态构建研究[J].情报理论与实践，2007(6):728-730

[38]黄玉丽.基于图书情报组织的信息生态系统模型构建及其理论分析[D].中南大学硕士论文，2009

[39]张军.网络信息生态失衡的层次特征透析[J].图书馆学研究，2008(7):6-10

[40]段尧清,汪银霞,谭爽.信息生态与和谐政治的关系[J].情报科学，2007(4):522-525

[41]袁烨,王萍.信息生态理论研究成果述略[J].现代情报，2009(7):1114-1120

[42]国佳.信息生态系统下的企业信息协同模式研究[D].吉林大学硕士论文，2009

[43]严丽.信息生态因子分析[J].情报杂志，2008(4):77-79

[44]张寒生,等.和谐信息生态分析及其构建研究[J].现代情报，2009(3):66-70

[45]周庆山,等.信息生态学的研究概况及术语界定[J].图书与情报，2006(6):24-29

[46]Rafael Capurro.TOWARDS AN INFORMATION ECOLO-GY.Contribution to the NORDINFO International seminar"Information and Quality"[J].Royal School of Librarianship,Copenhagen,1989(8):23-25

[47]Karen S.Baker.Information Ecology:Open System Environment for Data,Memories,and Knowing[J].JIIS Journalof Intelligent Information Systems,2007(29):127-144

[48]Joseph Martin.COBIT.A Tool To Manage Information Ecology[J].C F,CISA,CPIM2003（3）：

5-15

[49]Danah boyd.Social Media Changing our Information Ecology[J].ITI Bloggers,2008（22）：112-130

[50]肖峰.信息生态的哲学维度[J].河北学刊,2005(1):49-54

[51]陈曙.信息生态的失调与平衡[J].情报资料工作,1995(4):11-13

[52]陈曙.信息生态失调的剖析[J].山东图书馆季刊,1995(4):4-7

[53]陈曙.信息生态研究[J].图书与情报,1996(2):12-19

[54]曹伟.信息环境论的产生[J].东岳论丛,2000(5):84-86

[55]李凤石.信息生态问题的理性思考[J].理论探讨,2005(6):175-176

[56]褚芹芹.近十年来我国信息污染研究论文统计分析[J].图书馆学研究,2007(12):82-86

[57]邵培仁.信息公平论：追求建立世界信息传播新秩序[J].浙江传媒学院学报,2008(2):25-29

[58]李满花.对信息生态学研究的理性思考[J].国家图书馆学刊,2009(4):30-34

[59]李满花.中国古代书目的文献信息观及其现代价值[J].国家图书馆学刊,2010（1）:43-47,58

[60]朱永海.信息系统演进述评及其发展趋势——兼论信息生态论的内涵演变[J].情报理论与实践,2008(4):631-636

[61]林阳,祝智庭.教育信息环境优化[J].远程教育杂志,2004(1):13-15

[62]代根兴,周晓燕.信息资源概念研究[J].情报理论与实践, 1999（6):397-400

[63]李渊.浅谈信息环境的演变[J].河北科技图苑,2005(2):74-76

[64]娄策群,赵桂芹.信息生态平衡及其在构建和谐社会中的作用[J].情报科学,2006(11):1606-1610

[65]张四新.基于生态系统的信息资源共享模式[J].情报科学,2004(11):1349-1351

[66]李志昌.论社会信息生态问题[J].中共云南省委党校学报,2004(5):42-44

[67]罗义成.和谐信息生态探析[J].情报科学,2006(7):1069-1072,1099

[68]娄策群,杨小溪,王薇波.信息生态系统进化初探[J].图书情报工作,2009(18):26-29

[69]周承聪,桂学文,武庆圆.信息人与信息生态因子的相互作用规律[J].图书情报工作,2009(9):9-12,65

[70]王云梅.信息生态系统及其有效机制的构建[J].图书馆工作与研究,2010(2):25-28

[71]陈明红.信息生态系统中资源配置的博弈行为分析[J].情报理论与实践,2010(9):17-21

[72]邵培仁.论媒介生态系统的构成、规划与管理[J].浙江师范大学学报,2008(2):1-9

[73]邵培仁.大众传播中的信息污染及其治理[J].新闻与写作,2007(3):22-23,31

[74]唐思慧.信息公平及其产生的背景研究[J].图书与情报,2008(5):18-21,33

[75]李泽虹.信息的社会问题与信息生态研究[D].成都理工大学硕士论文,2008
[76]胡运清.信息生态环境问题研究[J].图书馆工作与研究,2007(4):48-51
[77]张彩云,李倩茹.信息生态的几个问题[J].经济论坛,2001(6):13-14
[78]孙瑞英.基于心理学视角的网络信息异化研究[J].图书情报工作,2009(20):68-71,130
[79]蒋永福,刘鑫.论信息公平[J].图书与情报,2005(6):2-5,22
[80]郭小平.信息的"协同过滤"与网民的"群体极化"倾向[J].东南传播,2006(2):43-44
[81]胡笑梅.网络信息生态失衡透析[J].科技情报开发与经济,2006(21):117-119
[82]王东艳,侯延香.信息生态失衡的根源及其对策分析[J].情报科学,2003(6):572-575,583
[83]白万泉.信息产业所面临的问题及解决对策[J].学术交流,2002(6):123-12
[84]李键菲.基于信息生态链的信息污染及主体防范策略[J].情报资料工作,2010(3):98-101
[85]吕桂芬.网络信息生态失衡与对策研究[J].情报探索,2007(11):73-74
[86]孟瑞玲.信息生态的失调与对策分析[J].农业图书情报学刊,2006(8):127-129,146
[87]王芳.信息生态系统的失调和对策[J].现代情报,2007(4):72-75
[88]赵宇翔.基于条件价值评估法的信息生态价值评估——以城市公共图书馆为例[J].图书情报工作,2007(8):58-61,127
[89]张新明,王振,张红岩.以人为本的信息生态系统构建研究[J].情报理论与实践,2007(4)531-533
[90]葛翠玲.档案信息生态失调原因探析[J].兰台世界,2007(7):35-37
[91]李宝强,孙建军,成颖.数字信息资源配置中的资源共享机制与市场交换方式[J].图书情报工作,2007(7):57-61
[92]蓝文权,蒙运芳.构建和谐社会视野下思维方式的创新[J].学术论坛,2007(12):87-90
[93]萧诗美.和谐哲学的三种诠释模式[J].哲学研究,2007(10):33-38
[94]李明元,陈瑶瑶."和谐学"论纲[J].中央社会主义学院学报,2007(6):66-69
[95]兰小媛.信息公平与公共图书馆制度[J].图书馆学研究,2006(4):2-4
[96]张照云.我国信息公平问题探析[J].图书馆建设,2008(9):4-7
[97]袁峰.信息公平与政府责任[J].政治学研究,2005(4):75-82
[98]范并思.论信息公平的制度选择[J].图书馆,2007(4):1-5
[99]施强.图书馆制度伦理探微[J].中国图书馆学报,2007(1):100-104
[100]王勇.香农信息定义分析与改进[J].情报杂志,2008(8):57-60
[101]肖峰.论作为一种理论范式的信息主义[J].中国社会科学,2007(2):68-77
[102]安希孟.智慧与知识[J].现代哲学,1999(3):38-41

[103]王翠翠.基于信息生态学视角的企业信息化研究[D].山东大学硕士论文,2009

[104]何关银.关于和谐社会的哲学基础和实现路径的思考[J].西南大学学报(社会科学版),2007(6):76-81

[105]郁建兴.马克思与实践哲学[J].现代哲学,2003(2):8-11

[106]张以明.从实践哲学的视域看马克思人学思想的独特性[J].学术交流,2005(6):5-9

[107]夏文斌.马克思的实践哲学与科学发展观[J].中国特色社会主义研究,2007(4):79-83

[108]金岳霖.中国哲学[J].哲学研究,1985(9):38-44

[109]康渝生.和谐发展的理论渊源及其在当代的实践[J].学习与探索,2006(1):144-147

[110]李明元,陈瑶瑶."和谐学"论纲[J].中央社会主义学院学报,2007(6):66-69

[111]李英灿.儒家社会学何以可能[J].孔子研究,2003(1):26-33

[112]孟建伟.从知识教育到文化教育——论教育观的转变[J].教育研究,2007(1):14-19

[113]成中英.儒家和谐论的六个层次[J].赵长江,译.河北学刊,2006(6):26-30

[114]陆杰荣,王雅.逻辑论证与主体体验:中西哲学"形上本体"之比较[J].哲学动态,2007(8):37-41

[115]王淑梅,王艳华.传统文化对构建社会主义和谐社会的价值[J].河北大学学报,2005(5):57-61

[116]亨特·罗林斯.现代研究型大学:知识创新者与文化桥梁[J].北京大学学报(哲学社会科学版),2006(1):10-13

[117]韩美群.和谐文化论[D].武汉大学博士学位论文,2008

[118]胡锦涛.在省部级主要领导干部提高构建社会主义和谐社会能力专题研讨班开班式上的讲话[N].人民日报,2005-02-20

[119]吴天智.中国传统文化视域中的和谐观念及其当代转换[D].南开大学博士论文,2009

[120]傅荣贤.理性认识信息公平[J].四川图书馆学报,2009(5):2-5

[121]傅荣贤.中国古代和谐信息生态环境的构建原则及现代价值[J].国家图书馆学刊,2009(4):35-40

[122]傅荣贤.信息生态学研究的原则和方法[J].国家图书馆学刊.2010(1):48-53

[123]傅荣贤.信息生态学研究的两个基本路径及其反思[J].图书与情报,2010(4):35-38

[124]傅荣贤.作者主体的信息化存在:对中国古代"文献"的另类解读[J].大学图书馆学报,2011(2):96-102